코레일
한국철도공사

철도
관련법령

서울고시각

**Stand by
Strategy
Satisfaction**

새로운 출제경향에 맞춘 수험서의 완벽서

머리말
INTRO

　최근 한국철도공사는 다른 공기업에 비해 많은 채용인원으로 철도관련학과 학생들뿐만 아니라 공기업 입사를 준비하는 많은 수험생들이 주목하는 공기업이다.

　2024년 하반기 채용시험부터 모든 직렬에 철도관련법을 추가한 것은 5세대 교통혁명으로 빠르게 변화하는 철도에 대해 조금이라도 이해하는 직원을 채용하기 위한 한국철도공사의 바람일 것이다. 하지만 철도관련학과 재학생이나 졸업생이 아니라면 철도관련법(철도산업발전기본법, 철도사업법, 한국철도공사법)은 생소하고 이해하기도 쉽지 않은 법일 것이다. 더구나 처음 시행하는 시험이라 오랜 세월 철도 관련 수업을 한 저자도 그 출제방향을 가늠할 수 없어 깊은 고민 끝에 걱정하는 많은 제자들을 보며 용기를 내어 집필을 시작하였다.

　하지만 참고문헌의 부족과 시간의 쪼들림에 더러 부족함이 많아 여러 수험생들에게 내어놓기에는 부끄럼이 앞선다.

　본서는 지난 37년간 영주철도전문학원과 대학의 관련학과 강의를 통해 얻은 경험과 자료를 총망라하여 단기간에 가장 효율적인 학습이 될 수 있도록 구성하였고, 충분한 예상문제를 수록하여 한국철도공사 채용시험에 대비할 수 있도록 하였다.

> 본서는
> 1. 각각의 철도관련법 내용을 법, 시행령, 별표의 순으로 나열하여 수험생들이 이해하기 쉽게 체계적으로 정리하였다.
> 2. 철도 관련 자격증 시험에 포함된 철도관련법 기출문제를 철저히 분석하여 채용시험의 적중률을 높이기 위해 노력하였다.
> 3. 각 파트별로 다양한 예상문제를 한국철도공사 채용시험 출제기준에 맞추어 5지선다로 수록하여 타 교재와 차별화하였다.

　마지막으로 본서를 통해 수험생 여러분의 앞날에 행운과 합격의 영광이 있기를 기원하며 미흡한 부분은 계속 수정, 보완해 나갈 것임을 약속드린다.

　이 책이 나오기까지 함께해 주신 양운학 전 코레일 상임이사님, 최기찬 교수님, 기꺼이 감수를 맡아 주신 박정수 학장님 그리고 정성스럽게 책을 만들어 주신 서울고시각 김용관 회장님, 김용성 사장님께도 깊은 감사를 드립니다.

GUIDE 시험안내

 2025년 상반기 한국철도공사 신입사원 채용안내

1 지원자격

① 공통 자격요건

구분	세부사항
학력·성별·나이	• 제한 없음 ※ 다만, 만 18세 미만자 또는 정년 초과자는 지원 불가
병역	• 남성의 경우 군필 또는 면제자에 한함 ※ 다만, 전역일이 최종합격자 발표일 이전이며, 각 채용시험(시험일)에 정상 참석 가능한 경우 지원 가능
기타	• 철도 현장 업무수행이 가능한 자 • 공사 채용 결격사유에 해당되지 않는 자 • 최종합격자 발표일 이후부터 근무가 가능한 자 • 외국인의 경우 거주(F-2), 재외동포(F-4), 영주권자(F-5)에 한함

② 제한경쟁채용 분야별 자격요건

구분		세부사항
사무영업	관제	철도교통관제자격증명 자격 소지자
	무선제어	철도차량운전면허(제1종전기차량, 제2종전기차량, 디젤차량, 철도장비) 중 1개 이상 소지자
운전	일반	철도차량운전면허(제1종전기차량, 제2종전기차량, 디젤차량) 중 1개 이상 소지자
	전동차	철도차량운전면허(제2종전기차량) 소지자
토목	장비운전	철도차량운전면허(제1종전기차량, 제2종전기차량, 디젤차량, 철도장비) 중 1개 이상 소지자
거주지제한		당해 연도 1월 1일부터 면접시험 최종일까지 계속하여 모집지역('정선군', '영월군', '태백시')에 주민등록상 주소지를 두고 있어야 하며, 동기간 중 주민등록이 말소되거나 거주 불명으로 등록된 사실이 없어야 함. 또한 당해 연도 1월 1일 이전까지 주민등록상 주소지 또는 국내거소 신고(재외국민에 한함)가 모집지역('정선군', '영월군', '태백시')으로 되어 있는 기간이 모두 합산하여 총 3년 이상인 사람도 응시 가능함 ※ 주민등록초본(과거 주소 변동사항)상 거주사실 확인이 가능하여야 함
취업지원대상자 (보훈)		「국가유공자등 예우 및 지원에 관한 법률」 등 보훈관계법률에 따른 취업지원대상자로서 증명서 발급이 가능한 자
장애인		「장애인고용촉진 및 직업재활법」 및 「장애인고용촉진 및 직업재활법 시행령」에서 정한 장애인으로서 증명서 발급이 가능한 자

2 우대사항(입사지원 마감일 기준)

구분	우대대상자	적용방식		
		필기	실기	면접
취업지원 대상자(보훈)	「국가유공자등 예우 및 지원에 관한 법률」 등 보훈관계 법률에 따른 취업지원대상자로서 증명서 발급이 가능한 자	5점 또는 10점	5점 또는 10점	5점 또는 10점
장애인	「장애인고용촉진 및 직업재활법」, 「장애인고용촉진 및 직업재활법 시행령」에서 정한 장애인으로서 증명서 발급이 가능한 자	5점	5점	5점
국민기초생활 수급자	「국민기초생활 보장법」 제2조에 의거 본인이 '국민기초생활 수급대상자'로서 증명서 발급이 가능한 자	3점	-	-
북한이탈주민	「북한이탈주민의 보호 및 정착지원에 관한 법률」 제2조의 '북한이탈주민'으로서, '북한이탈주민 등록확인서' 발급이 가능한 자	3점	-	-
다문화가족	「다문화가족지원법」 제2조의 다문화가족으로서 증명서 발급이 가능한 자	3점	-	-
자립준비청년 (보호종료아동)	「아동복지법」 제16조 및 제16조의3에 따라 보호조치가 종료되거나 해당 시설에서 퇴소한 자로서 '보호종료확인서' 발급이 가능한 자 ※ 단, 「청년고용촉진 특별법 시행령」에 따른 '청년'에 한해 적용	3점	-	-
자격증	• 공통직무・안전・직렬별 직무의 기능사 이상 자격증 소지자 • 공통 1개, 안전 1개, 직렬별 직무 2개 중 총 3개 ※ 한국철도공사 규정 「채용 시행세칙 별표 5」에 따름	1~12점	-	-
한국철도공사 체험형인턴 수료자	• 한국철도공사 체험형인턴을 수료한 자 ※ 인턴 근무 직렬과 동일 직렬에 지원한 경우에 한함 ※ '20년 하반기 이후 인턴수료자는 수료일로부터 2년간 적용 ※ '20년 상반기 이전 인턴수료자는 채용시험 응시 2회 한정 적용	2점	-	-
	• 한국철도공사 체험형인턴 6개월 이상 근무자 중 상위 20% 성적 우수자 ※ 2024년 상반기 이후 인턴 우수자에 한해 인턴수료일로부터 2년간 적용	1점	-	-

※ 필기시험의 우대가점 적용은 각 과목의 40% 이상 득점자에게만 적용
※ 우대사항은 중복 적용이 가능하나, '지원자격'에 해당하는 자격증 및 증명서는 적용 제외함
※ 취업지원대상자의 가점은 국가보훈부에서 발급한 취업지원대상자 증명서에 표기된 가점을 적용
※ 취업지원대상자의 가점 합격자 제한
  • 우대가점을 받아 합격하는 인원은 각 시험 전형별 합격예정인원의 30%를 초과(소수점 이하는 버림)할 수 없음
  • 시험전형별 합격예정인원이 3명 이하인 경우에는 가점 미적용, 원점수로 합격자 결정

GUIDE 시험안내

❸ 채용절차

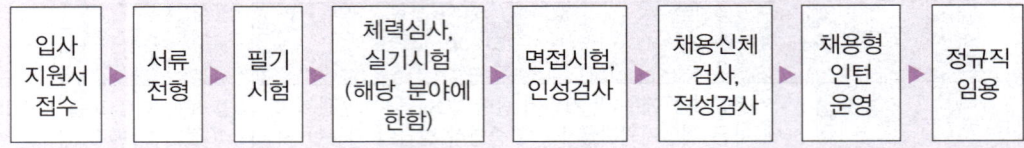

입사지원서 접수 ▶ 서류전형 ▶ 필기시험 ▶ 체력심사, 실기시험(해당 분야에 한함) ▶ 면접시험, 인성검사 ▶ 채용신체검사, 적성검사 ▶ 채용형 인턴 운영 ▶ 정규직 임용

❹ 전형별 세부 안내사항

(1) 입사지원서 접수
① 한국철도공사 입사지원페이지를 통한 온라인 입사지원
② 본인인증 완료 후 입사지원이 가능하며, 모집분야별 중복지원 불가
③ 입사지원서 작성 시 '자기소개서'도 함께 작성하여 제출
　※ 자기소개서 작성 시 '블라인드 채용 준수를 위한 가이드라인'을 반드시 숙지하여 블라인드 위반이 발생하지 않도록 주의하여야 함

(2) 서류전형
① 서류전형은 자기소개서에 대한 검증을 통해 적격·부적격을 판정함
② 자기소개서 검증은 문항별 질문과 관련 없는 답변, 타 회사명 기재 등 불성실 기재 사항과 블라인드 위반에 대한 사항을 종합적으로 검토하여 부적격자를 판정할 예정임
③ 서류전형 합격자 중 아래에 해당하는 입사지원자는 서류전형 합격자 발표 시 증빙자료를 입사지원시스템으로 제출하여야 함(중복되는 경우 해당하는 모든 사항에 대해 자료 제출)
- 거주지 제한경쟁채용 입사지원자 : 주민등록초본(과거 주소 변동사항 포함)
- 우대사항 중 '국민기초생활수급자'를 선택한 입사지원자 : 국민기초생활수급 대상자 증명서(지원자 본인 명의의 수급자 증명서만 인정)
- 우대사항 중 '북한이탈주민'을 선택한 입사지원자 : 북한이탈주민 등록 확인서
- 우대사항 중 '다문화가족'을 선택한 입사지원자 : 가족관계증명서, 혼인관계증명서, 외국인등록 사실 증명서, 기타 국적취득자료 등 다문화가족 입증서류 모두 제출
- 우대사항 중 '자립준비청년'을 선택한 입사지원자 : 자립준비청년(보호종료아동) 자립수당 수급자 확인서 또는 사회보장급여 통지서

(3) 필기시험

① 모집분야별 필기시험 시간 및 문항 수

모집분야			시험시간	NCS	전공	철도법령
공개경쟁			70분	30문항	30문항	10문항
자격증 제한경쟁	사무영업	관제				
	운전	일반				
		전동차				
거주지 제한경쟁	토목					
	전기통신					
보훈 제한경쟁	모든 분야			50문항	–	10문항
장애인 제한경쟁	모든 분야					
자격증 제한경쟁	사무영업	무선제어				
	토목	장비운전				

② 출제범위

구분				출제범위	
NCS				• 의사소통능력 • 수리능력 • 문제해결능력	
철도법령				• 철도산업발전기본법·시행령 • 한국철도공사법·시행령 • 철도사업법·시행령	
전공과목	공개경쟁	사무영업	일반	경영학	경영학원론, 인사관리, 생산관리, 마케팅관리(재무관리, 회계학 미포함)
			역무설비	경영학·건축설비	경영학원론, 마케팅관리, 건축설비, 건축법규(재무관리, 회계학 미포함)
			IT	컴퓨터일반 (정보보호개론 포함)	정보보호개론, 운영체제, 데이터통신, 데이터베이스, 소프트웨어공학, 전자계산기

GUIDE 시험안내

전공 과목	공개 경쟁	차량	기계	기계일반	열역학, 유체역학, 재료역학, 기계재료, 기계설계
			전기	전기일반	전기자기학, 회로이론, 제어공학, 전력공학, 전기기기
		토목	일반	토목일반	측량학, 토질역학, 응용역학, 토목시공학, 철근콘크리트
		건축	일반	건축일반	건축계획, 건축구조, 건축시공, 건축설비, 건축법규
			전기전자	전기전자	전기자기학, 회로이론, 제어공학, 디지털 응용회로, 전자회로설계, 전자회로검증
		전기통신	일반	전기이론	전기자기학, 회로이론, 통신이론, 전기공학
	자격증 제한	사무영업	관제	철도관계법령	철도안전법 및 시행령, 철도교통관제 운영규정, 철도차량운전규칙, 도시철도운전규칙
		운전	일반	차량분야 기계일반·전기일반 중 택 1	
			전동차		
	거주지 제한	토목		토목일반	측량학, 토질역학, 응용역학, 토목시공학, 철근콘크리트
		전기통신		전기이론	전기자기학, 회로이론, 통신이론, 전기공학

※ 필기시험 합격자는 필기시험 점수와 우대사항 가점을 합산한 점수의 고득점자 순으로 2배수 선발
※ 필기시험 결과 과목별 만점의 40% 미만 득점 시 우대사항 가점은 미적용되며, 과락으로 불합격 처리

(4) 체력심사
① 심사대상 : 차량, 건축, 전기통신분야의 필기시험 합격자
② 심사방법 : '국민체력100' 사이트에서 체력검사 예약 후 개별 수검
③ 체력심사 후 체력검증 인증서 및 평가지를 정해진 제출기간에 입사지원시스템으로 제출
④ 적격기준 : 4개 항목에서(근력, 근지구력 필수) 모두 3등급 이상인 경우 적격으로 처리됨

(5) 실기시험

모집분야	세부 평가내용	평가시간
토목	• 레일절손 시 응급조치	10분
사무영업(무선제어)	• 화차의 연결 및 분리 • 수용바퀴구름막이 설치 • (벌크시멘트화차) 수제동기의 체결 및 완해, 전호 취급 (전호기, 전호등)	18분
토목(장비운전)	• 모터카를 운행하면서 지적확인환호 및 이례사항에 대한 기기 취급 시행(구술평가 포함)	15분

※ 실기시험 불참자(지각 등 포함)는 면접시험 응시 불가

(6) 면접시험 및 인성검사
① 면접시험 세부사항 안내 : 4 대 1 면접(면접위원 4명, 응시자 1명)으로 10분간 질의응답하는 방식으로 진행됨. NCS 기반 직무경험 및 상황면접 등을 종합적으로 평가
② 인성검사 세부사항 안내 : 면접시험 당일 대기시간을 활용하여 인성검사 시행
※ 인성검사 결과 부적격인 경우 면접시험 결과와 관계없이 불합격 처리

(7) 최종합격자 결정
① 최종합격자는 필기·실기·면접시험 결과를 아래의 비율로 합산한 점수의 고득점자 순으로 선발

구분	필기시험	실기시험	면접시험
실기시험 미시행	50%	–	50%
실기시험 시행	50%	25%	25%

※ 각 전형의 점수에는 우대사항 가점을 포함하며, 제한경쟁채용분야는 면접시험의 총득점이 70점 미만인 경우 과락 처리
② 최종합격자 결정 시 동점자는 아래의 순서에 따라 처리함

> 취업지원대상자(보훈) 가점 > 장애인 가점 > 사회형평적 채용 가점 > 자격증 가점 > 체험형인턴 가점 > 면접점수 > 실기점수 > 필기시험점수가 높은 자 順

GUIDE 시험안내

(8) 채용신체검사 및 적성검사
① 채용신체검사
- 수검대상 : 최종합격자 전원(단, 사무영업_무선제어분야는 운전분야 신체검사로 수검)
- 한국철도공사 협약병원에서 개인별 채용신체검사 시행 후 결과 제출

② 철도적성검사
- 사무영업 및 운전직렬 지원자 중 최종합격자에 한하여 적성검사 시행
- 사무영업_무선제어는 사무영업 및 운전분야 모두에 해당하는 철도적성검사 결과 필요
- 철도적성검사는 최초 불합격자에게 재검사 기회를 1회에 한하여 제공하고, 재검사는 불합격 후 3개월이 지난 시점에 시행함

③ 채용신체검사 및 철도적성검사(재검사 포함) 불합격 시 최종 불합격 처리

(9) 채용형인턴 운영
① 채용형인턴 근로기간은 2주간 운영함. 다만, 일부 분야의 채용형인턴 근로기간은 다음과 같음
- 사무영업_무선제어 : 약 10주
- 운전_전동차 : 약 12주

② 채용형인턴의 배치소속은 지원권역 내 희망 소속으로 배치할 예정임. 단, 배치가능인원 초과 시 최종합격 고득점자 순으로 배치됨

③ 채용형인턴 합격자를 대상으로 권역 내 희망소속을 조사하여 배치하고, 향후 정규직 임용 시 가급적 인턴소속과 같은 소속으로 배치할 예정임

④ 채용형인턴 및 신입사원의 초임 근무지는 현장을 원칙으로 함. 사무영업_관제분야는 철도교통관제센터·관제실, 사무영업_IT는 IT운영센터로 배치

⑤ 채용형인턴은 직무 교육 및 업무보조 등 실습을 수행하고, 평가결과에 따라 적격자를 정규직 6급으로 임용함. 평가내용은 근무태도 평가 등이며, 평가결과 정규직 임용 기준에 부적합한 경우 불합격 처리됨

⑥ 인턴 실습 내용

구분	인턴 실습 내용
사무영업	여객운송 등에 필요한 영업 활동 지원 및 보조 등
운전	선로견습, 기관사 보조 업무, 지적확인 환호응답 등
차량	철도차량의 검수 등과 관련된 유지보수, 운영 지원 및 보조 등
토목	선로 및 선로구조물, 제반 시설 등에 대한 유지보수 지원 및 보조 등
건축	건축물 및 PSD 유지보수 지원 및 보조 등
전기통신	전철전력·정보통신·신호제어설비 점검, 시설물 안전관리 지원 및 보조 등

CONTENTS 차례

PART 01 철도산업발전기본법

CHAPTER 01	총 칙	3
CHAPTER 02	철도산업 발전기반의 조성	6
	제1절 철도산업시책의 수립 및 추진체제	6
	제2절 철도산업의 육성	13
CHAPTER 03	철도안전 및 이용자 보호	17
CHAPTER 04	철도산업구조개혁의 추진	18
	제1절 기본시책	18
	제2절 자산·부채 및 인력의 처리	23
	제3절 철도시설관리권 등	27
	제4절 공익적 기능의 유지	32
CHAPTER 05	보 칙	39
CHAPTER 06	벌 칙	41
CHAPTER 07	예상문제	43

PART 02 철도사업법

CHAPTER 01	총 칙	91
CHAPTER 02	철도사업의 관리	93
CHAPTER 02-2	민자철도 운영의 감독·관리 등	106
CHAPTER 03	철도서비스 향상 등	113
CHAPTER 04	전용철도	116

CONTENTS 차례

CHAPTER 05	국유철도시설의 활용·지원 등	119
CHAPTER 06	보 칙	125
CHAPTER 07	벌 칙	127
CHAPTER 08	예상문제	131

PART 03 한국철도공사법

| CHAPTER 01 | 한국철도공사법 | 189 |
| CHAPTER 02 | 예상문제 | 201 |

부록 1 최종 모의고사

제1회	최종 모의고사	213
제2회	최종 모의고사	218
제3회	최종 모의고사	223
	정답 및 해설 / 228	

부록 2 최신 기출복원문제

최신 기출복원문제 239
정답 및 해설 / 244

PART 1
철도산업발전 기본법

- Chapter 01 총칙
- Chapter 02 철도산업 발전기반의 조성
- Chapter 03 철도안전 및 이용자 보호
- Chapter 04 철도산업구조개혁의 추진
- Chapter 05 보칙
- Chapter 06 벌칙
- Chapter 07 예상문제

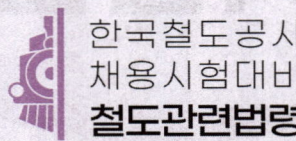

CHAPTER 01 총칙

제1조(목적)
이 법은 철도산업의 경쟁력을 높이고 발전기반을 조성함으로써 철도산업의 효율성 및 공익성의 향상과 국민경제의 발전에 이바지함을 목적으로 한다.

◆ 시행령 제1조(목적)
이 영은 철도산업발전기본법에서 위임된 사항과 그 시행에 관하여 필요한 사항을 규정함을 목적으로 한다.

제2조(적용범위)
이 법은 다음 각 호의 어느 하나에 해당하는 철도에 대하여 적용한다. 다만, 제2장의 규정은 모든 철도에 대하여 적용한다.
1. 국가 및 한국고속철도건설공단법에 의하여 설립된 한국고속철도건설공단(이하 "고속철도건설공단"이라 함)이 소유·건설·운영 또는 관리하는 철도
2. 제20조 제3항에 따라 설립되는 국가철도공단 및 제21조 제3항에 따라 설립되는 한국철도공사가 소유·건설·운영 또는 관리하는 철도

제3조(정의)

이 법에서 사용하는 용어의 정의는 다음 각 호와 같다.
1. "철도"라 함은 여객 또는 화물을 운송하는 데 필요한 철도시설과 철도차량 및 이와 관련된 운영·지원체계가 유기적으로 구성된 운송체계를 말한다.
2. "철도시설"이라 함은 다음 각 목의 어느 하나에 해당하는 시설(부지를 포함)을 말한다.
   가. 철도의 선로(선로에 부대되는 시설을 포함), 역시설(물류시설·환승시설 및 편의시설 등을 포함) 및 철도운영을 위한 건축물·건축설비
   나. 선로 및 철도차량을 보수·정비하기 위한 선로보수기지, 차량정비기지 및 차량유치시설
   다. 철도의 전철전력설비, 정보통신설비, 신호 및 열차제어설비
   라. 철도노선 간 또는 다른 교통수단과의 연계운영에 필요한 시설
   마. 철도기술의 개발·시험 및 연구를 위한 시설
   바. 철도경영연수 및 철도전문인력의 교육훈련을 위한 시설
   사. 그 밖에 철도의 건설·유지보수 및 운영을 위한 시설로서 대통령령으로 정하는 시설
3. "철도운영"이라 함은 철도와 관련된 다음 각 목의 어느 하나에 해당하는 것을 말한다.
   가. 철도여객 및 화물운송
   나. 철도차량의 정비 및 열차의 운행관리
   다. 철도시설·철도차량 및 철도부지 등을 활용한 부대사업 개발 및 서비스
4. "철도차량"이라 함은 선로를 운행할 목적으로 제작된 동력차·객차·화차 및 특수차를 말한다.
5. "선로"라 함은 철도차량을 운행하기 위한 궤도와 이를 받치는 노반 또는 공작물로 구성된 시설을 말한다.
6. "철도시설의 건설"이라 함은 철도시설의 신설과 기존 철도시설의 직선화·전철화·복선화 및 현대화 등 철도시설의 성능 및 기능향상을 위한 철도시설의 개량을 포함한 활동을 말한다.
7. "철도시설의 유지보수"라 함은 기존 철도시설의 현상유지 및 성능향상을 위한 점검·보수·교체·개량 등 일상적인 활동을 말한다.
8. "철도산업"이라 함은 철도운송·철도시설·철도차량 관련 산업과 철도기술개발 관련 산업 그 밖에 철도의 개발·이용·관리와 관련된 산업을 말한다.

9. "철도시설관리자"라 함은 철도시설의 건설 및 관리 등에 관한 업무를 수행하는 자로서 다음 각 목의 어느 하나에 해당하는 자를 말한다.
   가. 제19조에 따른 관리청
   나. 제20조 제3항에 따라 설립된 국가철도공단
   다. 제26조 제1항에 따라 철도시설관리권을 설정받은 자
   라. 가목부터 다목까지의 자로부터 철도시설의 관리를 대행·위임 또는 위탁받은 자
10. "철도운영자"라 함은 제21조 제3항에 따라 설립된 한국철도공사 등 철도운영에 관한 업무를 수행하는 자를 말한다.
11. "공익서비스"라 함은 철도운영자가 영리목적의 영업활동과 관계없이 국가 또는 지방자치단체의 정책이나 공공목적 등을 위하여 제공하는 철도서비스를 말한다.

시행령 제2조(철도시설)

「철도산업발전기본법」 제3조 제2호 사목에서 "대통령령이 정하는 시설"이라 함은 다음 각 호의 시설을 말한다.
1. 철도의 건설 및 유지보수에 필요한 자재를 가공·조립·운반 또는 보관하기 위하여 당해 사업기간 중에 사용되는 시설
2. 철도의 건설 및 유지보수를 위한 공사에 사용되는 진입도로·주차장·야적장·토석채취장 및 사토장과 그 설치 또는 운영에 필요한 시설
3. 철도의 건설 및 유지보수를 위하여 당해 사업기간 중에 사용되는 장비와 그 정비·점검 또는 수리를 위한 시설
4. 그 밖에 철도안전관련시설·안내시설 등 철도의 건설·유지보수 및 운영을 위하여 필요한 시설로서 국토교통부장관이 정하는 시설

CHAPTER 02 철도산업 발전기반의 조성

제1절 철도산업시책의 수립 및 추진체제

제4조(시책의 기본방향)
① 국가는 철도산업시책을 수립하여 시행하는 경우 효율성과 공익적 기능을 고려하여야 한다.
② 국가는 에너지 이용의 효율성, 환경 친화성 및 수송 효율성이 높은 철도의 역할이 국가의 건전한 발전과 국민의 교통편익 증진을 위하여 필수적인 요소임을 인식하여 적정한 철도수송 분담의 목표를 설정하여 유지하고 이를 위한 철도시설을 확보하는 등 철도산업 발전을 위한 여러 시책을 마련하여야 한다.
③ 국가는 철도산업시책과 철도투자·안전 등 관련 시책을 효율적으로 추진하기 위하여 필요한 조직과 인원을 확보하여야 한다.

제5조(철도산업발전 기본계획의 수립 등)
① 국토교통부장관은 철도산업의 육성과 발전을 촉진하기 위하여 5년 단위로 철도산업발전 기본계획(이하 "기본계획"이라 함)을 수립하여 시행하여야 한다.
② 기본계획에는 다음 각 호의 사항이 포함되어야 한다.
  1. 철도산업 육성시책의 기본방향에 관한 사항
  2. 철도산업의 여건 및 동향전망에 관한 사항
  3. 철도시설의 투자·건설·유지보수 및 이를 위한 재원확보에 관한 사항
  4. 각종 철도 간의 연계수송 및 사업조정에 관한 사항
  5. 철도운영체계의 개선에 관한 사항
  6. 철도산업 전문인력의 양성에 관한 사항
  7. 철도기술의 개발 및 활용에 관한 사항
  8. 그 밖에 철도산업의 육성 및 발전에 관한 사항으로서 대통령령으로 정하는 사항

③ 기본계획은 「국가통합교통체계효율화법」 제4조에 따른 국가기간교통망계획, 같은 법 제6조에 따른 중기 교통시설투자계획 및 「국토교통과학기술 육성법」 제4조에 따른 국토교통과학기술 연구개발 종합계획과 조화를 이루도록 하여야 한다.
④ 국토교통부장관은 기본계획을 수립하고자 하는 때에는 미리 기본계획과 관련이 있는 행정기관의 장과 협의한 후 제6조에 따른 철도산업위원회의 심의를 거쳐야 한다. 수립된 기본계획을 변경(대통령령으로 정하는 경미한 변경은 제외)하고자 하는 때에도 또한 같다.
⑤ 국토교통부장관은 제4항에 따라 기본계획을 수립 또는 변경한 때에는 이를 관보에 고시하여야 한다.
⑥ 관계행정기관의 장은 수립·고시된 기본계획에 따라 연도별 시행계획을 수립·추진하고, 해당 연도의 계획 및 전년도의 추진실적을 국토교통부장관에게 제출하여야 한다.
⑦ 제6항에 따른 연도별 시행계획의 수립 및 시행절차에 관하여 필요한 사항은 대통령령으로 정한다.

시행령 제3조(철도산업발전 기본계획의 내용)

법 제5조 제2항 제8호에서 "대통령령이 정하는 사항"이라 함은 다음 각 호의 사항을 말한다.
1. 철도수송 분담의 목표
2. 철도안전 및 철도서비스에 관한 사항
3. 다른 교통수단과의 연계수송에 관한 사항
4. 철도산업의 국제협력 및 해외시장 진출에 관한 사항
5. 철도산업시책의 추진체계
6. 그 밖에 철도산업의 육성 및 발전에 관한 사항으로서 국토교통부장관이 필요하다고 인정하는 사항

시행령 제4조(철도산업발전 기본계획의 경미한 변경)

법 제5조 제4항 후단에서 "대통령령이 정하는 경미한 변경"이라 함은 다음 각 호의 변경을 말한다.
1. 철도시설투자사업 규모의 100분의 1의 범위 안에서의 변경
2. 철도시설투자사업 총 투자비용의 100분의 1의 범위 안에서의 변경
3. 철도시설투자사업 기간의 2년의 기간 내에서의 변경

◆ **시행령 제5조(철도산업발전 시행계획의 수립절차 등)**
① 관계행정기관의 장은 법 제5조 제6항의 규정에 의한 당해 연도의 시행계획을 전년도 11월 말까지 국토교통부장관에게 제출하여야 한다.
② 관계행정기관의 장은 전년도 시행계획의 추진실적을 매년 2월 말까지 국토교통부장관에게 제출하여야 한다.

제6조(철도산업위원회)
① 철도산업에 관한 기본계획 및 중요정책 등을 심의·조정하기 위하여 국토교통부에 철도산업위원회(이하 "위원회"라 함)를 둔다.
② 위원회는 다음 각 호의 사항을 심의·조정한다.
  1. 철도산업의 육성·발전에 관한 중요정책 사항
  2. 철도산업구조개혁에 관한 중요정책 사항
  3. 철도시설의 건설 및 관리 등 철도시설에 관한 중요정책 사항
  4. 철도안전과 철도운영에 관한 중요정책 사항
  5. 철도시설관리자와 철도운영자 간 상호협력 및 조정에 관한 사항
  6. 이 법 또는 다른 법률에서 위원회의 심의를 거치도록 한 사항
  7. 그 밖에 철도산업에 관한 중요한 사항으로서 위원장이 회의에 부치는 사항
③ 위원회는 위원장을 포함한 25인 이내의 위원으로 구성한다.
④ 위원회에 상정할 안건을 미리 검토하고 위원회가 위임한 안건을 심의하기 위하여 위원회에 분과위원회를 둔다.
⑤ 이 법에서 규정한 사항 외에 위원회 및 분과위원회의 구성·기능 및 운영에 관하여 필요한 사항은 대통령령으로 정한다.

시행령 제6조(철도산업위원회의 구성)
① 법 제6조의 규정에 의한 철도산업위원회(이하 "위원회"라 함)의 위원장은 국토교통부장관이 된다.
② 위원회의 위원은 다음 각 호의 자가 된다.
  1. 기획재정부차관·교육부차관·과학기술정보통신부차관·행정안전부차관·산업통상자원부차관·고용노동부차관·국토교통부차관·해양수산부차관 및 공정거래위원회부위원장
  2. 법 제20조 제3항의 규정에 따른 국가철도공단의 이사장
  3. 법 제21조 제3항의 규정에 의한 한국철도공사의 사장
  4. 철도산업에 관한 전문성과 경험이 풍부한 자 중에서 위원회의 위원장이 위촉하는 자
③ 제2항 제4호의 규정에 의한 위원의 임기는 2년으로 하되, 연임할 수 있다.

시행령 제6조의2(위원의 해촉)
위원회의 위원장은 제6조 제2항 제4호에 따른 위원이 다음 각 호의 어느 하나에 해당하는 경우에는 해당 위원을 해촉(解囑)할 수 있다.
1. 심신장애로 인하여 직무를 수행할 수 없게 된 경우
2. 직무와 관련된 비위사실이 있는 경우
3. 직무태만, 품위손상이나 그 밖의 사유로 인하여 위원으로 적합하지 아니하다고 인정되는 경우
4. 위원 스스로 직무를 수행하는 것이 곤란하다고 의사를 밝히는 경우

시행령 제7조(위원회의 위원장의 직무)
① 위원회의 위원장은 위원회를 대표하며, 위원회의 업무를 총괄한다.
② 위원회의 위원장이 부득이한 사유로 직무를 수행할 수 없는 때에는 위원회의 위원장이 미리 지명한 위원이 그 직무를 대행한다.

시행령 제8조(회의)
① 위원회의 위원장은 위원회의 회의를 소집하고, 그 의장이 된다.
② 위원회의 회의는 재적위원 과반수의 출석과 출석위원 과반수의 찬성으로 의결한다.
③ 위원회는 회의록을 작성·비치하여야 한다.

◆ **시행령 제9조(간사)**
위원회에 간사 1인을 두되, 간사는 국토교통부장관이 국토교통부소속 공무원 중에서 지명한다.

◆ **시행령 제10조(실무위원회의 구성 등)**
① 위원회의 심의·조정사항과 위원회에서 위임한 사항의 실무적인 검토를 위하여 위원회에 실무위원회를 둔다.
② 실무위원회는 위원장을 포함한 20인 이내의 위원으로 구성한다.
③ 실무위원회의 위원장은 국토교통부장관이 국토교통부의 3급 공무원 또는 고위공무원단에 속하는 일반직 공무원 중에서 지명한다.
④ 실무위원회의 위원은 다음 각 호의 자가 된다.
  1. 기획재정부·교육부·과학기술정보통신부·행정안전부·산업통상자원부·고용노동부·국토교통부·해양수산부 및 공정거래위원회의 3급 공무원, 4급 공무원 또는 고위공무원단에 속하는 일반직 공무원 중 그 소속기관의 장이 지명하는 자 각 1인
  2. 국가철도공단의 임직원 중 국가철도공단이사장이 지명하는 자 1인
  3. 한국철도공사의 임직원 중 한국철도공사사장이 지명하는 자 1인
  4. 철도산업에 관한 전문성과 경험이 풍부한 자 중에서 실무위원회의 위원장이 위촉하는 자
⑤ 제4항 제4호의 규정에 의한 위원의 임기는 2년으로 하되, 연임할 수 있다.
⑥ 실무위원회에 간사 1인을 두되, 간사는 국토교통부장관이 국토교통부소속 공무원 중에서 지명한다.
⑦ 제8조의 규정은 실무위원회의 회의에 관하여 이를 준용한다.

◆ **시행령 제10조의2(실무위원회 위원의 해촉 등)**
① 제10조 제4항 제1호부터 제3호까지의 규정에 따라 위원을 지명한 자는 위원이 다음 각 호의 어느 하나에 해당하는 경우에는 그 지명을 철회할 수 있다.
  1. 심신장애로 인하여 직무를 수행할 수 없게 된 경우
  2. 직무와 관련된 비위사실이 있는 경우
  3. 직무태만, 품위손상이나 그 밖의 사유로 인하여 위원으로 적합하지 아니하다고 인정되는 경우
  4. 위원 스스로 직무를 수행하는 것이 곤란하다고 의사를 밝히는 경우
② 실무위원회의 위원장은 제10조 제4항 제4호에 따른 위원이 제1항 각 호의 어느 하나에 해당하는 경우에는 해당 위원을 해촉할 수 있다.

시행령 제11조(철도산업구조개혁기획단의 구성 등)

① 위원회의 활동을 지원하고 철도산업의 구조개혁 그 밖에 철도정책과 관련되는 다음 각 호의 업무를 지원·수행하기 위하여 국토교통부장관 소속하에 철도산업구조개혁기획단(이하 "기획단"이라 함)을 둔다.
1. 철도산업구조개혁 기본계획 및 분야별 세부 추진계획의 수립
2. 철도산업구조개혁과 관련된 철도의 건설·운영주체의 정비
3. 철도산업구조개혁과 관련된 인력조정·재원확보대책의 수립
4. 철도산업구조개혁과 관련된 법령의 정비
5. 철도산업구조개혁추진에 따른 철도운임·철도시설사용료·철도수송시장 등에 관한 철도산업정책의 수립
6. 철도산업구조개혁추진에 따른 공익서비스비용의 보상, 세제·금융지원 등 정부지원정책의 수립
7. 철도산업구조개혁추진에 따른 철도시설건설계획 및 투자재원조달대책의 수립
8. 철도산업구조개혁추진에 따른 전기·신호·차량 등에 관한 철도기술개발정책의 수립
9. 철도산업구조개혁추진에 따른 철도안전기준의 정비 및 안전정책의 수립
10. 철도산업구조개혁추진에 따른 남북철도망 및 국제철도망 구축정책의 수립
11. 철도산업구조개혁에 관한 대외협상 및 홍보
12. 철도산업구조개혁추진에 따른 각종 철도의 연계 및 조정
13. 그 밖에 철도산업구조개혁과 관련된 철도정책 전반에 관하여 필요한 업무

② 기획단은 단장 1인과 단원으로 구성한다.
③ 기획단의 단장은 국토교통부장관이 국토교통부의 3급 공무원 또는 고위공무원단에 속하는 일반직 공무원 중에서 임명한다.
④ 국토교통부장관은 기획단의 업무수행을 위하여 필요하다고 인정하는 때에는 관계행정기관, 한국철도공사 등 관련 공사, 국가철도공단 등 특별법에 의하여 설립된 공단 또는 관련 연구기관에 대하여 소속 공무원·임직원 또는 연구원을 기획단으로 파견하여 줄 것을 요청할 수 있다.
⑤ 기획단의 조직 및 운영에 관하여 필요한 세부적인 사항은 국토교통부장관이 정한다.

◆ **시행령 제12조(관계행정기관 등에의 협조요청 등)**
위원회 및 실무위원회는 그 업무를 수행하기 위하여 필요한 때에는 관계행정기관 또는 단체 등에 대하여 자료 또는 의견의 제출 등의 협조를 요청하거나 관계공무원 또는 관계전문가 등을 위원회 및 실무위원회에 참석하게 하여 의견을 들을 수 있다.

◆ **시행령 제13조(수당 등)**
위원회와 실무위원회의 위원 중 공무원이 아닌 위원 및 위원회와 실무위원회에 출석하는 관계전문가에 대하여는 예산의 범위 안에서 수당·여비 그 밖의 필요한 경비를 지급할 수 있다.

◆ **시행령 제14조(운영세칙)**
이 영에서 규정한 사항 외에 위원회 및 실무위원회의 운영에 관하여 필요한 사항은 위원회의 의결을 거쳐 위원회의 위원장이 정한다.

제2절 철도산업의 육성

제7조(철도시설의 투자의 확대)
① 국가는 철도시설 투자를 추진하는 경우 사회적·환경적 편익을 고려하여야 한다.
② 국가는 각종 국가계획에 철도시설 투자의 목표치와 투자계획을 반영하여야 하며, 매년 교통시설 투자예산에서 철도시설 투자예산의 비율이 지속적으로 높아지도록 노력하여야 한다.

제8조(철도산업의 지원)
국가 및 지방자치단체는 철도산업의 육성·발전을 촉진하기 위하여 철도산업에 대한 재정·금융·세제·행정상의 지원을 할 수 있다.

제9조(철도산업전문인력의 교육·훈련 등)
① 국토교통부장관은 철도산업에 종사하는 자의 자질향상과 새로운 철도기술 및 그 운영기법의 향상을 위한 교육·훈련방안을 마련하여야 한다.
② 국토교통부장관은 국토교통부령으로 정하는 바에 의하여 철도산업전문 연수기관과 협약을 체결하여 철도산업에 종사하는 자의 교육·훈련프로그램에 대한 행정적·재정적 지원 등을 할 수 있다.
③ 제2항에 따른 철도산업전문 연수기관은 매년 전문인력 수요조사를 실시하고 그 결과와 전문인력의 수급에 관한 의견을 국토교통부장관에게 제출할 수 있다.
④ 국토교통부장관은 새로운 철도기술과 운영기법의 향상을 위하여 특히 필요하다고 인정하는 때에는 정부투자기관·정부출연기관 또는 정부가 출자한 회사 등으로 하여금 새로운 철도기술과 운영기법의 연구·개발에 투자하도록 권고할 수 있다.

제10조(철도산업교육과정의 확대 등)
① 국토교통부장관은 철도산업전문인력의 수급의 변화에 따라 철도산업교육과정의 확대 등 필요한 조치를 관계중앙행정기관의 장에게 요청할 수 있다.
② 국가는 철도산업종사자의 자격제도를 다양화하고 질적 수준을 유지·발전시키기 위하여 필요한 시책을 수립·시행하여야 한다.
③ 국토교통부장관은 철도산업전문인력의 원활한 수급 및 철도산업의 발전을 위하여 특성화된 대학 등 교육기관을 운영·지원할 수 있다.

제11조(철도기술의 진흥 등)
① 국토교통부장관은 철도기술의 진흥 및 육성을 위하여 철도기술 전반에 대한 연구 및 개발에 노력하여야 한다.
② 국토교통부장관은 제1항에 따른 연구 및 개발을 촉진하기 위하여 이를 전문으로 연구하는 기관 또는 단체를 지도·육성하여야 한다.
③ 국가는 철도기술의 진흥을 위하여 철도시험·연구개발시설 및 부지 등 국유재산을 「과학기술분야 정부출연연구기관 등의 설립·운영 및 육성에 관한 법률」에 의한 한국철도기술연구원에 무상으로 대부·양여하거나 사용·수익하게 할 수 있다.

제12조(철도산업의 정보화 촉진)
① 국토교통부장관은 철도산업에 관한 정보를 효율적으로 처리하고 원활하게 유통하기 위하여 대통령령으로 정하는 바에 의하여 철도산업정보화 기본계획을 수립·시행하여야 한다.
② 국토교통부장관은 철도산업에 관한 정보를 효율적으로 수집·관리 및 제공하기 위하여 대통령령으로 정하는 바에 의하여 철도산업정보센터를 설치·운영하거나 철도산업에 관한 정보를 수집·관리 또는 제공하는 자 등에게 필요한 지원을 할 수 있다.

◎ **시행령 제15조(철도산업정보화 기본계획의 내용 등)**
① 법 제12조 제1항의 규정에 의한 철도산업정보화 기본계획에는 다음 각 호의 사항이 포함되어야 한다.
   1. 철도산업정보화의 여건 및 전망
   2. 철도산업정보화의 목표 및 단계별 추진계획
   3. 철도산업정보화에 필요한 비용
   4. 철도산업정보의 수집 및 조사계획
   5. 철도산업정보의 유통 및 이용 활성화에 관한 사항
   6. 철도산업정보화와 관련된 기술개발의 지원에 관한 사항
   7. 그 밖에 국토교통부장관이 필요하다고 인정하는 사항
② 국토교통부장관은 법 제12조 제1항의 규정에 의하여 철도산업정보화 기본계획을 수립 또는 변경하고자 하는 때에는 위원회의 심의를 거쳐야 한다.

◎ **시행령 제16조(철도산업정보센터의 업무 등)**
① 법 제12조 제2항의 규정에 의한 철도산업정보센터는 다음 각 호의 업무를 행한다.
   1. 철도산업정보의 수집·분석·보급 및 홍보
   2. 철도산업의 국제동향 파악 및 국제협력사업의 지원
② 국토교통부장관은 법 제12조 제2항의 규정에 의하여 철도산업에 관한 정보를 수집·관리 또는 제공하는 자에게 예산의 범위 안에서 운영에 소요되는 비용을 지원할 수 있다.

제13조(국제협력 및 해외진출 촉진)
① 국토교통부장관은 철도산업에 관한 국제적 동향을 파악하고 국제협력을 촉진하여야 한다.
② 국가는 철도산업의 국제협력 및 해외시장 진출을 추진하기 위하여 다음 각 호의 사업을 지원할 수 있다.
   1. 철도산업과 관련된 기술 및 인력의 국제교류
   2. 철도산업의 국제표준화와 국제공동연구개발
   3. 그 밖에 국토교통부장관이 철도산업의 국제협력 및 해외시장 진출을 촉진하기 위하여 필요하다고 인정하는 사업

제13조의2(협회의 설립)
① 철도산업에 관련된 기업, 기관 및 단체와 이에 관한 업무에 종사하는 자는 철도산업의 건전한 발전과 해외진출을 도모하기 위하여 철도협회(이하 "협회"라 함)를 설립할 수 있다.
② 협회는 법인으로 한다.
③ 협회는 국토교통부장관의 인가를 받아 주된 사무소의 소재지에 설립등기를 함으로써 성립한다.
④ 협회는 철도 분야에 관한 다음 각 호의 업무를 한다.
  1. 정책 및 기술개발의 지원
  2. 정보의 관리 및 공동활용 지원
  3. 전문인력의 양성 지원
  4. 해외철도 진출을 위한 현지조사 및 지원
  5. 조사·연구 및 간행물의 발간
  6. 국가 또는 지방자치단체 위탁사업
  7. 그 밖에 정관으로 정하는 업무
⑤ 국가, 지방자치단체 및 「공공기관의 운영에 관한 법률」에 따른 철도 분야 공공기관은 협회에 위탁한 업무의 수행에 필요한 비용의 전부 또는 일부를 예산의 범위에서 지원할 수 있다.
⑥ 협회의 정관은 국토교통부장관의 인가를 받아야 하며, 정관의 기재사항과 협회의 운영 등에 필요한 사항은 대통령령으로 정한다.
⑦ 협회에 관하여 이 법에 규정한 것 외에는 「민법」 중 사단법인에 관한 규정을 준용한다.

CHAPTER 03 철도안전 및 이용자 보호

제14조(철도안전)
① 국가는 국민의 생명·신체 및 재산을 보호하기 위하여 철도안전에 필요한 법적·제도적 장치를 마련하고 이에 필요한 재원을 확보하도록 노력하여야 한다.
② 철도시설관리자는 그 시설을 설치 또는 관리할 때에 법령에서 정하는 바에 따라 해당 시설의 안전한 상태를 유지하고, 해당 시설과 이를 이용하려는 철도차량 간의 종합적인 성능검증 및 안전상태 점검 등 안전확보에 필요한 조치를 하여야 한다.
③ 철도운영자 또는 철도차량 및 장비 등의 제조업자는 법령에서 정하는 바에 따라 철도의 안전한 운행 또는 그 제조하는 철도차량 및 장비 등의 구조·설비 및 장치의 안전성을 확보하고 이의 향상을 위하여 노력하여야 한다.
④ 국가는 객관적이고 공정한 철도사고 조사를 추진하기 위한 전담기구와 전문인력을 확보하여야 한다.

제15조(철도서비스의 품질개선 등)
① 철도운영자는 그가 제공하는 철도서비스의 품질을 개선하기 위하여 노력하여야 한다.
② 국토교통부장관은 철도서비스의 품질을 개선하고 이용자의 편익을 높이기 위하여 철도서비스의 품질을 평가하여 시책에 반영하여야 한다.
③ 제2항에 따른 철도서비스 품질평가의 절차 및 활용 등에 관하여 필요한 사항은 국토교통부령으로 정한다.

제16조(철도이용자의 권익보호 등)
국가는 철도이용자의 권익보호를 위하여 다음 각 호의 시책을 강구하여야 한다.
1. 철도이용자의 권익보호를 위한 홍보·교육 및 연구
2. 철도이용자의 생명·신체 및 재산상의 위해 방지
3. 철도이용자의 불만 및 피해에 대한 신속·공정한 구제 조치
4. 그 밖에 철도이용자 보호와 관련된 사항

CHAPTER 04 철도산업구조개혁의 추진

제1절 기본시책

제17조(철도산업구조개혁의 기본방향)
① 국가는 철도산업의 경쟁력을 강화하고 발전기반을 조성하기 위하여 철도시설 부문과 철도운영 부문을 분리하는 철도산업의 구조개혁을 추진하여야 한다.
② 국가는 철도시설 부문과 철도운영 부문 간의 상호 보완적 기능이 발휘될 수 있도록 대통령령으로 정하는 바에 의하여 상호협력체계 구축 등 필요한 조치를 마련하여야 한다.

◆ **시행령 제23조(업무절차서의 교환 등)**
① 철도시설관리자와 철도운영자는 법 제17조 제2항의 규정에 의하여 철도시설관리와 철도운영에 있어 상호협력이 필요한 분야에 대하여 업무절차서를 작성하여 정기적으로 이를 교환하고, 이를 변경한 때에는 즉시 통보하여야 한다.
② 철도시설관리자와 철도운영자는 상호협력이 필요한 분야에 대하여 정기적으로 합동점검을 하여야 한다.

◆ **시행령 제24조(선로배분지침의 수립 등)**
① 국토교통부장관은 법 제17조 제2항의 규정에 의하여 철도시설관리자와 철도운영자가 안전하고 효율적으로 선로를 사용할 수 있도록 하기 위하여 선로용량의 배분에 관한 지침(이하 "선로배분지침"이라 함)을 수립·고시하여야 한다.
② 제1항의 규정에 의한 선로배분지침에는 다음 각 호의 사항이 포함되어야 한다.
  1. 여객열차와 화물열차에 대한 선로용량의 배분
  2. 지역 간 열차와 지역 내 열차에 대한 선로용량의 배분
  3. 선로의 유지보수·개량 및 건설을 위한 작업시간
  4. 철도차량의 안전운행에 관한 사항
  5. 그 밖에 선로의 효율적 활용을 위하여 필요한 사항

③ 철도시설관리자·철도운영자 등 선로를 관리 또는 사용하는 자는 제1항의 규정에 의한 선로배분지침을 준수하여야 한다.
④ 국토교통부장관은 철도차량 등의 운행정보의 제공, 철도차량 등에 대한 운행통제, 적법운행 여부에 대한 지도·감독, 사고발생 시 사고복구 지시 등 철도교통의 안전과 질서를 유지하기 위하여 필요한 조치를 할 수 있도록 철도교통관제시설을 설치·운영하여야 한다.

제18조(철도산업구조개혁 기본계획의 수립 등)

① 국토교통부장관은 철도산업의 구조개혁을 효율적으로 추진하기 위하여 철도산업구조개혁 기본계획(이하 "구조개혁계획"이라 함)을 수립하여야 한다.
② 구조개혁계획에는 다음 각 호의 사항이 포함되어야 한다.
  1. 철도산업구조개혁의 목표 및 기본방향에 관한 사항
  2. 철도산업구조개혁의 추진방안에 관한 사항
  3. 철도의 소유 및 경영구조의 개혁에 관한 사항
  4. 철도산업구조개혁에 따른 대내외 여건 조성에 관한 사항
  5. 철도산업구조개혁에 따른 자산·부채·인력 등에 관한 사항
  6. 철도산업구조개혁에 따른 철도 관련 기관·단체 등의 정비에 관한 사항
  7. 그 밖에 철도산업구조개혁을 위하여 필요한 사항으로서 대통령령으로 정하는 사항
③ 국토교통부장관은 구조개혁계획을 수립하고자 하는 때에는 미리 구조개혁계획과 관련이 있는 행정기관의 장과 협의한 후 제6조에 따른 위원회의 심의를 거쳐야 한다. 수립한 구조개혁계획을 변경(대통령령으로 정하는 경미한 변경은 제외)하고자 하는 경우에도 또한 같다.
④ 국토교통부장관은 제3항에 따라 구조개혁계획을 수립 또는 변경한 때에는 이를 관보에 고시하여야 한다.
⑤ 관계행정기관의 장은 수립·고시된 구조개혁계획에 따라 연도별 시행계획을 수립·추진하고, 그 연도의 계획 및 전년도의 추진실적을 국토교통부장관에게 제출하여야 한다.
⑥ 제5항에 따른 연도별 시행계획의 수립 및 시행 등에 관하여 필요한 사항은 대통령령으로 정한다.

◆ **시행령 제25조(철도산업구조개혁 기본계획의 내용)**
　법 제18조 제2항 제7호에서 "대통령령이 정하는 사항"이라 함은 다음 각 호의 사항을 말한다.
　1. 철도서비스 시장의 구조개편에 관한 사항
　2. 철도요금·철도시설사용료 등 가격정책에 관한 사항
　3. 철도안전 및 서비스 향상에 관한 사항
　4. 철도산업구조개혁의 추진체계 및 관계기관의 협조에 관한 사항
　5. 철도산업구조개혁의 중장기 추진방향에 관한 사항
　6. 그 밖에 국토교통부장관이 철도산업구조개혁의 추진을 위하여 필요하다고 인정하는 사항

◆ **시행령 제26조(철도산업구조개혁 기본계획의 경미한 변경)**
　법 제18조 제3항 후단에서 "대통령령이 정하는 경미한 변경"이라 함은 철도산업구조개혁 기본계획 추진기간의 1년의 기간 내에서의 변경을 말한다.

◆ **시행령 제27조(철도산업구조개혁 시행계획의 수립절차 등)**
　① 관계행정기관의 장은 법 제18조 제5항의 규정에 의한 당해 연도의 시행계획을 전년도 11월 말까지 국토교통부장관에게 제출하여야 한다.
　② 관계행정기관의 장은 전년도 시행계획의 추진실적을 매년 2월 말까지 국토교통부장관에게 제출하여야 한다.

제19조(관리청)
① 철도의 관리청은 국토교통부장관으로 한다.
② 국토교통부장관은 이 법과 그 밖의 철도에 관한 법률에 규정된 철도시설의 건설 및 관리 등에 관한 그의 업무의 일부를 대통령령으로 정하는 바에 의하여 제20조 제3항에 따라 설립되는 국가철도공단으로 하여금 대행하게 할 수 있다. 이 경우 대행하는 업무의 범위·권한의 내용 등에 관하여 필요한 사항은 대통령령으로 정한다.
③ 제20조 제3항에 따라 설립되는 국가철도공단은 제2항에 따라 국토교통부장관의 업무를 대행하는 경우에 그 대행하는 범위 안에서 이 법과 그 밖의 철도에 관한 법률을 적용할 때에는 그 철도의 관리청으로 본다.

◆ **시행령 제28조(관리청 업무의 대행범위)**
국토교통부장관이 법 제19조 제2항의 규정에 의하여 국가철도공단으로 하여금 대행하게 하는 경우 그 대행업무는 다음 각 호와 같다.
1. 국가가 추진하는 철도시설 건설사업의 집행
2. 국가 소유의 철도시설에 대한 사용료 징수 등 관리업무의 집행
3. 철도시설의 안전유지, 철도시설과 이를 이용하는 철도차량 간의 종합적인 성능검증·안전상태 점검 등 철도시설의 안전을 위하여 국토교통부장관이 정하는 업무
4. 그 밖에 국토교통부장관이 철도시설의 효율적인 관리를 위하여 필요하다고 인정한 업무

제20조(철도시설)
① 철도산업의 구조개혁을 추진하는 경우 철도시설은 국가가 소유하는 것을 원칙으로 한다.
② 국토교통부장관은 철도시설에 대한 다음 각 호의 시책을 수립·시행한다.
  1. 철도시설에 대한 투자 계획수립 및 재원조달
  2. 철도시설의 건설 및 관리
  3. 철도시설의 유지보수 및 적정한 상태 유지
  4. 철도시설의 안전관리 및 재해대책
  5. 그 밖에 다른 교통시설과의 연계성 확보 등 철도시설의 공공성 확보에 필요한 사항
③ 국가는 철도시설 관련 업무를 체계적이고 효율적으로 추진하기 위하여 그 집행조직으로서 철도청 및 고속철도건설공단의 관련 조직을 통·폐합하여 특별법에 의하여 국가철도공단(이하 "국가철도공단"이라 함)을 설립한다.

> 제21조(철도운영)
> ① 철도산업의 구조개혁을 추진하는 경우 철도운영 관련 사업은 시장경제원리에 따라 국가 외의 자가 영위하는 것을 원칙으로 한다.
> ② 국토교통부장관은 철도운영에 대한 다음 각 호의 시책을 수립·시행한다.
>   1. 철도운영 부문의 경쟁력 강화
>   2. 철도운영 서비스의 개선
>   3. 열차운영의 안전진단 등 예방조치 및 사고조사 등 철도운영의 안전확보
>   4. 공정한 경쟁 여건의 조성
>   5. 그 밖에 철도이용자 보호와 열차운행원칙 등 철도운영에 필요한 사항
> ③ 국가는 철도운영 관련 사업을 효율적으로 경영하기 위하여 철도청 및 고속철도건설공단의 관련 조직을 전환하여 특별법에 의하여 한국철도공사(이하 "철도공사"라 함)를 설립한다.

제2절 자산·부채 및 인력의 처리

제22조(철도자산의 구분 등)
① 국토교통부장관은 철도산업의 구조개혁을 추진하는 경우 철도청과 고속철도건설공단의 철도자산을 다음 각 호와 같이 구분하여야 한다.
  1. 운영자산 : 철도청과 고속철도건설공단이 철도운영 등을 주된 목적으로 취득하였거나 관련 법령 및 계약 등에 의하여 취득하기로 한 재산·시설 및 그에 관한 권리
  2. 시설자산 : 철도청과 고속철도건설공단이 철도의 기반이 되는 시설의 건설 및 관리를 주된 목적으로 취득하였거나 관련 법령 및 계약 등에 의하여 취득하기로 한 재산·시설 및 그에 관한 권리
  3. 기타자산 : 제1호 및 제2호의 철도자산을 제외한 자산
② 국토교통부장관은 제1항에 따라 철도자산을 구분하는 때에는 기획재정부장관과 미리 협의하여 그 기준을 정한다.

제23조(철도자산의 처리)
① 국토교통부장관은 대통령령으로 정하는 바에 의하여 철도산업의 구조개혁을 추진하기 위한 철도자산의 처리계획(이하 "철도자산처리계획"이라 함)을 위원회의 심의를 거쳐 수립하여야 한다.
② 국가는 「국유재산법」에도 불구하고 철도자산처리계획에 의하여 철도공사에 운영자산을 현물출자한다.
③ 철도공사는 제2항에 따라 현물출자받은 운영자산과 관련된 권리와 의무를 포괄하여 승계한다.
④ 국토교통부장관은 철도자산처리계획에 의하여 철도청장으로부터 다음 각 호의 철도자산을 이관받으며, 그 관리업무를 국가철도공단, 철도공사, 관련 기관 및 단체 또는 대통령령으로 정하는 민간법인에 위탁하거나 그 자산을 사용·수익하게 할 수 있다.
  1. 철도청의 시설자산(건설 중인 시설자산은 제외)
  2. 철도청의 기타자산
⑤ 국가철도공단은 철도자산처리계획에 의하여 다음 각 호의 철도자산과 그에 관한 권리와 의무를 포괄하여 승계한다. 이 경우 제1호 및 제2호의 철도자산이 완공된 때에는 국가에 귀속된다.
  1. 철도청이 건설 중인 시설자산
  2. 고속철도건설공단이 건설 중인 시설자산 및 운영자산
  3. 고속철도건설공단의 기타자산

⑥ 철도청장 또는 고속철도건설공단이사장이 제2항부터 제5항까지의 규정에 의하여 철도자산의 인계·이관 등을 하고자 하는 때에는 그에 관한 서류를 작성하여 국토교통부장관의 승인을 얻어야 한다.
⑦ 제6항에 따른 철도자산의 인계·이관 등의 시기와 해당 철도자산 등의 평가방법 및 평가기준일 등에 관한 사항은 대통령령으로 정한다.

◆ 시행령 제29조(철도자산처리계획의 내용)

법 제23조 제1항의 규정에 의한 철도자산처리계획에는 다음 각 호의 사항이 포함되어야 한다.
1. 철도자산의 개요 및 현황에 관한 사항
2. 철도자산의 처리방향에 관한 사항
3. 철도자산의 구분기준에 관한 사항
4. 철도자산의 인계·이관 및 출자에 관한 사항
5. 철도자산처리의 추진일정에 관한 사항
6. 그 밖에 국토교통부장관이 철도자산의 처리를 위하여 필요하다고 인정하는 사항

◆ 시행령 제30조(철도자산 관리업무의 민간위탁계획)

① 법 제23조 제4항 각 호 외의 부분에서 "대통령령이 정하는 민간법인"이라 함은 「민법」에 의하여 설립된 비영리법인과 「상법」에 의하여 설립된 주식회사를 말한다.
② 국토교통부장관은 법 제23조 제4항의 규정에 의하여 철도자산의 관리업무를 민간법인에 위탁하고자 하는 때에는 위원회의 심의를 거쳐 민간위탁계획을 수립하여야 한다.
③ 제2항의 규정에 의한 민간위탁계획에는 다음 각 호의 사항이 포함되어야 한다.
　1. 위탁대상 철도자산
　2. 위탁의 필요성·범위 및 효과
　3. 수탁기관의 선정절차
④ 국토교통부장관이 제2항의 규정에 의하여 민간위탁계획을 수립한 때에는 이를 고시하여야 한다.

◆ 시행령 제31조(민간위탁계약의 체결)

① 국토교통부장관은 법 제23조 제4항의 규정에 의하여 철도자산의 관리업무를 위탁하고자 하는 때에는 제30조 제4항의 규정에 의하여 고시된 민간위탁계획에 따라 사업계획을 제출한 자 중에서 당해 철도자산을 관리하기에 적합하다고 인정되는 자를 선정하여 위탁계약을 체결하여야 한다.

② 제1항의 규정에 의한 위탁계약에는 다음 각 호의 사항이 포함되어야 한다.
  1. 위탁대상 철도자산
  2. 위탁대상 철도자산의 관리에 관한 사항
  3. 위탁계약기간(계약기간의 수정·갱신 및 위탁계약의 해지에 관한 사항을 포함)
  4. 위탁대가의 지급에 관한 사항
  5. 위탁업무에 대한 관리 및 감독에 관한 사항
  6. 위탁업무의 재위탁에 관한 사항
  7. 그 밖에 국토교통부장관이 필요하다고 인정하는 사항

시행령 제32조(철도자산의 인계·이관 등의 절차 및 시기)
① 철도청장 또는 한국고속철도건설공단이사장은 법 제23조 제6항의 규정에 의하여 철도자산의 인계·이관 등에 관한 승인을 얻고자 하는 때에는 인계·이관 자산의 범위·목록 및 가액이 기재된 승인신청서에 인계·이관에 필요한 서류를 첨부하여 국토교통부장관에게 제출하여야 한다.
② 법 제23조 제7항의 규정에 의한 철도자산의 인계·이관 등의 시기는 다음 각 호와 같다.
  1. 한국철도공사가 법 제23조 제2항의 규정에 의한 철도자산을 출자받는 시기 : 한국철도공사의 설립등기일
  2. 국토교통부장관이 법 제23조 제4항의 규정에 의한 철도자산을 이관받는 시기 : 2004년 1월 1일
  3. 국가철도공단이 법 제23조 제5항의 규정에 의한 철도자산을 인계받는 시기 : 2004년 1월 1일
③ 인계·이관 등의 대상이 되는 철도자산의 평가기준일은 제2항의 규정에 의한 인계·이관 등을 받는 날의 전일로 한다. 다만, 법 제23조 제2항의 규정에 의하여 한국철도공사에 출자되는 철도자산의 평가기준일은 「국유재산법」이 정하는 바에 의한다.
④ 인계·이관 등의 대상이 되는 철도자산의 평가가액은 제3항의 규정에 의한 평가기준일의 자산의 장부가액으로 한다. 다만, 법 제23조 제2항의 규정에 의하여 한국철도공사에 출자되는 철도자산의 평가방법은 「국유재산법」이 정하는 바에 의한다.

제24조(철도부채의 처리)

① 국토교통부장관은 기획재정부장관과 미리 협의하여 철도청과 고속철도건설공단의 철도부채를 다음 각 호로 구분하여야 한다.
  1. 운영부채 : 제22조 제1항 제1호에 따른 운영자산과 직접 관련된 부채
  2. 시설부채 : 제22조 제1항 제2호에 따른 시설자산과 직접 관련된 부채
  3. 기타부채 : 제1호 및 제2호의 철도부채를 제외한 부채로서 철도사업특별회계가 부담하고 있는 철도부채 중 공공자금관리기금에 대한 부채
② 운영부채는 철도공사가, 시설부채는 국가철도공단이 각각 포괄하여 승계하고, 기타부채는 일반회계가 포괄하여 승계한다.
③ 제1항 및 제2항에 따라 철도청장 또는 고속철도건설공단이사장이 철도부채를 인계하고자 하는 때에는 인계에 관한 서류를 작성하여 국토교통부장관의 승인을 얻어야 한다.
④ 제3항에 따라 철도부채를 인계하는 시기와 인계하는 철도부채 등의 평가방법 및 평가기준일 등에 관한 사항은 대통령령으로 정한다.

◆ **시행령 제33조(철도부채의 인계절차 및 시기)**
① 철도청장 또는 한국고속철도건설공단이사장이 법 제24조 제3항의 규정에 의하여 철도부채의 인계에 관한 승인을 얻고자 하는 때에는 인계부채의 범위·목록 및 가액이 기재된 승인신청서에 인계에 필요한 서류를 첨부하여 국토교통부장관에게 제출하여야 한다.
② 법 제24조 제4항의 규정에 의한 철도부채의 인계시기는 다음 각 호와 같다.
  1. 한국철도공사가 법 제24조 제2항의 규정에 의하여 운영부채를 인계받는 시기 : 한국철도공사의 설립등기일
  2. 국가철도공단이 법 제24조 제2항의 규정에 의하여 시설부채를 인계받는 시기 : 2004년 1월 1일
  3. 일반회계가 법 제24조 제2항의 규정에 의하여 기타부채를 인계받는 시기 : 2004년 1월 1일
③ 인계하는 철도부채의 평가기준일은 제2항의 규정에 의한 인계일의 전일로 한다.
④ 인계하는 철도부채의 평가가액은 평가기준일의 부채의 장부가액으로 한다.

제25조(고용승계 등)

① 철도공사 및 국가철도공단은 철도청 직원 중 공무원 신분을 계속 유지하는 자를 제외한 철도청 직원 및 고속철도건설공단 직원의 고용을 포괄하여 승계한다.
② 국가는 제1항에 따라 철도청 직원 중 철도공사 및 국가철도공단 직원으로 고용이 승계되는 자에 대하여는 근로여건 및 퇴직급여의 불이익이 발생하지 않도록 필요한 조치를 한다.

제3절 철도시설관리권 등

제26조(철도시설관리권)
① 국토교통부장관은 철도시설을 관리하고 그 철도시설을 사용하거나 이용하는 자로부터 사용료를 징수할 수 있는 권리(이하 "철도시설관리권"이라 함)를 설정할 수 있다.
② 제1항에 따라 철도시설관리권의 설정을 받은 자는 대통령령으로 정하는 바에 따라 국토교통부장관에게 등록하여야 한다. 등록한 사항을 변경하고자 하는 때에도 또한 같다.

제27조(철도시설관리권의 성질)
철도시설관리권은 이를 물권으로 보며, 이 법에 특별한 규정이 있는 경우를 제외하고는 「민법」 중 부동산에 관한 규정을 준용한다.

제28조(저당권 설정의 특례)
저당권이 설정된 철도시설관리권은 그 저당권자의 동의가 없으면 처분할 수 없다.

제29조(권리의 변동)
① 철도시설관리권 또는 철도시설관리권을 목적으로 하는 저당권의 설정·변경·소멸 및 처분의 제한은 국토교통부에 비치하는 철도시설관리권등록부에 등록함으로써 그 효력이 발생한다.
② 제1항에 따른 철도시설관리권의 등록에 관하여 필요한 사항은 대통령령으로 정한다.

제30조(철도시설 관리대장)
① 철도시설을 관리하는 자는 그가 관리하는 철도시설의 관리대장을 작성·비치하여야 한다.
② 철도시설 관리대장의 작성·비치 및 기재사항 등에 관하여 필요한 사항은 국토교통부령으로 정한다.

제31조(철도시설 사용료)

① 철도시설을 사용하고자 하는 자는 대통령령으로 정하는 바에 따라 관리청의 허가를 받거나 철도시설관리자와 시설사용계약을 체결하거나 그 시설사용계약을 체결한 자(이하 "시설사용계약자"라 함)의 승낙을 얻어 사용할 수 있다.
② 철도시설관리자 또는 시설사용계약자는 제1항에 따라 철도시설을 사용하는 자로부터 사용료를 징수할 수 있다. 다만, 「국유재산법」 제34조에도 불구하고 지방자치단체가 직접 공용·공공용 또는 비영리 공익사업용으로 철도시설을 사용하고자 하는 경우에는 대통령령으로 정하는 바에 따라 그 사용료의 전부 또는 일부를 면제할 수 있다.
③ 제2항에 따라 철도시설 사용료를 징수하는 경우 철도의 사회경제적 편익과 다른 교통수단과의 형평성 등이 고려되어야 한다.
④ 철도시설 사용료의 징수기준 및 절차 등에 관하여 필요한 사항은 대통령령으로 정한다.

◆ **시행령 제34조(철도시설의 사용허가)**
법 제31조 제1항에 따른 관리청의 허가기준·방법·절차·기간 등에 관한 사항은 「국유재산법」에 따른다.

◆ **시행령 제34조의2(사용허가에 따른 철도시설의 사용료 등)**
① 철도시설을 사용하려는 자가 법 제31조 제1항에 따라 관리청의 허가를 받아 철도시설을 사용하는 경우 같은 조 제2항 본문에 따라 관리청이 징수할 수 있는 철도시설의 사용료는 「국유재산법」 제32조에 따른다.
② 관리청은 법 제31조 제2항 단서에 따라 지방자치단체가 직접 공용·공공용 또는 비영리 공익사업용으로 철도시설을 사용하려는 경우에는 다음 각 호의 구분에 따른 기준에 따라 사용료를 면제할 수 있다.
  1. 철도시설을 취득하는 조건으로 사용하려는 경우로서 사용허가기간이 1년 이내인 사용허가의 경우 : 사용료의 전부
  2. 제1호에서 정한 사용허가 외의 사용허가의 경우 : 사용료의 100분의 60
③ 사용허가에 따른 철도시설 사용료의 징수기준 및 절차 등에 관하여 이 영에서 규정된 것을 제외하고는 「국유재산법」에 따른다.

◆ **시행령 제35조(철도시설의 사용계약)**
① 법 제31조 제1항에 따른 철도시설의 사용계약에는 다음 각 호의 사항이 포함되어야 한다.
   1. 사용기간·대상시설·사용조건 및 사용료
   2. 대상시설의 제3자에 대한 사용승낙의 범위·조건
   3. 상호책임 및 계약위반 시 조치사항
   4. 분쟁 발생 시 조정절차
   5. 비상사태 발생 시 조치
   6. 계약의 갱신에 관한 사항
   7. 계약내용에 대한 비밀누설금지에 관한 사항
② 법 제3조 제2호 가목부터 라목까지에서 규정한 철도시설(이하 "선로등"이라 함)에 대한 법 제31조 제1항에 따른 사용계약(이하 "선로등사용계약"이라 함)을 체결하려는 경우에는 다음 각 호의 기준을 모두 충족해야 한다.
   1. 해당 선로등을 여객 또는 화물운송 목적으로 사용하려는 경우일 것
   2. 사용기간이 5년을 초과하지 않을 것
③ 선로등에 대한 제1항 제1호에 따른 사용조건에는 다음 각 호의 사항이 포함되어야 하며, 그 사용조건은 제24조 제1항에 따른 선로배분지침에 위반되는 내용이어서는 안 된다.
   1. 투입되는 철도차량의 종류 및 길이
   2. 철도차량의 일일운행횟수·운행개시시각·운행종료시각 및 운행간격
   3. 출발역·정차역 및 종착역
   4. 철도운영의 안전에 관한 사항
   5. 철도여객 또는 화물운송서비스의 수준
④ 철도시설관리자는 법 제31조 제1항에 따라 철도시설을 사용하려는 자와 사용계약을 체결하여 철도시설을 사용하게 하려는 경우에는 미리 그 사실을 공고해야 한다.

시행령 제36조(사용계약에 따른 선로등의 사용료 등)

① 철도시설관리자는 제35조 제1항 제1호에 따른 선로등의 사용료를 정하는 경우에는 다음 각 호의 한도를 초과하지 않는 범위에서 선로등의 유지보수비용 등 관련 비용을 회수할 수 있도록 해야 한다. 다만, 「사회기반시설에 대한 민간투자법」 제26조에 따라 사회기반시설관리운영권을 설정받은 철도시설관리자는 같은 법에서 정하는 바에 따라 선로등의 사용료를 정해야 한다.
1. 국가 또는 지방자치단체가 건설사업비의 전액을 부담한 선로등 : 해당 선로등에 대한 유지보수비용의 총액
2. 제1호의 선로등 외의 선로등 : 해당 선로등에 대한 유지보수비용 총액과 총건설사업비(조사비·설계비·공사비·보상비 및 그 밖에 건설에 소요된 비용의 합계액에서 국가·지방자치단체 또는 법 제37조 제1항에 따라 수익자가 부담한 비용을 제외한 금액을 말함)의 합계액

② 철도시설관리자는 제1항 각 호 외의 부분 본문에 따라 선로등의 사용료를 정하는 경우에는 다음 각 호의 사항을 고려할 수 있다.
1. 선로등급·선로용량 등 선로등의 상태
2. 운행하는 철도차량의 종류 및 중량
3. 철도차량의 운행시간대 및 운행횟수
4. 철도사고의 발생빈도 및 정도
5. 철도서비스의 수준
6. 철도관리의 효율성 및 공익성

시행령 제37조(선로등사용계약 체결의 절차)

① 제35조 제2항의 규정에 의한 선로등사용계약을 체결하고자 하는 자(이하 "사용신청자"라 함)는 선로등의 사용목적을 기재한 선로등사용계약신청서에 다음 각 호의 서류를 첨부하여 철도시설관리자에게 제출하여야 한다.
1. 철도여객 또는 화물운송사업의 자격을 증명할 수 있는 서류
2. 철도여객 또는 화물운송사업계획서
3. 철도차량·운영시설의 규격 및 안전성을 확인할 수 있는 서류

② 철도시설관리자는 제1항의 규정에 의하여 선로등사용계약신청서를 제출받은 날부터 1월 이내에 사용신청자에게 선로등사용계약의 체결에 관한 협의일정을 통보하여야 한다.

③ 철도시설관리자는 사용신청자가 철도시설에 관한 자료의 제공을 요청하는 경우에는 특별한 이유가 없는 한 이에 응하여야 한다.

④ 철도시설관리자는 사용신청자와 선로등사용계약을 체결하고자 하는 경우에는 미리 국토교통부장관의 승인을 받아야 한다. 선로등사용계약의 내용을 변경하는 경우에도 또한 같다.

◆ **시행령 제38조(선로등사용계약의 갱신)**
① 선로등사용계약을 체결하여 선로등을 사용하고 있는 자(이하 "선로등사용계약자"라 함)는 그 선로등을 계속하여 사용하고자 하는 경우에는 사용기간이 만료되기 10월 전까지 선로등사용계약의 갱신을 신청하여야 한다.
② 철도시설관리자는 제1항의 규정에 의하여 선로등사용계약자가 선로등사용계약의 갱신을 신청한 때에는 특별한 사유가 없는 한 그 선로등의 사용에 관하여 우선적으로 협의하여야 한다. 이 경우 제35조 제4항의 규정은 이를 적용하지 아니한다.
③ 제35조 제1항 내지 제3항, 제36조 및 제37조의 규정은 선로등사용계약의 갱신에 관하여 이를 준용한다.

◆ **시행령 제39조(철도시설의 사용승낙)**
① 제35조 제1항의 규정에 의한 철도시설의 사용계약을 체결한 자(이하 이 조에서 "시설사용계약자"라 함)는 그 사용계약을 체결한 철도시설의 일부에 대하여 법 제31조 제1항의 규정에 의하여 제3자에게 그 사용을 승낙할 수 있다. 이 경우 철도시설관리자와 미리 협의하여야 한다.
② 시설사용계약자는 제1항의 규정에 의하여 제3자에게 사용승낙을 한 경우에는 그 내용을 철도시설관리자에게 통보하여야 한다.

제4절 공익적 기능의 유지

제32조(공익서비스비용의 부담)
① 철도운영자의 공익서비스 제공으로 발생하는 비용(이하 "공익서비스비용"이라 함)은 대통령령으로 정하는 바에 따라 국가 또는 해당 철도서비스를 직접 요구한 자(이하 "원인제공자"라 함)가 부담하여야 한다.
② 원인제공자가 부담하는 공익서비스비용의 범위는 다음 각 호와 같다.
  1. 철도운영자가 다른 법령에 의하거나 국가정책 또는 공공목적을 위하여 철도운임·요금을 감면할 경우 그 감면액
  2. 철도운영자가 경영개선을 위한 적절한 조치를 취하였음에도 불구하고 철도이용수요가 적어 수지균형의 확보가 극히 곤란하여 벽지의 노선 또는 역의 철도서비스를 제한 또는 중지하여야 되는 경우로서 공익목적을 위하여 기초적인 철도서비스를 계속함으로써 발생되는 경영손실
  3. 철도운영자가 국가의 특수목적사업을 수행함으로써 발생되는 비용

◆ **시행령 제40조(공익서비스비용 보상예산의 확보)**
① 철도운영자는 매년 3월 말까지 국가가 법 제32조 제1항의 규정에 의하여 다음 연도에 부담하여야 하는 공익서비스비용(이하 "국가부담비용"이라 함)의 추정액, 당해 공익서비스의 내용 그 밖의 필요한 사항을 기재한 국가부담비용추정서를 국토교통부장관에게 제출하여야 한다. 이 경우 철도운영자가 국가부담비용의 추정액을 산정함에 있어서는 법 제33조 제1항의 규정에 의한 보상계약 등을 고려하여야 한다.
② 국토교통부장관은 제1항의 규정에 의하여 국가부담비용추정서를 제출받은 때에는 관계행정기관의 장과 협의하여 다음 연도의 국토교통부소관 일반회계에 국가부담비용을 계상하여야 한다.
③ 국토교통부장관은 제2항의 규정에 의한 국가부담비용을 정하는 때에는 제1항의 규정에 의한 국가부담비용의 추정액, 전년도에 부담한 국가부담비용, 관련법령의 규정 또는 법 제33조 제1항의 규정에 의한 보상계약 등을 고려하여야 한다.

◆ **시행령 제41조(국가부담비용의 지급)**
  ① 철도운영자는 국가부담비용의 지급을 신청하고자 하는 때에는 국토교통부장관이 지정하는 기간 내에 국가부담비용 지급신청서에 다음 각 호의 서류를 첨부하여 국토교통부장관에게 제출하여야 한다.
    1. 국가부담비용 지급신청액 및 산정내역서
    2. 당해 연도의 예상수입·지출명세서
    3. 최근 2년간 지급받은 국가부담비용 내역서
    4. 원가계산서
  ② 국토교통부장관은 제1항의 규정에 의하여 국가부담비용 지급신청서를 제출받은 때에는 이를 검토하여 매 반기마다 반기 초에 국가부담비용을 지급하여야 한다.

◆ **시행령 제42조(국가부담비용의 정산)**
  ① 제41조 제2항의 규정에 의하여 국가부담비용을 지급받은 철도운영자는 당해 반기가 끝난 후 30일 이내에 국가부담비용 정산서에 다음 각 호의 서류를 첨부하여 국토교통부장관에게 제출하여야 한다.
    1. 수입·지출명세서
    2. 수입·지출증빙서류
    3. 그 밖에 현금흐름표 등 회계 관련 서류
  ② 국토교통부장관은 제1항의 규정에 의하여 국가부담비용 정산서를 제출받은 때에는 법 제33조 제4항의 규정에 의한 전문기관 등으로 하여금 이를 확인하게 할 수 있다.

◆ **시행령 제43조(회계의 구분)**
  ① 국가부담비용을 지급받는 철도운영자는 법 제32조 제2항 제2호의 규정에 의한 노선 및 역에 대한 회계를 다른 회계와 구분하여 경리하여야 한다.
  ② 국가부담비용을 지급받는 철도운영자의 회계연도는 정부의 회계연도에 따른다.

제33조(공익서비스 제공에 따른 보상계약의 체결)
① 원인제공자는 철도운영자와 공익서비스비용의 보상에 관한 계약(이하 "보상계약"이라 함)을 체결하여야 한다.
② 제1항에 따른 보상계약에는 다음 각 호의 사항이 포함되어야 한다.
  1. 철도운영자가 제공하는 철도서비스의 기준과 내용에 관한 사항
  2. 공익서비스 제공과 관련하여 원인제공자가 부담하여야 하는 보상내용 및 보상방법 등에 관한 사항
  3. 계약기간 및 계약기간의 수정·갱신과 계약의 해지에 관한 사항
  4. 그 밖에 원인제공자와 철도운영자가 필요하다고 합의하는 사항
③ 원인제공자는 철도운영자와 보상계약을 체결하기 전에 계약내용에 관하여 국토교통부장관 및 기획재정부장관과 미리 협의하여야 한다.
④ 국토교통부장관은 공익서비스비용의 객관성과 공정성을 확보하기 위하여 필요한 때에는 국토교통부령으로 정하는 바에 의하여 전문기관을 지정하여 그 기관으로 하여금 공익서비스비용의 산정 및 평가 등의 업무를 담당하게 할 수 있다.
⑤ 보상계약체결에 관하여 원인제공자와 철도운영자의 협의가 성립되지 아니하는 때에는 원인제공자 또는 철도운영자의 신청에 의하여 위원회가 이를 조정할 수 있다.

제34조(특정 노선 폐지 등의 승인)
① 철도시설관리자와 철도운영자(이하 "승인신청자"라 함)는 다음 각 호의 어느 하나에 해당하는 경우에 국토교통부장관의 승인을 얻어 특정 노선 및 역의 폐지와 관련 철도서비스의 제한 또는 중지 등 필요한 조치를 취할 수 있다.
  1. 승인신청자가 철도서비스를 제공하고 있는 노선 또는 역에 대하여 철도의 경영개선을 위한 적절한 조치를 취하였음에도 불구하고 수지균형의 확보가 극히 곤란하여 경영상 어려움이 발생한 경우
  2. 제33조에 따른 보상계약체결에도 불구하고 공익서비스비용에 대한 적정한 보상이 이루어지지 아니한 경우
  3. 원인제공자가 공익서비스비용을 부담하지 아니한 경우
  4. 원인제공자가 제33조 제5항에 따른 조정에 따르지 아니한 경우

② 승인신청자는 다음 각 호의 사항이 포함된 승인신청서를 국토교통부장관에게 제출하여야 한다.
  1. 폐지하고자 하는 특정 노선 및 역 또는 제한·중지하고자 하는 철도서비스의 내용
  2. 특정 노선 및 역을 계속 운영하거나 철도서비스를 계속 제공하여야 할 경우의 원인제공자의 비용부담 등에 관한 사항
  3. 그 밖에 특정 노선 및 역의 폐지 또는 철도서비스의 제한·중지 등과 관련된 사항
③ 국토교통부장관은 제2항에 따라 승인신청서가 제출된 경우 원인제공자 및 관계행정기관의 장과 협의한 후 위원회의 심의를 거쳐 승인여부를 결정하고 그 결과를 승인신청자에게 통보하여야 한다. 이 경우 승인하기로 결정된 때에는 그 사실을 관보에 공고하여야 한다.
④ 국토교통부장관 또는 관계행정기관의 장은 승인신청자가 제1항에 따라 특정 노선 및 역을 폐지하거나 철도서비스의 제한·중지 등의 조치를 취하고자 하는 때에는 대통령령으로 정하는 바에 의하여 대체수송수단의 마련 등 필요한 조치를 하여야 한다.

시행령 제44조(특정 노선 폐지 등의 승인신청서의 첨부서류)

철도시설관리자와 철도운영자가 법 제34조 제2항의 규정에 의하여 국토교통부장관에게 승인신청서를 제출하는 때에는 다음 각 호의 사항을 기재한 서류를 첨부하여야 한다.
1. 승인신청 사유
2. 등급별·시간대별 철도차량의 운행빈도, 역수, 종사자 수 등 운영현황
3. 과거 6월 이상의 기간 동안의 1일 평균 철도서비스 수요
4. 과거 1년 이상의 기간 동안의 수입·비용 및 영업손실액에 관한 회계보고서
5. 향후 5년 동안의 1일 평균 철도서비스 수요에 대한 전망
6. 과거 5년 동안의 공익서비스비용의 전체 규모 및 법 제32조 제1항의 규정에 의한 원인제공자가 부담한 공익서비스비용의 규모
7. 대체수송수단의 이용 가능성

🔹 시행령 제45조(실태조사)

① 국토교통부장관은 법 제34조 제2항의 규정에 의한 승인신청을 받은 때에는 당해 노선 및 역의 운영현황 또는 철도서비스의 제공현황에 관하여 실태조사를 실시하여야 한다.
② 국토교통부장관은 필요한 경우에는 관계 지방자치단체 또는 관련 전문기관을 제1항의 규정에 의한 실태조사에 참여시킬 수 있다.
③ 국토교통부장관은 제1항의 규정에 의한 실태조사의 결과를 위원회에 보고하여야 한다.

🔹 시행령 제46조(특정 노선 폐지 등의 공고)

국토교통부장관은 법 제34조 제3항의 규정에 의하여 승인을 한 때에는 그 승인이 있은 날부터 1월 이내에 폐지되는 특정 노선 및 역 또는 제한·중지되는 철도서비스의 내용과 그 사유를 국토교통부령이 정하는 바에 따라 공고하여야 한다.

🔹 시행령 제47조(특정 노선 폐지 등에 따른 수송대책의 수립)

국토교통부장관 또는 관계행정기관의 장은 특정 노선 및 역의 폐지 또는 철도서비스의 제한·중지 등의 조치로 인하여 영향을 받는 지역 중에서 대체수송수단이 없거나 현저히 부족하여 수송서비스에 심각한 지장이 초래되는 지역에 대하여는 법 제34조 제4항의 규정에 의하여 다음 각 호의 사항이 포함된 수송대책을 수립·시행하여야 한다.
1. 수송여건 분석
2. 대체수송수단의 운행횟수 증대, 노선조정 또는 추가투입
3. 대체수송에 필요한 재원조달
4. 그 밖에 수송대책의 효율적 시행을 위하여 필요한 사항

◆ **시행령 제48조(철도서비스의 제한 또는 중지에 따른 신규운영자의 선정)**
① 국토교통부장관은 철도운영자인 승인신청자(이하 이 조에서 "기존운영자"라 함)가 법 제34조 제1항의 규정에 의하여 제한 또는 중지하고자 하는 특정 노선 및 역에 관한 철도서비스를 새로운 철도운영자(이하 이 조에서 "신규운영자"라 함)로 하여금 제공하게 하는 것이 타당하다고 인정하는 때에는 법 제34조 제4항의 규정에 의하여 신규운영자를 선정할 수 있다.
② 국토교통부장관은 제1항의 규정에 의하여 신규운영자를 선정하고자 하는 때에는 법 제32조 제1항의 규정에 의한 원인제공자와 협의하여 경쟁에 의한 방법으로 신규운영자를 선정하여야 한다.
③ 원인제공자는 신규운영자와 법 제33조의 규정에 의한 보상계약을 체결하여야 하며, 기존운영자는 당해 철도서비스 등에 관한 인수인계서류를 작성하여 신규운영자에게 제공하여야 한다.
④ 제2항 및 제3항의 규정에 의한 신규운영자 선정의 구체적인 방법, 인수인계절차 그 밖의 필요한 사항은 국토교통부령으로 정한다.

제35조(승인의 제한 등)
① 국토교통부장관은 제34조 제1항 각 호의 어느 하나에 해당되는 경우에도 다음 각 호의 어느 하나에 해당하는 경우에는 같은 조 제3항에 따른 승인을 하지 아니할 수 있다.
  1. 제34조에 따른 노선 폐지 등의 조치가 공익을 현저하게 저해한다고 인정하는 경우
  2. 제34조에 따른 노선 폐지 등의 조치가 대체교통수단 미흡 등으로 교통서비스 제공에 중대한 지장을 초래한다고 인정하는 경우
② 국토교통부장관은 제1항 각 호에 따라 승인을 하지 아니함에 따라 철도운영자인 승인신청자가 경영상 중대한 영업손실을 받은 경우에는 그 손실을 보상할 수 있다.

제36조(비상사태 시 처분)

① 국토교통부장관은 천재·지변·전시·사변, 철도교통의 심각한 장애 그 밖에 이에 준하는 사태의 발생으로 인하여 철도서비스에 중대한 차질이 발생하거나 발생할 우려가 있다고 인정하는 경우에는 필요한 범위 안에서 철도시설관리자·철도운영자 또는 철도이용자에게 다음 각 호의 사항에 관한 조정·명령 그 밖의 필요한 조치를 할 수 있다.
1. 지역별·노선별·수송대상별 수송 우선순위 부여 등 수송통제
2. 철도시설·철도차량 또는 설비의 가동 및 조업
3. 대체수송수단 및 수송로의 확보
4. 임시열차의 편성 및 운행
5. 철도서비스 인력의 투입
6. 철도이용의 제한 또는 금지
7. 그 밖에 철도서비스의 수급안정을 위하여 대통령령으로 정하는 사항

② 국토교통부장관은 제1항에 따른 조치의 시행을 위하여 관계행정기관의 장에게 필요한 협조를 요청할 수 있으며, 관계행정기관의 장은 이에 협조하여야 한다.

③ 국토교통부장관은 제1항에 따른 조치를 한 사유가 소멸되었다고 인정하는 때에는 지체 없이 이를 해제하여야 한다.

◆ 시행령 제49조(비상사태 시 처분)

법 제36조 제1항 제7호에서 "대통령령이 정하는 사항"이라 함은 다음 각 호의 사항을 말한다.
1. 철도시설의 임시사용
2. 철도시설의 사용제한 및 접근 통제
3. 철도시설의 긴급복구 및 복구지원
4. 철도역 및 철도차량에 대한 수색 등

CHAPTER 05 보칙

제37조(철도건설 등의 비용부담)

① 철도시설관리자는 지방자치단체·특정한 기관 또는 단체가 철도시설건설사업으로 인하여 현저한 이익을 받는 경우에는 국토교통부장관의 승인을 얻어 그 이익을 받는 자(이하 이 조에서 "수익자"라 함)로 하여금 그 비용의 일부를 부담하지 할 수 있다.

② 제1항에 따라 수익자가 부담하여야 할 비용은 철도시설관리자와 수익자가 협의하여 정한다. 이 경우 협의가 성립되지 아니하는 때에는 철도시설관리자 또는 수익자의 신청에 의하여 위원회가 이를 조정할 수 있다.

제38조(권한의 위임 및 위탁)

국토교통부장관은 이 법에 따른 권한의 일부를 대통령령으로 정하는 바에 따라 특별시장·광역시장·도지사·특별자치도지사 또는 지방교통관서의 장에 위임하거나 관계 행정기관·국가철도공단·철도공사·정부출연연구기관에게 위탁할 수 있다. 다만, 철도시설유지보수 시행업무는 철도공사에 위탁한다.

◆ 시행령 제50조(권한의 위탁)
① 국토교통부장관은 법 제38조 본문의 규정에 의하여 법 제12조 제2항의 규정에 의한 철도산업정보센터의 설치·운영업무를 다음 각 호의 자 중에서 국토교통부령이 정하는 자에게 위탁한다.
  1. 「정부출연연구기관 등의 설립·운영 및 육성에 관한 법률」 또는 「과학기술분야 정부출연연구기관 등의 설립·운영 및 육성에 관한 법률」에 의한 정부출연연구기관
  2. 국가철도공단
② 국토교통부장관은 법 제38조 본문의 규정에 의하여 철도시설유지보수 시행업무를 철도청장에게 위탁한다.
③ 국토교통부장관은 법 제38조 본문의 규정에 의하여 제24조 제4항의 규정에 의한 철도교통관제시설의 관리업무 및 철도교통관제업무를 다음 각 호의 자 중에서 국토교통부령이 정하는 자에게 위탁한다.
  1. 국가철도공단
  2. 철도운영자

제39조(청문)
국토교통부장관은 제34조에 따른 특정 노선 및 역의 폐지와 이와 관련된 철도서비스의 제한 또는 중지에 대한 승인을 하고자 하는 때에는 청문을 실시하여야 한다.

CHAPTER 06 벌칙

제40조(벌칙)
① 제34조의 규정을 위반하여 국토교통부장관의 승인을 얻지 아니하고 특정 노선 및 역을 폐지하거나 철도서비스를 제한 또는 중지한 자는 3년 이하의 징역 또는 5천만원 이하의 벌금에 처한다.
② 다음 각 호의 어느 하나에 해당하는 자는 2년 이하의 징역 또는 3천만원 이하의 벌금에 처한다.
  1. 거짓이나 그 밖의 부정한 방법으로 제31조 제1항에 따른 허가를 받은 자
  2. 제31조 제1항에 따른 허가를 받지 아니하고 철도시설을 사용한 자
  3. 제36조 제1항 제1호부터 제5호까지 또는 제7호에 따른 조정·명령 등의 조치를 위반한 자

제41조(양벌규정)
법인의 대표자나 법인 또는 개인의 대리인, 사용인, 그 밖의 종업원이 그 법인 또는 개인의 업무에 관하여 제40조의 위반행위를 하면 그 행위자를 벌하는 외에 그 법인 또는 개인에게도 해당 조문의 벌금형을 과(科)한다. 다만, 법인 또는 개인이 그 위반행위를 방지하기 위하여 해당 업무에 관하여 상당한 주의와 감독을 게을리하지 아니한 경우에는 그러하지 아니하다.

제42조(과태료)
① 제36조 제1항 제6호의 규정을 위반한 자에게는 1천만원 이하의 과태료를 부과한다.
② 제1항에 따른 과태료는 대통령령으로 정하는 바에 따라 국토교통부장관이 부과·징수한다.

◆ 시행령 제51조(과태료)
① 국토교통부장관이 법 제42조 제2항의 규정에 의하여 과태료를 부과하는 때에는 당해 위반행위를 조사·확인한 후 위반사실·과태료 금액·이의제기의 방법 및 기간 등을 서면으로 명시하여 이를 납부할 것을 과태료처분대상자에게 통지하여야 한다.
② 국토교통부장관은 제1항의 규정에 의하여 과태료를 부과하고자 하는 때에는 10일 이상의 기간을 정하여 과태료처분대상자에게 구술 또는 서면에 의한 의견진술의 기회를 주어야 한다. 이 경우 지정된 기일까지 의견진술이 없는 때에는 의견이 없는 것으로 본다.
③ 국토교통부장관은 과태료의 금액을 정함에 있어서는 당해 위반행위의 동기·정도·횟수 등을 참작하여야 한다.
④ 과태료의 징수절차는 국토교통부령으로 정한다.

부칙 〈법률 제18950호, 2022. 6. 10.〉
이 법은 공포한 날부터 시행한다.

예상문제

001 철도산업의 경쟁력을 높이고 발전기반을 조성함으로써 철도산업의 효율성 및 공익성의 향상과 국민경제의 발전에 이바지함을 목적으로 제정된 법은?

① 철도산업발전기본법
② 도시철도법
③ 철도안전법
④ 철도사업법
⑤ 광역철도사업법

해설 철도산업발전기본법은 철도산업의 경쟁력을 높이고 발전기반을 조성함으로써 철도산업의 효율성 및 공익성의 향상과 국민경제의 발전에 이바지함을 목적으로 한다. (법 제1조)

002 다음 중 철도산업발전기본법의 제정 목적으로 옳지 않은 것은?

① 철도산업의 효율성 향상
② 철도산업의 공익성 향상
③ 국민경제의 발전에 이바지
④ 철도산업의 수익성 증대
⑤ 철도산업의 발전기반 조성

003 철도산업발전기본법에서 여객 또는 화물을 운송하는 데 필요한 철도시설고- 철도차량 및 이와 관련된 운영·지원체계가 유기적으로 구성된 운송체계를 무엇이라 하는가?

① 철도
② 철도시설
③ 철도 시스템
④ 철도운영
⑤ 철도산업

해설 "철도"라 함은 여객 또는 화물을 운송하는 데 필요한 철도시설과 철도차량 및 이와 관련된 운영·지원체계가 유기적으로 구성된 운송체계를 말한다. (법 제3조)

정답 001.① 002.④ 003.①

004 다음 중 철도산업발전기본법에서 규정한 철도시설로 옳지 않은 것은?

① 철도의 전철전력설비, 정보통신설비, 신호 및 열차제어설비
② 철도기술의 개발·시험 및 연구를 위한 시설
③ 철도건설기술의 개발 및 연구운영에 필요한 시설
④ 철도경영연수 및 철도전문인력의 교육훈련을 위한 시설
⑤ 선로 및 철도차량을 보수·정비하기 위한 선로보수기지, 차량정비기지 및 차량유치시설

해설 "철도시설"이라 함은 다음 중 어느 하나에 해당하는 시설(부지를 포함)을 말한다. (법 제3조)
가. 철도의 선로(선로에 부대되는 시설을 포함), 역시설(물류시설·환승시설 및 편의시설 등을 포함) 및 철도운영을 위한 건축물·건축설비
나. 선로 및 철도차량을 보수·정비하기 위한 선로보수기지, 차량정비기지 및 차량유치시설
다. 철도의 전철전력설비, 정보통신설비, 신호 및 열차제어설비
라. 철도노선 간 또는 다른 교통수단과의 연계운영에 필요한 시설
마. 철도기술의 개발·시험 및 연구를 위한 시설
바. 철도경영연수 및 철도전문인력의 교육훈련을 위한 시설
사. 그 밖에 철도의 건설·유지보수 및 운영을 위한 시설로서 대통령령으로 정하는 시설

005 다음 중 철도산업발전기본법에서 규정한 철도시설로 옳지 않은 것은?

① 철도의 선로, 역시설
② 철도운영을 위한 건축물·건축설비
③ 철도노선 간 또는 다른 교통수단과의 연계운영에 필요한 시설
④ 선로 및 철도차량을 보수·정비하기 위한 선로보수기지
⑤ 철도의 건설·유지보수 및 운영을 위한 시설로서 국토교통부령이 정하는 시설

정답 004.③ 005.⑤

006 철도산업발전기본법에서 철도의 건설·유지보수 및 운영을 위한 시설 중 "대통령령이 정하는 시설"로 옳지 않은 것은?

① 철도의 건설 및 유지보수에 필요한 자재를 가공·조립·운반 또는 보관하기 위하여 당해 사업기간 중에 사용되는 시설
② 철도차량 운전자 등이 선로나 신호기를 확인하는 데 지장을 주거나 줄 우려가 있는 시설
③ 철도의 건설 및 유지보수를 위한 공사에 사용되는 진입도로·주차장·야적장·토석채취장 및 사토장과 그 설치 또는 운영에 필요한 시설
④ 철도의 건설 및 유지보수를 위하여 당해 사업기간 중에 사용되는 장비와 그 정비·점검 또는 수리를 위한 시설
⑤ 철도안전관련시설·안내시설 등 철도의 건설·유지보수 및 운영을 위하여 필요한 시설로서 국토교통부장관이 정하는 시설

해설 철도의 건설·유지보수 및 운영을 위한 시설로서 대통령령이 정하는 시설은 다음 각 호의 시설을 말한다. (시행령 제2조)
1. 철도의 건설 및 유지보수에 필요한 자재를 가공·조립·운반 또는 보관하기 위하여 당해 사업기간 중에 사용되는 시설
2. 철도의 건설 및 유지보수를 위한 공사에 사용되는 진입도로·주차장·야적장·토석채취장 및 사토장과 그 설치 또는 운영에 필요한 시설
3. 철도의 건설 및 유지보수를 위하여 당해 사업기간 중에 사용되는 장비와 그 정비·점검 또는 수리를 위한 시설
4. 그 밖에 철도안전관련시설·안내시설 등 철도의 건설·유지보수 및 운영을 위하여 필요한 시설로서 국토교통부장관이 정하는 시설

007 다음 중 철도산업발전기본법상 철도운영에 해당하지 않은 것은?

① 철도여객 및 화물운송
② 열차의 운행관리
③ 철도차량의 정비
④ 철도시설·철도차량 및 철도부지 등을 활용한 부대사업 개발 및 서비스
⑤ 철도경영연수 및 철도전문인력의 교육훈련

해설 "철도운영"이라 함은 철도와 관련된 다음 중 어느 하나에 해당하는 것을 말한다. (법 제3조)
가. 철도여객 및 화물운송
나. 철도차량의 정비 및 열차의 운행관리
다. 철도시설·철도차량 및 철도부지 등을 활용한 부대사업 개발 및 서비스

정답 006.② 007.⑤

008 다음 중 철도산업발전기본법상 철도차량에 속하지 않는 것은?
① 동력차　　　　　　　　　② 기관차
③ 객차　　　　　　　　　　④ 특수차
⑤ 화차

해설　"철도차량"이라 함은 선로를 운행할 목적으로 제작된 동력차·객차·화차 및 특수차를 말한다. (법 제3조)

009 다음 중 철도산업발전기본법상 용어의 정의로 옳지 않은 것은?
① "선로"라 함은 철도차량을 운행하기 위한 궤도와 이를 받치는 노반 또는 공작물로 구성된 시설을 말한다.
② "철도시설의 건설"이라 함은 철도시설의 신설과 기존 철도시설의 직선화·전철화·복선화를 말하며 현대화 등 철도시설의 성능 및 기능향상을 위한 철도시설의 개량은 포함하지 않는다.
③ "철도시설의 유지보수"라 함은 기존 철도시설의 현상유지 및 성능향상을 위한 점검·보수·교체·개량 등 일상적인 활동을 말한다.
④ "철도산업"이라 함은 철도운송·철도시설·철도차량 관련 산업과 철도기술개발 관련 산업 그 밖에 철도의 개발·이용·관리와 관련된 산업을 말한다.
⑤ "철도운영"에는 철도시설·철도차량 및 철도부지 등을 활용한 부대사업 개발 및 서비스가 포함된다.

해설　"철도시설의 건설"이라 함은 철도시설의 신설과 기존 철도시설의 직선화·전철화·복선화 및 현대화 등 철도시설의 성능 및 기능향상을 위한 철도시설의 개량을 포함한 활동을 말한다. (법 제3조)

010 다음은 철도산업발전기본법상 용어의 정의에 관한 설명이다. 옳지 않은 것은?

① "철도"라 함은 여객 또는 화물을 운송하는 데 필요한 철도시설과 철도차량 및 이와 관련된 운영·지원체계가 유기적으로 구성된 운송체계를 말한다.
② "철도차량"이라 함은 선로를 운행할 목적으로 제작된 동력차·객차·화차 및 특수차를 말한다.
③ "철도운영자"라 함은 한국철도공사 등 철도운영에 관한 업무를 수행하는 자를 말한다.
④ "공익서비스"라 함은 철도운영자가 영리목적의 영업활동과 관계있는 국가 또는 지방자치단체의 정책이나 공공목적 등을 위하여 제공하는 철도서비스를 갈한다.
⑤ "철도시설"에는 철도노선 간 또는 다른 교통수단과의 연계운영에 필요한 시설이 포함된다.

해설 "공익서비스"라 함은 철도운영자가 영리목적의 영업활동과 관계없이 국가 또는 지방자치단체의 정책이나 공공목적 등을 위하여 제공하는 철도서비스를 말한다. (법 제3조)

011 철도산업발전기본법상 철도시설관리자에 해당하지 않는 것은?

① 한국철도공사
② 국가철도공단
③ 철도시설관리권을 설정받은 자
④ 관리청으로부터 철도시설의 관리를 대행·위임 또는 위탁받은 자
⑤ 철도의 관리청(국토교통부장관)

해설 "철도시설관리자"라 함은 철도시설의 건설 및 관리 등에 관한 업무를 수행하는 자로서 다음 중 어느 하나에 해당하는 자를 말한다. (법 제3조)
가. 제19조에 따른 관리청
나. 제20조 제3항에 따라 설립된 국가철도공단
다. 제26조 제1항에 따라 철도시설관리권을 설정받은 자
라. 가목부터 다목까지의 자로부터 철도시설의 관리를 대행·위임 또는 위탁받은 자

정답 010.④ 011.①

012 철도산업발전기본법에서 철도산업의 육성과 발전을 촉진하기 위하여 철도산업발전 기본계획을 수립·시행하는 자로서 옳은 것은?
① 대통령
② 한국철도공사 사장
③ 국가철도공단 이사장
④ 국토교통부장관
⑤ 교통안전공단 이사장

> 해설 국토교통부장관은 철도산업의 육성과 발전을 촉진하기 위하여 5년 단위로 철도산업발전 기본계획을 수립하여 시행하여야 한다. (법 제5조)

013 철도산업발전기본법에서 철도산업의 육성과 발전을 촉진하기 위한 철도산업발전 기본계획은 몇 년 단위로 수립하나?
① 1년
② 2년
③ 3년
④ 5년
⑤ 10년

014 철도산업발전기본법상 철도산업발전 기본계획의 수립 등에 관한 설명으로 옳지 않은 것은?
① 국토교통부장관은 철도산업의 육성과 발전을 촉진하기 위하여 5년 단위로 철도산업발전 기본계획을 수립하여 시행하여야 한다.
② 국토교통부장관은 기본계획을 수립하고자 하는 때에는 미리 기본계획과 관련이 있는 행정기관의 장과 협의한 후 철도안전위원회의 심의를 거쳐야 한다.
③ 국토교통부장관은 기본계획을 수립 또는 변경한 때에는 이를 관보에 고시하여야 한다.
④ 관계행정기관의 장은 수립·고시된 기본계획에 따라 연도별 시행계획을 수립·추진하고, 해당 연도의 계획 및 전년도의 추진실적을 국토교통부장관에게 제출하여야 한다.
⑤ 연도별 시행계획의 수립 및 시행절차에 관하여 필요한 사항은 대통령령으로 정한다.

> 해설 국토교통부장관은 기본계획을 수립하고자 하는 때에는 미리 기본계획과 관련이 있는 행정기관의 장과 협의한 후 제6조에 따른 철도산업위원회의 심의를 거쳐야 한다. 수립된 기본계획을 변경(대통령령으로 정하는 경미한 변경은 제외)하고자 하는 때에도 또한 같다. (법 제5조)

정답 012.④ 013.④ 014.②

015 다음 중 철도산업발전기본법상의 철도산업발전 기본계획에 포함되어야 할 사항으로 옳지 않은 것은?

① 철도산업 육성시책의 기본방향에 관한 사항
② 철도시설의 투자·건설·유지보수 및 이를 위한 재원확보에 관한 사항
③ 철도산업의 여건 및 동향전망에 관한 사항
④ 철도산업 전문인력의 양성에 관한 사항
⑤ 철도기업 간의 연계수송 및 사업운영에 관한 사항

> 해설 철도산업발전 기본계획에는 다음 사항이 포함되어야 한다. (법 제5조)
> 1. 철도산업 육성시책의 기본방향에 관한 사항
> 2. 철도산업의 여건 및 동향전망에 관한 사항
> 3. 철도시설의 투자·건설·유지보수 및 이를 위한 재원확보에 관한 사항
> 4. 각종 철도 간의 연계수송 및 사업조정에 관한 사항
> 5. 철도운영체계의 개선에 관한 사항
> 6. 철도산업 전문인력의 양성에 관한 사항
> 7. 철도기술의 개발 및 활용에 관한 사항
> 8. 그 밖에 철도산업의 육성 및 발전에 관한 사항으로서 대통령령이 정하는 사항

016 다음 중 철도산업발전기본법상의 철도산업발전 기본계획에 포함되어야 할 사항으로 옳지 않은 것은?

① 철도운영체계의 개선에 관한 사항
② 철도기술의 개발 및 활용에 관한 사항
③ 철도산업 전문인력의 양성에 관한 사항
④ 철도산업의 육성 및 발전에 관한 사항으로서 국토교통부령이 정하는 사항
⑤ 각종 철도 간의 연계수송 및 사업조정에 관한 사항

[정답] 015.⑤ 016.④

017 다음 중 철도산업발전기본법상 철도산업발전 기본계획에 포함되어야 할 사항 중 대통령령으로 정하는 사항으로 옳지 않은 것은?

① 철도수송 분담의 목표
② 다른 교통수단과의 연계수송에 관한 사항
③ 철도안전 및 철도서비스에 관한 사항
④ 철도산업의 국내외 협력 및 해외시장 진출에 관한 사항
⑤ 철도산업시책의 추진체계

[해설] 철도산업발전 기본계획에 포함되어야 할 사항 중 "대통령령이 정하는 사항"이라 함은 다음 각 호의 사항을 말한다. (시행령 제3조)
1. 철도수송 분담의 목표
2. 철도안전 및 철도서비스에 관한 사항
3. 다른 교통수단과의 연계수송에 관한 사항
4. 철도산업의 국제협력 및 해외시장 진출에 관한 사항
5. 철도산업시책의 추진체계
6. 그 밖에 철도산업의 육성 및 발전에 관한 사항으로서 국토교통부장관이 필요하다고 인정하는 사항

018 철도산업발전기본법상 수립된 계획을 변경할 때 대통령령이 정하는 경미한 사항을 변경하는 경우에는 철도산업위원회의 심의를 거치지 않아도 되는데 이에 해당하는 사항으로 옳은 것은?

① 철도시설투자사업 규모의 1,000분의 1의 범위 안에서의 변경
② 철도시설투자사업의 총 투자비용의 1,000분의 1의 범위 안에서의 변경
③ 철도시설투자사업 기간의 2년의 기간 내에서의 변경
④ 철도시설투자사업 기간의 3년의 기간 내에서의 변경
⑤ 철도시설투자사업 기간의 5년의 기간 내에서의 변경

[정답] 017.④ 018.③

019 철도산업발전기본법 및 시행령에서 관계행정기관의 장은 당해 연도의 철도산업발전 시행계획 및 전년도 추진실적을 국토교통부장관에게 제출해야 하는 데 제출기한이 바르게 연결된 것은?

① 당해 연도의 철도산업발전 시행계획 : 전년도 10월 말까지, 전년도 철도산업발전 시행계획 추진실적 : 매년 2월 말까지
② 당해 연도의 철도산업발전 시행계획 : 전년도 11월 말까지, 전년도 철드산업발전 시행계획 추진실적 : 매년 2월 말까지
③ 당해 연도의 철도산업발전 시행계획 : 전년도 12월 말까지, 전년도 철도산업발전 시행계획 추진실적 : 매년 1월 말까지
④ 당해 연도의 철도산업발전 시행계획 : 전년도 12월 말까지, 전년도 철도산업발전 시행계획 추진실적 : 매년 3월 말까지
⑤ 당해 연도의 철도산업발전 시행계획 : 전년도 6월 말까지, 전년도 철도산업발전 시행계획 추진실적 : 매년 3월 말까지

020 철도산업발전기본법에서 철도산업에 관한 기본계획 및 중요정책 등을 심의·조정하기 위하여 국토교통부에 두는 위원회는?

① 철도운영위원회
② 철도산업위원회
③ 철도교통위원회
④ 철도발전위원회
⑤ 철도안전위원회

해설 : 철도산업에 관한 기본계획 및 중요정책 등을 심의·조정하기 위하여 국토교통부에 철도산업위원회를 둔다. (법 제6조)

정답 019.② 020.②

021 다음은 철도산업발전기본법 및 시행령의 철도산업위원회에 대한 설명이다. 옳지 않은 것은?

① 철도산업에 관한 기본계획 및 중요정책 등을 심의·조정하기 위하여 국토교통부에 철도산업위원회를 둔다.
② 철도산업위원회는 위원장을 포함한 20인 이내의 위원으로 구성한다.
③ 철도산업위원회에 상정할 안건을 미리 검토하고 위원회가 위임한 안건을 심의하기 위하여 위원회에 분과위원회를 둔다.
④ 철도산업위원회의 위원장은 국토교통부장관이 된다.
⑤ 위원회 및 분과위원회의 구성·기능 및 운영에 관하여 필요한 사항은 대통령령으로 정한다.

[해설] 철도산업위원회는 위원장을 포함한 25인 이내의 위원으로 구성한다. (법 제6조)

022 철도산업발전기본법상 철도산업위원회의 심의·조정사항으로 옳지 않은 것은?

① 철도산업의 육성·발전에 관한 중요정책 사항
② 철도산업구조개혁에 관한 중요정책 사항
③ 철도시설의 건설 및 관리 등 철도시설에 관한 중요정책 사항
④ 철도안전 및 철도서비스에 관한 중요정책 사항
⑤ 철도시설관리자와 철도운영자 간 상호협력 및 조정에 관한 사항

[해설] 철도산업위원회는 다음 사항을 심의·조정한다. (법 제6조)
1. 철도산업의 육성·발전에 관한 중요정책 사항
2. 철도산업구조개혁에 관한 중요정책 사항
3. 철도시설의 건설 및 관리 등 철도시설에 관한 중요정책 사항
4. 철도안전과 철도운영에 관한 중요정책 사항
5. 철도시설관리자와 철도운영자 간 상호협력 및 조정에 관한 사항
6. 이 법 또는 다른 법률에서 위원회의 심의를 거치도록 한 사항
7. 그 밖에 철도산업에 관한 중요한 사항으로서 위원장이 회의에 부치는 사항

023 철도산업발전기본법상 철도산업위원회의 심의·조정사항으로 옳지 않은 것은?
① 철도안전과 철도운영에 관한 중요정책 사항
② 철도시설관리자와 철도운영자 간 상호협력 및 조정에 관한 사항
③ 철도산업의 국제협력 및 해외시장 진출에 관한 사항
④ 철도산업에 관한 중요한 사항으로서 위원장이 회의에 부치는 사항
⑤ 철도산업발전기본법 또는 다른 법률에서 위원회의 심의를 거치도록 한 사항

024 철도산업발전기본법에서 철도산업위원회의 심의·조정사항으로 옳지 않은 것은?
① 철도산업의 육성·발전에 관한 중요정책 사항
② 철도운임·요금 조정에 관한 사항
③ 철도안전과 철도운영에 관한 중요정책 사항
④ 철도시설관리자와 철도운영자 간 상호협력 및 조정에 관한 사항
⑤ 철도산업구조개혁에 관한 중요정책 사항

025 다음 중 철도산업발전기본법 시행령에서 규정한 철도산업위원회의 위원이 될 수 없는 자는?
① 교통안전공단의 이사장
② 국가철도공단의 이사장
③ 한국철도공사의 사장
④ 철도산업에 관한 전문성과 경험이 풍부한 자 중에서 위원회의 위원장이 위촉하는 자
⑤ 해양수산부차관 및 공정거래위원회부위원장

[정답] 023.③ 024.② 025.①

026 다음은 철도산업발전기본법 및 시행령의 철도산업위원회 구성에 대한 설명이다. 옳지 않은 것은?

① 철도산업위원회의 위원장은 국토교통부장관이 된다.
② 위원회는 위원장을 포함한 25인 이내의 위원으로 구성한다.
③ 위원의 임기는 3년으로 하되, 연임할 수 없다.
④ 위원회에 간사 1인을 두되, 간사는 국토교통부장관이 국토교통부소속 공무원 중에서 지명한다.
⑤ 위원회의 회의는 재적위원 과반수의 출석과 출석위원 과반수의 찬성으로 의결한다.

[해설] 철도산업위원회 위원의 임기는 2년으로 하되, 연임할 수 있다. (시행령 제6조)

027 철도산업발전기본법 시행령에서 규정한 철도산업위원회에 대한 설명으로 옳지 않은 것은?

① 위원회의 위원장이 부득이한 사유로 직무를 수행할 수 없는 때에는 위원회의 위원장이 미리 지명한 위원이 그 직무를 대행한다.
② 위원회의 위원장은 위원회를 대표하며, 위원회의 업무를 총괄한다.
③ 위원회의 위원장은 위원회의 회의를 소집하고, 그 의장이 된다.
④ 위원회는 회의록을 작성·비치하여야 하며 5년 동안 보관해야 한다.
⑤ 위원회에 간사 1인을 두되, 간사는 국토교통부장관이 국토교통부소속 공무원 중에서 지명한다.

028 철도산업발전기본법 시행령에서 철도산업위원회의 위원장이 위원을 해촉할 수 있는 경우로 옳지 않은 것은?

① 심신장애로 인하여 직무를 수행할 수 없게 된 경우
② 직무와 관련되어 전문성이 부족하다고 인정되는 경우
③ 직무태만으로 위원으로 적합하지 아니하다고 인정되는 경우
④ 위원 스스로 직무를 수행하는 것이 곤란하다고 의사를 밝히는 경우
⑤ 품위손상으로 위원으로 적합하지 아니하다고 인정되는 경우

[해설] 철도산업위원회의 위원장은 위원이 다음 각 호의 어느 하나에 해당하는 경우에는 해당 위원을 해촉(解囑)할 수 있다. (시행령 제6조의2)
  1. 심신장애로 인하여 직무를 수행할 수 없게 된 경우
  2. 직무와 관련된 비위사실이 있는 경우
  3. 직무태만, 품위손상이나 그 밖의 사유로 인하여 위원으로 적합하지 아니하다고 인정되는 경우
  4. 위원 스스로 직무를 수행하는 것이 곤란하다고 의사를 밝히는 경우

[정답] 026.③ 027.④ 028.②

029 다음 중 철도산업발전기본법 시행령상 철도산업위원회 실무위원회에 대한 설명으로 옳지 않은 것은?

① 철도산업위원회의 심의·조정사항과 위원회에서 위임한 사항의 실무적인 검토를 위하여 위원회에 실무위원회를 둔다.
② 실무위원회는 위원장을 포함한 20인 이내의 위원으로 구성한다.
③ 실무위원회의 위원장은 위원 중 호선한다.
④ 실무위원회 위원의 임기는 2년으로 하되, 연임할 수 있다.
⑤ 실무위원회에 간사 1인을 두되, 간사는 국토교통부장관이 국토교통부소속 공무원 중에서 지명한다.

> 해설 실무위원회의 위원장은 국토교통부장관이 국토교통부의 3급 공무원 또는 고위공무원단에 속하는 일반직 공무원 중에서 지명한다. (시행령 제10조)

030 철도산업발전기본법 및 시행령상 철도산업위원회 위원과 실무위원회 위원의 수로 옳은 것은?

① 철도산업위원회 위원 : 20명, 실무위원회 위원 : 25명
② 철도산업위원회 위원 : 25명, 실무위원회 위원 : 25명
③ 철도산업위원회 위원 : 20명, 실무위원회 위원 : 20명
④ 철도산업위원회 위원 : 25명, 실무위원회 위원 : 30명
⑤ 철도산업위원회 위원 : 25명, 실무위원회 위원 : 20명

031 철도산업발전기본법 시행령에서 철도산업구조개혁기획단이 철도산업의 구조개혁과 철도정책과 관련되어 지원·수행하는 업무로 옳지 않은 것은?

① 철도산업구조개혁 기본계획 및 분야별 세부 추진계획의 수립
② 철도산업구조개혁과 관련된 인력조정·재원확보대책의 수립
③ 철도산업구조개혁추진에 따른 공익서비스비용의 보상, 세제·금융지원 등 정부지원정책의 수립
④ 철도산업구조개혁추진에 따른 운전업무에 관한 철도기술개발정책의 수립
⑤ 철도산업구조개혁추진에 따른 남북철도망 및 국제철도망 구축정책의 수립

[정답] 029.③ 030.⑤ 031.④

032 철도산업발전기본법 시행령의 철도산업구조개혁기획단에 대한 설명으로 옳지 않은 것은?

① 철도산업위원회의 활동을 지원하고 철도산업의 구조개혁 그 밖에 철도정책과 관련되는 업무를 지원·수행하기 위하여 국가철도공단 소속하에 철도산업구조개혁기획단을 둔다.
② 기획단은 단장 1인과 단원으로 구성한다.
③ 국토교통부장관은 기획단의 업무수행을 위하여 필요하다고 인정하는 때에는 관계 행정기관, 한국철도공사 등 관련 공사, 국가철도공단 등 특별법에 의하여 설립된 공단 또는 관련 연구기관에 대하여 소속 공무원·임직원 또는 연구원을 기획단으로 파견하여 줄 것을 요청할 수 있다.
④ 기획단의 조직 및 운영에 관하여 필요한 세부적인 사항은 국토교통부장관이 정한다.
⑤ 기획단의 단장은 국토교통부장관이 국토교통부의 3급 공무원 또는 고위공무원단에 속하는 일반직 공무원 중에서 임명한다.

[해설] 위원회의 활동을 지원하고 철도산업의 구조개혁 그 밖에 철도정책과 관련되는 다음의 업무를 지원·수행하기 위하여 국토교통부장관 소속하에 철도산업구조개혁기획단을 둔다. (시행령 제11조)
1. 철도산업구조개혁 기본계획 및 분야별 세부 추진계획의 수립
2. 철도산업구조개혁과 관련된 철도의 건설·운영주체의 정비
3. 철도산업구조개혁과 관련된 인력조정·재원확보대책의 수립
4. 철도산업구조개혁과 관련된 법령의 정비
5. 철도산업구조개혁추진에 따른 철도운임·철도시설사용료·철도수송시장 등에 관한 철도산업정책의 수립
6. 철도산업구조개혁추진에 따른 공익서비스비용의 보상, 세제·금융지원 등 정부지원정책의 수립
7. 철도산업구조개혁추진에 따른 철도시설건설계획 및 투자재원조달대책의 수립
8. 철도산업구조개혁추진에 따른 전기·신호·차량 등에 관한 철도기술개발정책의 수립
9. 철도산업구조개혁추진에 따른 철도안전기준의 정비 및 안전정책의 수립
10. 철도산업구조개혁추진에 따른 남북철도망 및 국제철도망 구축정책의 수립
11. 철도산업구조개혁에 관한 대외협상 및 홍보
12. 철도산업구조개혁추진에 따른 각종 철도의 연계 및 조정
13. 그 밖에 철도산업구조개혁과 관련된 철도정책 전반에 관하여 필요한 업무

[정답] 032.①

033 철도산업발전기본법 시행령에서 철도산업구조개혁기획단이 철도산업의 구조개혁과 철도정책과 관련되어 지원·수행하는 업무로 옳지 않은 것은?
① 철도산업구조개혁추진에 따른 철도시설건설계획 및 투자재원조달대책의 수립
② 철도산업구조개혁과 관련된 법령의 정비
③ 철도산업구조개혁추진에 따른 철도운임·철도시설사용료·철도수송시장 등에 관한 철도산업정책의 수립
④ 철도산업구조개혁에 관한 대외협상 및 홍보
⑤ 철도산업구조개혁추진에 따른 전기·신호·차량 등에 관한 철도기술개발

034 철도산업발전기본법상 철도산업의 육성에 대한 내용이다. 옳지 않은 것은?
① 국가는 각종 국가계획에 철도시설 투자의 목표치와 투자계획을 반영하여야 하며, 매년 교통시설 투자예산에서 철도시설 투자예산의 비율이 지속적으로 높아지도록 노력하여야 한다.
② 국가 및 지방자치단체는 철도산업의 육성·발전을 촉진하기 위하여 철도산업에 대한 재정·금융·세제·행정상의 지원을 할 수 있다.
③ 국토교통부장관은 철도산업에 종사하는 자의 자질향상과 새로운 철도기술 및 그 운영기법의 향상을 위한 교육·훈련방안을 마련하여야 한다.
④ 국가는 철도시설 투자를 추진하는 경우 사회적·환경적 편익을 고려하여야 한다.
⑤ 철도운영기관은 매년 전문인력 수요조사를 실시하고 그 결과와 전문인력의 수급에 관한 의견을 국토교통부장관에게 제출할 수 있다.

해설 철도산업전문 연수기관은 매년 전문인력 수요조사를 실시하고 그 결과와 전문인력의 수급에 관한 의견을 국토교통부장관에게 제출할 수 있다. (법 제9조)

035 철도산업발전기본법상 철도산업전문인력의 교육·훈련 및 철도산업교육의 확대 등에 관한 설명으로 옳지 않은 것은?

① 국토교통부장관은 철도산업에 종사하는 자의 자질향상과 새로운 철도기술 및 그 운영기법의 향상을 위한 교육·훈련방안을 마련하여야 한다.
② 국토교통부장관은 국토교통부령이 정하는 바에 의하여 철도산업전문 연수기관과 협약을 체결하여 철도산업에 종사하는 자의 교육·훈련프로그램에 대한 행정적·재정적 지원 등을 할 수 있다.
③ 국가는 철도산업종사자의 자격제도를 다양화하고 질적 수준을 유지·발전시키기 위하여 필요한 시책을 수립·시행하여야 한다.
④ 국토교통부장관은 새로운 철도기술과 운영기법의 향상을 위하여 특히 필요하다고 인정하는 때에는 정부투자기관·정부출연기관 또는 정부가 출자한 회사 등으로 하여금 새로운 철도기술과 운영기법의 연구·개발에 투자하도록 권고할 수 있다.
⑤ 국가는 철도산업전문인력의 원활한 수급 및 철도산업의 발전을 위하여 특성화된 대학 등 교육기관을 운영·지원할 수 있다.

[해설] 국토교통부장관은 철도산업전문인력의 원활한 수급 및 철도산업의 발전을 위하여 특성화된 대학 등 교육기관을 운영·지원할 수 있다. (법 제10조)

[정답] 035.⑤

036 철도산업발전기본법 및 시행령에서 규정한 철도산업 발전기반의 조성에 대한 내용으로 옳지 않은 것은?

① 국가는 에너지 이용의 효율성, 환경 친화성 및 수송 효율성이 높은 철도의 역할이 국가의 건전한 발전과 국민의 교통편익 증진을 위하여 필수적인 요소임을 인식하여 적정한 철도수송 분담의 목표를 설정하여 유지하고 이를 위한 철도시설을 확보하는 등 철도산업발전을 위한 여러 시책을 마련하여야 한다.
② 국토교통부장관은 철도산업의 육성과 발전을 촉진하기 위하여 5년 단위로 철도산업발전 기본계획을 수립하여 시행하여야 한다.
③ 철도산업에 관한 기본계획 및 중요정책 등을 심의·조정하기 위하여 국토교통부에 철도산업위원회를 둔다.
④ 국가는 철도기술의 진흥을 위하여 철도시험·연구개발시설 및 부지 등 국유재산을 「과학기술분야 정부출연연구기관 등의 설립·운영 및 육성에 관한 법률」에 의한 국가철도기술연구원에 유상으로 대부·양여하거나 사용·수익하게 할 수 있다.
⑤ 국토교통부장관은 새로운 철도기술과 운영기법의 향상을 위하여 특히 필요하다고 인정하는 때에는 정부투자기관·정부출연기관 또는 정부가 출자한 회사 등으로 하여금 새로운 철도기술과 운영기법의 연구·개발에 투자하도록 권고할 수 있다.

해설 국가는 철도기술의 진흥을 위하여 철도시험·연구개발시설 및 부지 등 국유재산을 「과학기술분야 정부출연연구기관 등의 설립·운영 및 육성에 관한 법률」에 의한 한국철도기술연구원에 무상으로 대부·양여하거나 사용·수익하게 할 수 있다. (법 제11조)

037 철도산업발전기본법 및 시행령에서 규정한 철도산업 발전기반의 조성에 대한 내용으로 옳지 않은 것은?

① 철도산업위원회의 위원장은 국토교통부장관이 된다.
② 철도산업위원회 및 분과위원회의 구성·기능 및 운영에 관하여 필요한 사항은 대통령령으로 정한다.
③ 국토교통부장관은 기본계획을 수립하고자 하는 때에는 미리 기본계획과 관련이 있는 행정기관의 장과 협의한 후 철도산업위원회의 심의를 거쳐야 한다. 수립된 기본계획을 변경(대통령령으로 정하는 경미한 변경도 포함)하고자 하는 때에도 또한 같다.
④ 철도산업위원회의 활동을 지원하고 철도산업의 구조개혁 그 밖에 철도정책과 관련되는 업무를 지원·수행하기 위하여 국토교통부장관 소속하에 철도산업구조개혁기획단을 둔다.
⑤ 국토교통부장관은 철도산업의 육성과 발전을 촉진하기 위하여 5년 단위로 철도산업발전 기본계획을 수립하여 시행하여야 한다.

[해설] 국토교통부장관은 기본계획을 수립하고자 하는 때에는 미리 기본계획과 관련이 있는 행정기관의 장과 협의한 후 철도산업위원회의 심의를 거쳐야 한다. 수립된 기본계획을 변경(대통령령으로 정하는 경미한 변경은 제외)하고자 하는 때에도 또한 같다. (법 제5조)

038 철도산업발전기본법에서 대통령령이 정하는 바에 의하여 철도산업정보화 기본계획을 수립·시행하는 주체는?

① 국토교통부장관
② 철도기술연구원장
③ 철도공사 사장
④ 국가철도공단 이사장
⑤ 기획재정부장관

[해설] 국토교통부장관은 철도산업에 관한 정보를 효율적으로 처리하고 원활하게 유통하기 위하여 대통령령으로 정하는 바에 의하여 철도산업정보화 기본계획을 수립·시행하여야 한다. (법 제12조)

정답 037.③ 038.①

039 철도산업발전기본법 시행령에서 철도산업에 관한 정보를 효율적으로 처리하고 원활하게 유통하기 위한 철도산업정보화 기본계획에 포함될 내용이 아닌 것은?
① 철도산업정보화의 여건 및 전망
② 철도산업정보화에 필요한 비용
③ 철도산업정보의 유통 및 이용 활성화에 관한 사항
④ 철도산업정보화에 관한 교육·훈련에 관한 사항
⑤ 철도산업정보화의 목표 및 단계별 추진계획

해설 철도산업정보화 기본계획에는 다음 각 호의 사항이 포함되어야 한다. (시행령 제15조)
1. 철도산업정보화의 여건 및 전망
2. 철도산업정보화의 목표 및 단계별 추진계획
3. 철도산업정보화에 필요한 비용
4. 철도산업정보의 수집 및 조사계획
5. 철도산업정보의 유통 및 이용 활성화에 관한 사항
6. 철도산업정보화와 관련된 기술개발의 지원에 관한 사항
7. 그 밖에 국토교통부장관이 필요하다고 인정하는 사항

040 다음 중 철도산업발전기본법 시행령에서 철도산업정보화 기본계획에 포함될 내용으로 옳지 않은 것은?
① 철도산업정보화의 목표 및 단계별 추진계획
② 철도산업정보의 수집 및 조사계획
③ 철도산업정보화와 관련된 기술개발의 지원에 관한 사항
④ 철도산업정보화 관련 장비의 조작 및 정비에 관련된 사항
⑤ 철도산업정보화에 필요한 비용

041 철도산업발전기본법에서 철도산업에 관한 정보를 효율적으로 수집·관리 및 제공하기 위하여 운영할 수 있는 기관은?
① 한국철도기술연구원
② 철도산업전문 연수기관
③ 철도교통개발연구원
④ 철도산업정보센터
⑤ 철도지식정보센터

해설 국토교통부장관은 철도산업에 관한 정보를 효율적으로 수집·관리 및 제공하기 위하여 대통령령이 정하는 바에 의하여 철도산업정보센터를 설치·운영하거나 철도산업에 관한 정보를 수집·관리 또는 제공하는 자 등에게 필요한 지원을 할 수 있다. (법 제12조)

정답 039.④ 040.④ 041.④

042 철도산업발전기본법 시행령에서 국토교통부장관이 철도산업정보화 기본계획을 수립 또는 변경하고자 할 때의 절차는?
① 관련 행정기관과의 협의
② 관계전문가 등의 의견수렴
③ 철도산업위원회의 심의
④ 철도산업정보화위원회의 심의
⑤ 철도기술연구원과의 협의

043 철도산업발전기본법 시행령에 의한 철도산업정보센터의 업무로 옳지 않은 것은?
① 철도산업정보의 수집·분석·보급
② 철도산업의 국제협력사업의 지원
③ 철도산업의 국제동향 파악
④ 철도산업정보의 미래 파악
⑤ 철도산업정보의 홍보

> 해설 철도산업정보센터는 다음의 업무를 행한다. (시행령 제16조)
> 1. 철도산업정보의 수집·분석·보급 및 홍보
> 2. 철도산업의 국제동향 파악 및 국제협력사업의 지원

044 철도산업발전기본법상 철도산업의 육성에 관한 설명으로 옳지 않은 것은?
① 국토교통부장관은 철도산업에 관한 정보를 효율적으로 처리하고 원활하게 유통하기 위하여 대통령령으로 정하는 바에 의하여 철도산업정보화 기본계획을 수립·시행하여야 한다.
② 국토교통부장관은 철도산업에 관한 국제적 동향을 파악하고 국제협력을 촉진하여야 한다.
③ 국토교통부장관은 새로운 철도기술과 운영기법의 향상을 위하여 특히 필요하다고 인정하는 때에는 정부투자기관·정부출연기관 또는 정부가 출자한 회사 등으로 하여금 새로운 철도기술과 운영기법의 연구·개발에 투자하도록 권고할 수 있다.
④ 국가는 철도기술의 진흥을 위하여 철도시험·연구개발시설 및 부지 등 국유재산을 「과학기술분야 정부출연연구기관 등의 설립·운영 및 육성에 관한 법률」에 의한 한국철도기술연구원에 무상으로 대부·양여하거나 사용·수익하게 할 수 있다.
⑤ 국토교통부장관은 철도산업에 관한 정보를 효율적으로 수집·관리 및 제공하기 위하여 국토교통부령으로 정하는 바에 의하여 철도산업정보센터를 설치·운영하거나 철도산업에 관한 정보를 수집·관리 또는 제공하는 자 등에게 필요한 지원을 할 수 있다.

> 해설 국토교통부장관은 철도산업에 관한 정보를 효율적으로 수집·관리 및 제공하기 위하여 대통령령으로 정하는 바에 의하여 철도산업정보센터를 설치·운영하거나 철도산업에 관한 정보를 수집·관리 또는 제공하는 자 등에게 필요한 지원을 할 수 있다. (법 제12조)

정답 042.③ 043.④ 044.⑤

045. 다음은 철도산업발전기본법상 협회의 설립에 관한 내용이다. 옳지 않은 것은?

① 철도산업에 관련된 기업, 기관 및 단체와 이에 관한 업무에 종사하는 자는 철도산업의 건전한 발전과 해외진출을 도모하기 위하여 철도협회를 설립할 수 있다.
② 협회는 법인으로 하며, 국토교통부장관의 인가를 받아 주된 사무소의 소재지에 설립등기를 함으로써 성립한다.
③ 협회의 정관은 국토교통부장관의 인가를 받아야 하며, 정관의 기재사항과 협회의 운영 등에 필요한 사항은 대통령령으로 정한다.
④ 협회에 관하여 철도산업발전기본법에 규정한 것 외에는 「상법」 중 사단법인에 관한 규정을 준용한다.
⑤ 국가, 지방자치단체 및 「공공기관의 운영에 관한 법률」에 따른 철도 분야 공공기관은 협회에 위탁한 업무의 수행에 필요한 비용의 전부 또는 일부를 예산의 범위에서 지원할 수 있다.

> 해설) 협회에 관하여 철도산업발전기본법에 규정한 것 외에는 「민법」 중 사단법인에 관한 규정을 준용한다. (법 제13조의2)

046. 철도산업발전기본법에서 규정한 철도협회의 업무로 옳지 않은 것은?

① 조사·연구 및 간행물의 발간
② 정보의 관리 및 공동활용 지원
③ 해외철도 진출을 위한 현지조사 및 지원
④ 국가 또는 지방자치단체 사업
⑤ 전문인력의 양성 지원

> 해설) 철도협회는 철도 분야에 관한 다음 각 호의 업무를 한다. (법 제13조의2)
> 1. 정책 및 기술개발의 지원
> 2. 정보의 관리 및 공동활용 지원
> 3. 전문인력의 양성 지원
> 4. 해외철도 진출을 위한 현지조사 및 지원
> 5. 조사·연구 및 간행물의 발간
> 6. 국가 또는 지방자치단체 위탁사업
> 7. 그 밖에 정관으로 정하는 업무

정답 045.④ 046.④

047 다음은 철도산업발전기본법상 철도안전 및 이용자 보호에 대한 설명이다. 옳지 않은 것은?

① 국가는 국민의 생명·신체 및 재산을 보호하기 위하여 철도안전에 필요한 법적·제도적 장치를 마련하고 이에 필요한 재원을 확보하도록 노력하여야 한다.
② 철도시설관리자는 그 시설을 설치 또는 관리할 때에 법령에서 정하는 바에 따라 해당 시설의 안전한 상태를 유지하고, 해당 시설과 이를 이용하려는 철도차량 간의 종합적인 성능검증 및 안전상태 점검 등 안전확보에 필요한 조치를 하여야 한다.
③ 국토교통부장관은 철도서비스의 품질을 개선하고 이용자의 편익을 높이기 위하여 철도서비스의 품질을 평가하여 시책에 반영하여야 한다.
④ 국가는 객관적이고 공정한 철도사고 조사를 추진하기 위한 전담기구와 전문인력을 확보하여야 한다.
⑤ 철도운영자와 국가는 법령에서 정하는 바에 따라 철도의 안전한 운행 또는 그 제조하는 철도차량 및 장비 등의 구조·설비 및 장치의 안전성을 확보하고 이의 향상을 위하여 노력하여야 한다.

> 해설) 철도운영자 또는 철도차량 및 장비 등의 제조업자는 법령에서 정하는 바에 따라 철도의 안전한 운행 또는 그 제조하는 철도차량 및 장비 등의 구조·설비 및 장치의 안전성을 확보하고 이의 향상을 위하여 노력하여야 한다. (법 제14조)

048 철도산업발전기본법상 철도안전 및 이용자 보호에 대한 설명으로 옳지 않은 것은?

① 국가는 객관적이고 공정한 철도사고 조사를 추진하기 위한 전담기구와 전문인력을 확보하여야 한다
② 철도운영자는 그가 제공하는 철도서비스의 품질을 개선하기 위하여 노력하여야 한다.
③ 국토교통부장관은 철도서비스의 품질을 개선하고 이용자의 편익을 높이기 위하여 철도서비스의 품질을 평가하여 시책에 반영하여야 한다.
④ 철도서비스 품질평가의 절차 및 활용 등에 관하여 필요한 사항은 대통령령으로 정한다.
⑤ 철도시설관리자는 그 시설을 설치 또는 관리할 때에 법령에서 정하는 바에 따라 해당 시설의 안전한 상태를 유지하고, 해당 시설과 이를 이용하려는 철도차량 간의 종합적인 성능검증 및 안전상태 점검 등 안전확보에 필요한 조치를 하여야 한다.

049 철도산업발전기본법에서 철도서비스의 품질평가는 몇 년마다 실시하나?
① 1년 ② 2년
③ 3년 ④ 5년
⑤ 10년

해설) 철도서비스 품질평가 실시년도는 시행규칙에 있는 내용이라 출제범위는 아니지만, 중요한 내용이라 참고로 수록하였습니다.

050 철도산업발전기본법에서 철도이용자의 권익보호를 위해 강구해야 할 시책으로 옳지 않은 것은?
① 철도이용자의 권익보호를 위한 홍보·교육 및 연구
② 철도이용자의 불만 및 피해에 대한 신속·공정한 구제 조치
③ 철도이용자의 안전에 관한 사항
④ 철도이용자의 생명·신체 및 재산상의 위해 방지
⑤ 철도이용자의 보호에 관련된 사항

해설) 국가는 철도이용자의 권익보호를 위하여 다음의 시책을 강구하여야 한다. (법 제16조)
1. 철도이용자의 권익보호를 위한 홍보·교육 및 연구
2. 철도이용자의 생명·신체 및 재산상의 위해 방지
3. 철도이용자의 불만 및 피해에 대한 신속·공정한 구제 조치
4. 그 밖에 철도이용자 보호와 관련된 사항

051 다음 중 철도산업발전기본법에서 국가가 철도이용자의 권익보호를 위하여 강구해야 할 시책에 포함되지 않는 것은?
① 철도이용자의 권익보호를 위한 홍보·교육
② 철도이용자의 생명·신체 및 재산상의 위해 방지
③ 철도이용자의 개인정보와 관련된 사항
④ 철도이용자 보호와 관련된 사항
⑤ 철도이용자의 권익보호를 위한 연구

정답) 049.② 050.③ 051.③

052 다음은 철도산업발전기본법 및 시행령에서 규정한 철도산업구조개혁의 추진에 관한 내용이다. 옳지 않은 것은?

① 국가는 철도산업의 경쟁력을 강화하고 발전기반을 조성하기 위하여 철도시설 부문과 철도운영 부문을 통합하는 철도산업의 구조개혁을 추진하여야 한다.
② 국가는 철도시설 부문과 철도운영 부문 간의 상호 보완적 기능이 발휘될 수 있도록 대통령령으로 정하는 바에 의하여 상호협력체계 구축 등 필요한 조치를 마련하여야 한다.
③ 철도시설관리자와 철도운영자는 철도시설관리와 철도운영에 있어 상호협력이 필요한 분야에 대하여 업무절차서를 작성하여 정기적으로 이를 교환하고, 이를 변경한 때에는 즉시 통보하여야 한다.
④ 철도시설관리자와 철도운영자는 상호협력이 필요한 분야에 대하여 정기적으로 합동점검을 하여야 한다.
⑤ 국토교통부장관은 철도산업의 구조개혁을 효율적으로 추진하기 위하여 철도산업구조개혁 기본계획을 수립하여야 한다.

> **해설** 철도산업구조개혁의 기본방향(법 제17조)
> ① 국가는 철도산업의 경쟁력을 강화하고 발전기반을 조성하기 위하여 철도시설 부문과 철도운영 부문을 분리하는 철도산업의 구조개혁을 추진하여야 한다.
> ② 국가는 철도시설 부문과 철도운영 부문 간의 상호 보완적 기능이 발휘될 수 있도록 대통령령으로 정하는 바에 의하여 상호협력체계 구축 등 필요한 조치를 마련하여야 한다.

053 철도산업발전기본법 시행령에서 국토교통부장관이 수립·고시하여야 하는 선로배분지침에 포함되지 않는 것은?

① 여객열차와 화물열차에 대한 선로용량의 배분
② 지역 간 열차와 지역 내 열차에 대한 선로용량의 배분
③ 선로의 유지보수·개량 및 건설을 위한 공사기간
④ 철도차량의 안전운행에 관한 사항
⑤ 선로의 효율적 활용을 위하여 필요한 사항

> **해설** 선로배분지침에는 다음 각 호의 사항이 포함되어야 한다. (시행령 제24조)
> 1. 여객열차와 화물열차에 대한 선로용량의 배분
> 2. 지역 간 열차와 지역 내 열차에 대한 선로용량의 배분
> 3. 선로의 유지보수·개량 및 건설을 위한 작업시간
> 4. 철도차량의 안전운행에 관한 사항
> 5. 그 밖에 선로의 효율적 활용을 위하여 필요한 사항

[정답] 052.① 053.③

054 철도산업발전기본법 시행령상 다음 ( ) 안에 들어갈 말로 옳은 것은?

> 국토교통부장관은 철도차량 등의 운행정보의 제공, 철도차량 등에 대한 운행통제, 적법운행 여부에 대한 지도·감독, 사고발생 시 사고복구 지시 등 철도교통의 안전과 질서를 유지하기 위하여 필요한 조치를 할 수 있도록 (   )을 설치·운영하여야 한다.

① 철도교통운전시설
② 철도교통관제시설
③ 철도산업전문 연수시설
④ 철도산업정보시설
⑤ 철도차량 정밀진단기관

055 철도산업발전기본법상 철도산업의 구조개혁을 효율적으로 추진하기 위한 철도산업 구조개혁 기본계획에 관한 설명으로 옳지 않은 것은?

① 국토교통부장관은 철도산업의 구조개혁을 효율적으로 추진하기 위하여 철도산업 구조개혁 기본계획을 수립하여야 한다.
② 국토교통부장관은 구조개혁계획을 수립하고자 하는 때에는 미리 구조개혁계획과 관련이 있는 행정기관의 장과 협의한 후 위원회의 심의를 거쳐야 한다.
③ 국토교통부장관은 구조개혁계획을 수립 또는 변경한 때에는 이를 관보에 고시하여야 한다.
④ 관계행정기관의 장은 수립·고시된 구조개혁계획에 따라 연도별 시행계획을 수립·추진하고, 그 연도의 계획 및 전년도의 추진실적을 대통령에게 제출하여야 한다.
⑤ 연도별 시행계획의 수립 및 시행 등에 관하여 필요한 사항은 대통령령으로 정한다.

[해설] 관계행정기관의 장은 수립·고시된 구조개혁계획에 따라 연도별 시행계획을 수립·추진하고, 그 연도의 계획 및 전년도의 추진실적을 국토교통부장관에게 제출하여야 한다. (법 제18조)

[정답] 054.② 055.④

056 다음 중 철도산업의 구조개혁을 효율적으로 추진하기 위하여 철도산업구조개혁 기본계획을 수립하는 자는?

① 대통령 ② 국토교통부장관
③ 철도운영자 ④ 한국철도공사 사장
⑤ 국가철도공단 이사장

> 해설 철도산업구조개혁 기본계획의 수립 등(법 제18조)
> ① 국토교통부장관은 철도산업의 구조개혁을 효율적으로 추진하기 위하여 철도산업구조개혁 기본계획을 수립하여야 한다.
> ② 구조개혁계획에는 다음 각 호의 사항이 포함되어야 한다.
>   1. 철도산업구조개혁의 목표 및 기본방향에 관한 사항
>   2. 철도산업구조개혁의 추진방안에 관한 사항
>   3. 철도의 소유 및 경영구조의 개혁에 관한 사항
>   4. 철도산업구조개혁에 따른 대내외 여건 조성에 관한 사항
>   5. 철도산업구조개혁에 따른 자산·부채·인력 등에 관한 사항
>   6. 철도산업구조개혁에 따른 철도 관련 기관·단체 등의 정비에 관한 사항
>   7. 그 밖에 철도산업구조개혁을 위하여 필요한 사항으로서 대통령령으로 정하는 사항

057 다음 중 철도산업발전기본법상의 철도산업구조개혁 기본계획에 포함될 사항으로 옳지 않은 것은?

① 철도산업구조개혁의 목표 및 기본방향에 관한 사항
② 철도산업구조개혁의 추진방안에 관한 사항
③ 철도의 소유 및 경영구조의 개혁에 관한 사항
④ 철도시설의 유지보수 및 건설에 관한 사항
⑤ 철도산업구조개혁에 따른 자산·부채·인력 등에 관한 사항

058 철도산업발전기본법상의 철도산업구조개혁 기본계획에 포함될 사항으로 옳지 않은 것은?

① 철도산업구조개혁에 따른 대내외 여건 조성에 관한 사항
② 철도산업구조개혁에 따른 자산·부채·인력 등에 관한 사항
③ 철도산업구조개혁에 따른 철도 관련 기관·단체 등의 정비에 관한 사항
④ 철도산업구조개혁을 위하여 필요한 사항으로서 대통령령이 정하는 사항
⑤ 철도의 소유 및 경영구조의 조정에 관한 사항

정답 056.② 057.④ 058.⑤

059 철도산업구조개혁을 위하여 필요한 사항으로서 대통령령이 정하는 사항으로 옳지 않은 것은?

① 철도서비스 시장의 구조개편에 관한 사항
② 철도요금·철도시설사용료 등 가격정책에 관한 사항
③ 철도안전 및 서비스 향상에 관한 사항
④ 철도산업구조개혁의 단기 추진방향에 관한 사항
⑤ 철도산업구조개혁의 추진체계 및 관계기관의 협조에 관한 사항

> 해설 "대통령령이 정하는 사항"이라 함은 다음 각 호의 사항을 말한다. (시행령 제25조)
> 1. 철도서비스 시장의 구조개편에 관한 사항
> 2. 철도요금·철도시설사용료 등 가격정책에 관한 사항
> 3. 철도안전 및 서비스 향상에 관한 사항
> 4. 철도산업구조개혁의 추진체계 및 관계기관의 협조에 관한 사항
> 5. 철도산업구조개혁의 중장기 추진방향에 관한 사항
> 6. 그 밖에 국토교통부장관이 철도산업구조개혁의 추진을 위하여 필요하다고 인정하는 사항

060 다음 중 철도산업발전기본법 및 시행령에서 철도산업구조개혁의 추진과 관련된 기본시책에 관한 설명으로 옳지 않은 것은?

① 관계행정기관의 장은 당해 연도의 철도산업구조개혁 기본계획의 시행계획을 전년도 11월 말까지 국토교통부장관에게 제출하여야 한다.
② 관계행정기관의 장은 전년도 철도산업구조개혁 기본계획의 시행계획 추진실적을 매년 2월 말까지 국토교통부장관에게 제출하여야 한다.
③ 구조개혁계획에는 철도산업구조개혁에 따른 철도 관련 기관·단체 등의 정비에 관한 사항도 포함된다.
④ 국토교통부장관은 이 법과 그 밖의 철도에 관한 법률에 규정된 철도시설의 건설 및 관리 등에 관한 그의 업무의 일부를 대통령령으로 정하는 바에 의하여 설립되는 한국철도공사로 하여금 대행하게 할 수 있다.
⑤ 국가철도공단은 국토교통부장관의 업무를 대행하는 경우에 그 대행하는 범위 안에서 이 법과 그 밖의 철도에 관한 법률을 적용할 때에는 그 철도의 관리청으로 본다.

> 해설 국토교통부장관은 이 법과 그 밖의 철도에 관한 법률에 규정된 철도시설의 건설 및 관리 등에 관한 그의 업무의 일부를 대통령령으로 정하는 바에 의하여 설립되는 국가철도공단으로 하여금 대행하게 할 수 있다. 이 경우 대행하는 업무의 범위·권한의 내용 등에 관하여 필요한 사항은 대통령령으로 정한다. (법 제19조)

정답 059.④ 060.④

061 국토교통부장관은 구조개혁계획을 수립하고자 하는 때에는 미리 구조개혁계획과 관련이 있는 행정기관의 장과 협의한 후 위원회의 심의를 거쳐야 하지만 대통령령이 정하는 경미한 변경을 하고자 하는 경우에는 예외를 인정한다. 다음 중 대통령령이 정하는 경미한 변경에 해당하는 것은?

① 철도산업구조개혁 기본계획 추진기간의 3년의 기간 내에서의 변경
② 철도산업구조개혁 기본계획 추진기간의 5년의 기간 내에서의 변경
③ 철도산업구조개혁 기본계획 추진기간의 1년의 기간 내에서의 변경
④ 철도산업구조개혁 기본계획 추진기간의 2년의 기간 내에서의 변경
⑤ 철도산업구조개혁 기본계획 추진기간의 6개월의 기간 내에서의 변경

062 다음 중 철도산업발전기본법상의 철도의 관리청은 어디인가?
① 대통령
② 국토교통부장관
③ 한국철도공사 사장
④ 국가철도공단 이사장
⑤ 철도시설공단 이사장

063 다음 중 국토교통부장관이 국가철도공단으로 하여금 대행하게 하는 경우 그 대행업무에 해당하지 않는 것은?
① 국가가 추진하는 철도시설 건설사업의 집행
② 국가 소유의 철도시설에 대한 사용료 징수 등 관리업무의 집행
③ 철도서비스 시장의 구조 조정에 관한 업무
④ 철도시설의 안전유지, 철도시설과 이를 이용하는 철도차량 간의 종합적인 성능검증·안전상태 점검 등 철도시설의 안전을 위하여 국토교통부장관이 정하는 업무
⑤ 국토교통부장관이 철도시설의 효율적인 관리를 위하여 필요하다고 인정한 업무

[해설] 국토교통부장관이 법 규정에 의하여 국가철도공단으로 하여금 대행하게 하는 경우 그 대행업무는 다음과 같다. (시행령 제28조)
1. 국가가 추진하는 철도시설 건설사업의 집행
2. 국가 소유의 철도시설에 대한 사용료 징수 등 관리업무의 집행
3. 철도시설의 안전유지, 철도시설과 이를 이용하는 철도차량 간의 종합적인 성능검증·안전상태 점검 등 철도시설의 안전을 위하여 국토교통부장관이 정하는 업무
4. 그 밖에 국토교통부장관이 철도시설의 효율적인 관리를 위하여 필요하다고 인정한 업무

[정답] 061.③ 062.② 063.③

064 다음 중 국토교통부장관이 철도시설에 대하여 수립·시행해야 할 시책으로 옳지 않은 것은?

① 철도시설에 대한 투자 계획수립 및 재원조달
② 철도시설의 건설 및 관리
③ 철도시설의 유지보수 및 적정한 상태 유지
④ 철도시설의 안전진단
⑤ 철도시설의 안전관리 및 재해대책

해설 국토교통부장관은 철도시설에 대한 다음의 시책을 수립·시행한다. (법 제20조)
1. 철도시설에 대한 투자 계획수립 및 재원조달
2. 철도시설의 건설 및 관리
3. 철도시설의 유지보수 및 적정한 상태 유지
4. 철도시설의 안전관리 및 재해대책
5. 그 밖에 다른 교통시설과의 연계성 확보 등 철도시설의 공공성 확보에 필요한 사항

065 다음 중 철도산업발전기본법상의 국토교통부장관이 철도시설에 대하여 수립·시행해야 할 시책으로 옳지 않은 것은?

① 철도운임·철도시설사용료 등 가격책정
② 철도시설의 건설 및 관리
③ 철도시설의 유지보수 및 적정한 상태 유지
④ 철도시설에 대한 투자 계획수립 및 재원조달
⑤ 다른 교통시설과의 연계성 확보 등 철도시설의 공공성 확보에 필요한 사항

066 다음 중 국가가 철도운영 관련 사업을 효율적으로 경영하기 위하여 철도청 및 고속철도건설공단의 관련 조직을 전환하여 특별법에 의하여 설치하는 기관은?

① 한국철도공사　　　　② 국가철도공단
③ 교통안전공단　　　　④ 철도협회
⑤ 철도시설공단

정답 064.④　065.①　066.①

067 다음 중 국토교통부장관이 철도운영에 관하여 수립·시행해야 할 시책으로 옳지 않은 것은?

① 철도운영 부문의 경쟁력 강화
② 철도운영의 공공성 확보에 필요한 사항
③ 공정한 경쟁 여건의 조성
④ 열차운영의 안전진단 등 예방조치 및 사고조사 등 철도운영의 안전확보
⑤ 철도이용자 보호와 열차운행원칙 등 철도운영에 필요한 사항

해설 국토교통부장관은 철도운영에 대한 다음의 시책을 수립·시행한다. (법 제21조)
1. 철도운영 부문의 경쟁력 강화
2. 철도운영 서비스의 개선
3. 열차운영의 안전진단 등 예방조치 및 사고조사 등 철도운영의 안전확보
4. 공정한 경쟁 여건의 조성
5. 그 밖에 철도이용자 보호와 열차운행원칙 등 철도운영에 필요한 사항

068 다음 중 철도산업기본법상 철도산업구조개혁 추진에 대한 내용으로 옳지 않은 것은?

① 국가는 철도산업의 경쟁력을 강화하고 발전기반을 조성하기 위하여 철도시설 부문과 철도운영 부문을 분리하는 철도산업의 구조개혁을 추진하여야 한다.
② 국토교통부장관은 구조개혁계획을 수립하고자 하는 때에는 미리 구조개혁계획과 관련이 있는 행정기관의 장과 협의한 후 철도산업위원회의 심의를 거쳐야 한다.
③ 철도산업의 구조개혁을 추진하는 경우 철도시설은 국가가 소유하는 것을 원칙으로 한다.
④ 국가는 철도시설 관련 업무를 체계적이고 효율적으로 추진하기 위하여 그 집행조직으로서 철도청 및 고속철도건설공단의 관련 조직을 통·폐합하여 특별법에 의하여 국가철도공단을 설립한다.
⑤ 철도산업의 구조개혁을 추진하는 경우 철도운영 관련 사업은 시장경제원리에 따라 국가가 영위하는 것을 원칙으로 한다.

정답 067.② 068.⑤

069 다음 중 철도산업발전기본법상의 철도자산의 처리에 관한 설명으로 옳지 않은 것은?
① 국토교통부장관은 대통령령으로 정하는 바에 의하여 철도산업의 구조개혁을 추진하기 위한 철도자산의 처리계획을 위원회의 심의를 거쳐 수립하여야 한다.
② 국가는 「국유재산법」에도 불구하고 철도자산처리계획에 의하여 철도공사에 운영자산을 현물출자한다.
③ 철도공사는 규정에 의하여 현물출자받은 시설자산과 관련된 권리와 의무를 포괄하여 승계한다.
④ 철도청장 또는 고속철도건설공단이사장이 철도자산의 인계·이관 등을 하고자 하는 때에는 그에 관한 서류를 작성하여 국토교통부장관의 승인을 얻어야 한다.
⑤ 철도자산의 인계·이관 등의 시기와 해당 철도자산 등의 평가방법 및 평가기준일 등에 관한 사항은 대통령령으로 정한다.

> 해설 철도공사는 규정에 의하여 현물출자받은 운영자산과 관련된 권리와 의무를 포괄하여 승계한다. (법 제23조)

070 다음 중 철도산업발전기본법 시행령상 철도자산처리계획의 내용에 포함되어야 하는 사항으로 옳지 않은 것은?
① 철도자산의 개요 및 현황에 관한 사항
② 철도자산의 구분기준에 관한 사항
③ 철도자산의 인계·이관 및 출자에 관한 사항
④ 철도자산의 민간 이전에 관한 사항
⑤ 철도자산처리의 추진일정에 관한 사항

> 해설 철도자산처리계획에는 다음 사항이 포함되어야 한다. (시행령 제29조)
> 1. 철도자산의 개요 및 현황에 관한 사항
> 2. 철도자산의 처리방향에 관한 사항
> 3. 철도자산의 구분기준에 관한 사항
> 4. 철도자산의 인계·이관 및 출자에 관한 사항
> 5. 철도자산처리의 추진일정에 관한 사항
> 6. 그 밖에 국토교통부장관이 철도자산의 처리를 위하여 필요하다고 인정하는 사항

[정답] 069.③ 070.④

071 다음 중 철도산업발전기본법 시행령상 철도자산 관리업무의 민간위탁계획에 포함되어야 하는 사항으로 옳지 않은 것은?

① 위탁대상 철도자산
② 위탁의 효과
③ 위탁업무의 추진일정에 관한 사항
④ 수탁기관의 선정절차
⑤ 위탁의 필요성·범위

해설 철도자산 관리업무의 민간위탁계획에는 다음 각 호의 사항이 포함되어야 한다. (시행령 제30조)
1. 위탁대상 철도자산
2. 위탁의 필요성·범위 및 효과
3. 수탁기관의 선정절차

072 철도산업발전기본법상 철도부채의 처리에 관한 다음 설명 중 옳지 않은 것은?

① 국토교통부장관은 기획재정부장관과 미리 협의하여 철도청과 고속철도건설공단의 철도부채를 운영부채, 시설부채, 기타부채로 구분해야 한다.
② 운영부채는 철도공사가, 시설부채는 국가철도공단이 각각 포괄하여 승계한다.
③ 철도청장 또는 고속철도건설공단이사장이 철도부채를 인계하고자 하는 때에는 인계에 관한 서류를 작성하여 국토교통부장관의 승인을 얻어야 한다.
④ 철도부채의 인계시기와 인계하는 철도부채 등의 평가방법 및 평가기준일 등에 관한 사항은 대통령령으로 정한다.
⑤ 기타부채는 특별회계가 포괄하여 승계한다.

해설 운영부채는 철도공사가, 시설부채는 국가철도공단이 각각 포괄하여 승계하고, 기타부채는 일반회계가 포괄하여 승계한다. (법 제24조)

073 다음 중 철도산업발전기본법상의 철도부채의 구분에 해당되는 것은?

① 국제부채
② 투자부채
③ 감가부채
④ 운영부채
⑤ 민간부채

정답 071.③ 072.⑤ 073.④

074 철도산업발전기본법에서 국토교통부장관에 의해 설정되는 철도시설을 관리하고 그 철도시설을 사용하거나 이용하는 자로부터 사용료를 징수할 수 있는 권리를 무엇이라 하는가?

① 철도시설관리·징수권
② 철도시설관리권
③ 철도시설감독권
④ 철도시설관리·감독권
⑤ 철도시설사용·징수권

> 해설 국토교통부장관은 철도시설을 관리하고 그 철도시설을 사용하거나 이용하는 자로부터 사용료를 징수할 수 있는 권리(철도시설관리권)를 설정할 수 있다. (법 제26조)

075 철도산업발전기본법상의 철도시설관리권 등에 관한 설명으로 옳지 않은 것은?

① 철도시설관리권은 이를 물권으로 보며, 이 법에 특별한 규정이 있는 경우를 제외하고는 「상법」 중 부동산에 관한 규정을 준용한다.
② 저당권이 설정된 철도시설관리권은 그 저당권자의 동의가 없으면 처분할 수 없다.
③ 철도시설관리권 또는 철도시설관리권을 목적으로 하는 저당권의 설정·변경·소멸 및 처분의 제한은 국토교통부에 비치하는 철도시설관리권등록부에 등록함으로써 그 효력이 발생한다.
④ 철도시설을 관리하는 자는 그가 관리하는 철도시설의 관리대장을 작성·비치하여야 한다.
⑤ 철도시설 관리대장의 작성·비치 및 기재사항 등에 관하여 필요한 사항은 국토교통부령으로 정한다.

> 해설 철도시설관리권은 이를 물권으로 보며, 이 법에 특별한 규정이 있는 경우를 제외하고는 「민법」 중 부동산에 관한 규정을 준용한다. (법 제27조)

정답 074.② 075.①

076 철도산업발전기본법상 철도시설의 사용료에 관한 다음 설명 중 옳지 않은 것은?
① 철도시설을 사용하고자 하는 자는 대통령령으로 정하는 바에 따라 관리청의 허가를 받거나 철도시설관리자와 시설사용계약을 체결하거나 그 시설사용계약자의 승낙을 얻어 사용할 수 있다.
② 철도시설관리자 또는 시설사용계약자는 철도시설을 사용하는 자로부터 사용료를 징수할 수 있다.
③ 철도시설 사용료를 징수하는 경우 철도의 사회경제적 편익과 다른 교통수단과의 형평성 등이 고려되어야 한다.
④ 철도시설 사용료의 징수기준 및 절차 등에 관하여 필요한 사항은 국토교통부령이 정하는 바에 의한다.
⑤ 지방자치단체가 직접 공용·공공용 또는 비영리 공익사업용으로 철도시설을 사용하고자 하는 경우에는 대통령령으로 정하는 바에 따라 그 사용료의 전부 또는 일부를 면제할 수 있다.

[해설] 철도시설 사용료의 징수기준 및 절차 등에 관하여 필요한 사항은 대통령령으로 정한다. (법 제31조)

077 철도산업발전기본법 및 시행령에서 철도시설 사용계약에 포함되어야 할 사항으로 옳지 않은 것은?
① 사용기간·대상시설·사용조건 및 사용료
② 계약의 갱신에 관한 사항
③ 분쟁 발생 시 해결 방법
④ 계약내용에 대한 비밀누설금지에 관한 사항
⑤ 비상사태 발생 시 조치

[해설] 철도시설의 사용계약에는 다음 사항이 포함되어야 한다. (시행령 제35조)
1. 사용기간·대상시설·사용조건 및 사용료
2. 대상시설의 제3자에 대한 사용승낙의 범위·조건
3. 상호책임 및 계약위반 시 조치사항
4. 분쟁 발생 시 조정절차
5. 비상사태 발생 시 조치
6. 계약의 갱신에 관한 사항
7. 계약내용에 대한 비밀누설금지에 관한 사항

078 철도산업발전기본법 시행령에서 철도시설(선로등) 사용계약에 있어서 그 사용기간은 몇 년을 초과할 수 없나?

① 1년 ② 3년
③ 5년 ④ 7년
⑤ 10년

해설 철도시설에 대한 법 규정에 의한 사용계약은 해당 선로등을 여객 또는 화물운송의 목적으로 사용하려는 경우이며, 그 사용기간이 5년을 초과하지 않아야 한다. (시행령 제35조)

079 철도산업발전기본법 시행령상 철도시설(선로등)의 사용계약에서 사용조건에 포함될 사항이 아닌 것은?

① 투입되는 철도차량의 종류 및 길이
② 철도차량의 일일운행횟수・운행개시시각・운행종료시각 및 운행간격
③ 출발역・정차역 및 종착역
④ 철도운영의 영업에 관한 사항
⑤ 철도여객 또는 화물운송서비스의 수준

해설 선로등에 대한 사용조건에는 다음의 사항이 포함되어야 하며, 그 사용조건은 선로배분지침에 위반되는 내용이어서는 안 된다. (시행령 제35조)
1. 투입되는 철도차량의 종류 및 길이
2. 철도차량의 일일운행횟수・운행개시시각・운행종료시각 및 운행간격
3. 출발역・정차역 및 종착역
4. 철도운영의 안전에 관한 사항
5. 철도여객 또는 화물운송서비스의 수준

[정답] 078.③ 079.④

080 철도산업발전기본법 시행령상 철도시설관리자가 선로등의 사용료를 정할 때 고려할 수 있는 사항에 포함되지 않는 것은?

① 선로등급·선로용량 등 선로등의 상태
② 철도차량의 운행시간대 및 운행횟수
③ 철도사고의 발생빈도 및 정도
④ 철도여객 또는 화물운송서비스의 수준
⑤ 철도관리의 효율성 및 공익성

해설 : 철도시설관리자는 규정에 의하여 선로등의 사용료를 정하는 경우에는 다음의 사항을 고려할 수 있다. (시행령 제36조)
1. 선로등급·선로용량 등 선로등의 상태
2. 운행하는 철도차량의 종류 및 중량
3. 철도차량의 운행시간대 및 운행횟수
4. 철도사고의 발생빈도 및 정도
5. 철도서비스의 수준
6. 철도관리의 효율성 및 공익성

081 철도산업발전기본법 시행령상 사용신청자의 선로등사용계약 체결의 절차에 대한 설명으로 옳지 않은 것은?

① 선로등사용계약을 체결하고자 하는 자는 선로등의 사용목적을 기재한 선로등사용계약신청서에 철도여객 또는 화물운송사업의 자격을 증명할 수 있는 서류, 철도여객 또는 화물운송사업계획서, 철도차량·운영시설의 규격 및 안전성을 확인할 수 있는 서류를 첨부하여 철도시설관리자에게 제출하여야 한다.
② 철도시설관리자는 선로등사용계약신청서를 제출받은 날부터 1월 이내에 사용신청자에게 선로등사용계약의 체결에 관한 협의일정을 통보하여야 한다.
③ 철도시설관리자는 사용신청자가 철도시설에 관한 자료의 제공을 요청하는 경우에는 특별한 이유가 없는 한 이에 응하여야 한다.
④ 철도시설관리자는 사용신청자와 선로등사용계약을 체결하고자 하는 경우에는 미리 국토교통부장관의 승인을 받아야 한다.
⑤ 선로등사용계약의 내용을 변경하는 경우에는 국토교통부장관에게 신고하면 된다.

정답 080.④ 081.⑤

082 철도산업발전기본법 시행령상 선로등사용계약을 체결하여 선로등을 사용하고 있는 자가 그 선로등을 계속하여 사용하고자 하는 경우에는 사용기간이 만료되기 몇 월 전까지 선로등사용계약의 갱신을 신청해야 하나?

① 사용기간이 만료되기 1월 전까지
② 사용기간이 만료되기 3월 전까지
③ 사용기간이 만료되기 5월 전까지
④ 사용기간이 만료되기 6월 전까지
⑤ 사용기간이 만료되기 10월 전까지

083 다음은 철도산업발전기본법 및 시행령에서 공익적 기능 유지 등에 관한 내용이다. 옳지 않은 것은?

① 철도운영자의 공익서비스 제공으로 발생하는 비용은 대통령령으로 정하는 바에 따라 국가 또는 해당 철도서비스를 직접 요구한 자가 부담하여야 한다.
② 철도운영자는 매년 2월 말까지 국가가 다음 연도에 부담하여야 하는 공익서비스비용의 추정액, 당해 공익서비스의 내용 그 밖의 필요한 사항을 기재한 국가부담비용추정서를 국토교통부장관에게 제출하여야 한다.
③ 국토교통부장관은 국가부담비용추정서를 제출받은 때에는 관계행정기관의 장과 협의하여 다음 연도의 국토교통부소관 일반회계에 국가부담비용을 계상하여야 한다.
④ 국토교통부장관은 국가부담비용을 정하는 때에는 규정에 의한 국가부담비용의 추정액, 전년도에 부담한 국가부담비용, 관련법령의 규정 또는 철도운영자와 공익서비스비용의 보상에 의한 보상계약 등을 고려하여야 한다.
⑤ 원인제공자가 철도운영자와 공익서비스비용에 관해 체결하는 계약에는 공익서비스 제공과 관련하여 원인제공자가 부담하여야 하는 보상내용 및 보상방법 등에 관한 사항 등이 포함되어야 한다.

해설 철도운영자는 매년 3월 말까지 국가가 다음 연도에 부담하여야 하는 공익서비스비용의 추정액, 당해 공익서비스의 내용 그 밖의 필요한 사항을 기재한 국가부담비용추정서를 국토교통부장관에게 제출하여야 한다. (시행령 제40조)

정답 082.⑤ 083.②

084 철도산업발전기본법상 철도운영자의 공익서비스 제공으로 발생하는 비용은 대통령령으로 정하는 바에 따라 국가 또는 해당 철도서비스를 직접 요구한 자가 부담해야 하는데 그 범위로 옳지 않은 것은?

① 철도운영자가 국가정책 또는 공공목적을 위하여 철도운임·요금을 감면할 경우 그 감면액
② 철도운영자가 철도사고로 인한 보상금을 지급할 때 그 부족액
③ 철도운영자가 경영개선을 위한 적절한 조치를 취하였음에도 불구하고 철도이용 수요가 적어 수지균형의 확보가 극히 곤란하여 벽지의 노선 또는 역의 철도서비스를 제한 또는 중지하여야 되는 경우로서 공익목적을 위하여 기초적인 철도서비스를 계속함으로써 발생되는 경영손실
④ 철도운영자가 국가의 특수목적사업을 수행함으로써 발생되는 비용
⑤ 철도운영자가 다른 법령에 의하여 철도운임·요금을 감면할 경우 그 감면액

[해설] 원인제공자가 부담하는 공익서비스비용의 범위는 다음 각 호와 같다. (법 제32조)
1. 철도운영자가 다른 법령에 의하거나 국가정책 또는 공공목적을 위하여 철도운임·요금을 감면할 경우 그 감면액
2. 철도운영자가 경영개선을 위한 적절한 조치를 취하였음에도 불구하고 철도이용 수요가 적어 수지균형의 확보가 극히 곤란하여 벽지의 노선 또는 역의 철도서비스를 제한 또는 중지하여야 되는 경우로서 공익목적을 위하여 기초적인 철도서비스를 계속함으로써 발생되는 경영손실
3. 철도운영자가 국가의 특수목적사업을 수행함으로써 발생되는 비용

085 철도산업발전기본법 시행령에서 철도운영자가 국가부담비용의 지급신청 시 국가부담비용 지급신청서에 첨부해야 할 서류로 옳지 않은 것은?

① 국가부담비용 지급신청액
② 당해 연도의 예상수입·지출명세서
③ 최근 1년간 지급받은 국가부담비용 내역서
④ 원가계산서
⑤ 국가부담비용 산정내역서

[해설] 철도운영자는 국가부담비용의 지급을 신청하고자 하는 때에는 국토교통부장관이 지정하는 기간 내에 국가부담비용 지급신청서에 다음 각 호의 서류를 첨부하여 국토교통부장관에게 제출하여야 한다. (시행령 제41조)
1. 국가부담비용 지급신청액 및 산정내역서
2. 당해 연도의 예상수입·지출명세서
3. 최근 2년간 지급받은 국가부담비용 내역서
4. 원가계산서

[정답] 084.② 085.③

086 다음은 철도산업발전기본법에서 공익서비스 제공에 따른 보상계약의 체결에 관한 설명이다. 옳지 않은 것은?

① 원인제공자는 철도운영자와 공익서비스비용의 보상에 관한 계약을 체결해야 한다.
② 원인제공자는 철도운영자와 보상계약을 체결하기 전에 계약내용에 관하여 국토교통부장관 및 기획재정부장관과 미리 협의하여야 한다.
③ 국토교통부장관은 공익서비스비용의 객관성과 공정성을 확보하기 위해 필요한 때에는 국토교통부령이 정하는 바에 의해 전문기관을 지정, 그 기관으로 하여금 공익서비스비용의 산정 및 평가 등의 업무를 담당하게 할 수 있다.
④ 보상계약체결에 관하여 원인제공자와 철도운영자의 협의가 성립되지 아니하는 때에는 원인제공자의 신청에 의해 공익서비스 보상위원회가 이를 조정할 수 있다.
⑤ 보상계약에는 계약기간 및 계약기간의 수정·갱신과 계약의 해지에 관한 사항이 포함되어야 한다.

[해설] 보상계약체결에 관하여 원인제공자와 철도운영자의 협의가 성립되지 아니하는 때에는 원인제공자 또는 철도운영자의 신청에 의하여 위원회가 이를 조정할 수 있다. (법 제33조)

087 철도산업발전기본법에서 원인제공자는 철도운영자와 공익서비스비용의 보상에 관한 계약을 체결하여야 한다. 다음 중 보상계약에 포함되지 않는 내용은?

① 철도운영자가 제공하는 철도서비스의 기준과 내용에 관한 사항
② 공익서비스 제공과 관련하여 원인제공자가 부담하여야 하는 보상내용 등에 관한 사항
③ 계약기간 및 계약기간의 수정·갱신과 계약의 해지에 관한 사항
④ 원인제공자와 철도운영자가 필요하다고 합의하는 사항
⑤ 공익서비스 제공과 관련하여 원인제공자가 부담하여야 하는 보상금액 등에 관한 사항

[해설] 보상계약에는 다음 각 호의 사항이 포함되어야 한다. (법 제33조)
  1. 철도운영자가 제공하는 철도서비스의 기준과 내용에 관한 사항
  2. 공익서비스 제공과 관련하여 원인제공자가 부담하여야 하는 보상내용 및 보상방법 등에 관한 사항
  3. 계약기간 및 계약기간의 수정·갱신과 계약의 해지에 관한 사항
  4. 그 밖에 원인제공자와 철도운영자가 필요하다고 합의하는 사항

[정답] 086.④ 087.⑤

088. 철도산업발전기본법상 철도시설관리자와 철도운영자는 국토교통부장관의 승인을 얻어 특정 노선 및 역의 폐지와 관련 철도서비스의 제한 또는 중지 등 필요한 조치를 취할 수 있다. 이러한 경우로 옳지 않은 것은?

① 승인신청자가 철도서비스를 제공하고 있는 노선 또는 역에 대하여 철도의 경영개선을 위한 적절한 조치를 취하였음에도 불구하고 수지균형의 확보가 극히 곤란하여 경영상 어려움이 발생한 경우
② 규정에 의한 보상계약체결에도 불구하고 공익서비스비용에 대한 적정한 보상이 이루어지지 아니한 경우
③ 원인제공자가 공익서비스비용을 부담하지 아니한 경우
④ 원인제공자가 규정에 의한 조정에 따르지 아니한 경우
⑤ 승인신청자가 사업상 어려움으로 철도서비스를 제공하고 있는 노선 또는 역을 운영할 수 없는 경우

[해설] 철도시설관리자와 철도운영자는 다음에 해당하는 경우에 국토교통부장관의 승인을 얻어 특정 노선 및 역의 폐지와 관련 철도서비스의 제한 또는 중지 등 필요한 조치를 취할 수 있다. (법 제34조)
1. 승인신청자가 철도서비스를 제공하고 있는 노선 또는 역에 대하여 철도의 경영개선을 위한 적절한 조치를 취하였음에도 불구하고 수지균형의 확보가 극히 곤란하여 경영상 어려움이 발생한 경우
2. 규정에 의한 보상계약체결에도 불구하고 공익서비스비용에 대한 적정한 보상이 이루어지지 아니한 경우
3. 원인제공자가 공익서비스비용을 부담하지 아니한 경우
4. 원인제공자가 제33조 제5항에 따른 조정에 따르지 아니한 경우

정답 088.⑤

089 철도산업발전기본법상 특정 노선 폐지 등의 승인에 관한 다음 설명 중 옳지 않은 것은?
① 철도시설관리자와 철도운영자는 국토교통부장관의 승인을 얻어 특정 노선 및 역의 폐지와 관련 철도서비스의 제한 또는 중지 등 필요한 조치를 취할 수 있다.
② 국토교통부장관은 규정에 따라 승인신청서가 제출된 경우 원인제공자 및 관계 행정기관의 장과 협의한 후 위원회의 심의를 거쳐 승인여부를 결정하고 그 결과를 승인신청자에게 통보하여야 한다. 이 경우 승인하기로 결정된 때에는 그 사실을 관보에 공고하여야 한다.
③ 국토교통부장관은 노선 폐지 등의 조치가 공익을 현저하게 저해한다고 인정하는 경우나 노선 폐지 등의 조치가 대체교통수단 미흡 등으로 교통서비스 제공에 중대한 지장을 초래한다고 인정하는 경우 승인을 하지 아니할 수 있다.
④ 국토교통부장관은 승인을 하지 아니함에 따라 철도운영자인 승인신청자가 경영상 중대한 영업손실을 받은 경우라도 그 손실을 보상할 수 없다.
⑤ 국토교통부장관 또는 관계행정기관의 장은 승인신청자가 특정 노선 및 역을 폐지하거나 철도서비스의 제한·중지 등의 조치를 취하고자 하는 때에는 대통령령으로 정하는 바에 의하여 대체수송수단의 마련 등 필요한 조치를 하여야 한다.

090 철도시설관리자와 철도운영자가 국토교통부장관에게 특정 노선 폐지 등의 승인신청서를 제출할 때 첨부해야 할 서류로 옳지 않은 것은?
① 등급별·시간대별 철도차량의 운행빈도, 역수, 종사자 수 등 운영현황
② 과거 6월 이상의 기간 동안의 1일 평균 철도서비스 수요
③ 과거 1년 이상의 기간 동안의 수입·비용 및 영업손실액에 관한 회계보고서
④ 향후 3년 동안의 1일 평균 철도서비스 수요에 대한 전망
⑤ 승인신청 사유

> 해설 철도시설관리자와 철도운영자가 규정에 의하여 국토교통부장관에게 특정 노선 폐지 등의 승인신청서를 제출하는 때에는 다음 각 호의 사항을 기재한 서류를 첨부하여야 한다. (시행령 제44조)
> 1. 승인신청 사유
> 2. 등급별·시간대별 철도차량의 운행빈도, 역수, 종사자 수 등 운영현황
> 3. 과거 6월 이상의 기간 동안의 1일 평균 철도서비스 수요
> 4. 과거 1년 이상의 기간 동안의 수입·비용 및 영업손실액에 관한 회계보고서
> 5. 향후 5년 동안의 1일 평균 철도서비스 수요에 대한 전망
> 6. 과거 5년 동안의 공익서비스비용의 전체 규모 및 법 제32조 제1항의 규정에 의한 원인제공자가 부담한 공익서비스비용의 규모
> 7. 대체수송수단의 이용 가능성

정답 089.④ 090.④

091 철도시설관리자와 철도운영자가 국토교통부장관에게 특정 노선 폐지 등의 승인신청서를 제출할 때 첨부해야 할 서류로 옳지 않은 것은?

① 대체수송수단의 이용 가능성
② 과거 1년 이상의 기간 동안의 수입·비용 및 영업손실액에 관한 회계보고서
③ 과거 1년 이상의 기간 동안의 1일 평균 철도서비스 수요
④ 향후 5년 동안의 1일 평균 철도서비스 수요에 대한 전망
⑤ 과거 5년 동안의 공익서비스비용의 전체 규모 및 원인제공자가 부담한 공익서비스 비용의 규모

092 철도산업발전기본법 시행령상 특정 노선 폐지 등에 따라 대체수송수단이 없거나 현저히 부족하여 수송서비스에 심각한 지장이 초래되는 지역에 대하여는 수송대책을 수립·시행하여야 하는데 그 내용으로 옳지 않은 것은?

① 수송여건 분석
② 대체수송수단의 운행횟수 증대
③ 대체수송에 필요한 운송수단의 확보
④ 수송대책의 효율적 시행을 위해 필요한 사항
⑤ 노선조정 또는 추가투입

> 해설 국토교통부장관 또는 관계행정기관의 장은 특정 노선 및 역의 폐지 또는 철도서비스의 제한·중지 등의 조치로 인하여 영향을 받는 지역 중에서 대체수송수단이 없거나 현저히 부족하여 수송서비스에 심각한 지장이 초래되는 지역에 대하여는 규정에 의하여 다음 각 호의 사항이 포함된 수송대책을 수립·시행하여야 한다. (시행령 제47조)
> 1. 수송여건 분석
> 2. 대체수송수단의 운행횟수 증대, 노선조정 또는 추가투입
> 3. 대체수송에 필요한 재원조달
> 4. 그 밖에 수송대책의 효율적 시행을 위하여 필요한 사항

093 철도산업발전기본법 시행령상 철도서비스의 제한 또는 중지에 따른 신규운영자의 선정에 관한 설명으로 옳지 않은 것은?

① 국토교통부장관은 철도운영자인 승인신청자가 제한 또는 중지하고자 하는 특정 노선 및 역에 관한 철도서비스를 새로운 철도운영자로 하여금 제공하게 하는 것이 타당하다고 인정하는 때에는 신규운영자를 선정할 수 있다.
② 국토교통부장관은 신규운영자를 선정하고자 하는 때에는 원인제공자와 협의하여 경쟁에 의한 방법으로 신규운영자를 선정하여야 한다.
③ 원인제공자는 신규운영자와 규정에 의한 보상계약을 체결하여야 한다.
④ 신규운영자 선정의 구체적인 방법, 인수인계절차 그 밖의 필요한 사항은 대통령령으로 정한다.
⑤ 기존운영자는 당해 철도서비스 등에 관한 인수인계서류를 작성하여 신규운영자에게 제공하여야 한다.

[해설] 신규운영자 선정의 구체적인 방법, 인수인계절차 그 밖의 필요한 사항은 국토교통부령으로 정한다. (시행령 제48조)

094 철도산업발전기본법에서 국토교통부장관은 비상사태 시 철도시설관리자·철도운영자 또는 철도이용자에게 조정, 명령 그 밖의 필요한 조치를 할 수 있는데 이러한 사항으로 옳지 않은 것은?

① 지역별·노선별·수송대상별 수송 우선순위 부여 등 수송통제
② 철도시설·철도차량 또는 설비의 가동 및 조업
③ 대체수송수단 및 수송로의 확보
④ 철도서비스 인력의 투입
⑤ 정규열차의 편성 및 운행

[해설] 국토교통부장관은 천재·지변·전시·사변, 철도교통의 심각한 장애 그 밖에 이에 준하는 사태의 발생으로 인하여 철도서비스에 중대한 차질이 발생하거나 발생할 우려가 있다고 인정하는 경우에는 필요한 범위 안에서 철도시설관리자·철도운영자 또는 철도이용자에게 다음 각 호의 사항에 관한 조정·명령 그 밖의 필요한 조치를 할 수 있다. (법 제36조)
1. 지역별·노선별·수송대상별 수송 우선순위 부여 등 수송통제
2. 철도시설·철도차량 또는 설비의 가동 및 조업
3. 대체수송수단 및 수송로의 확보
4. 임시열차의 편성 및 운행
5. 철도서비스 인력의 투입
6. 철도이용의 제한 또는 금지
7. 그 밖에 철도서비스의 수급안정을 위하여 대통령령으로 정하는 사항

[정답] 093.④ 094.⑤

095 국토교통부장관은 천재·지변·전시·사변 등의 비상사태 시 철도시설관리자·철도운영자 또는 철도이용자에게 조정, 명령 그 밖의 필요한 조치를 할 수 있는데 이러한 사항으로 옳지 않은 것은?

① 임시열차의 편성 및 운행
② 대체수송수단의 운행횟수 증대
③ 철도서비스 인력의 투입
④ 철도이용의 제한 또는 금지
⑤ 철도서비스의 수급안정을 위하여 대통령령으로 정하는 사항

096 국토교통부장관은 비상사태 시 철도서비스의 수급안정을 위해 대통령령이 정하는 사항에 관해 조정·명령 등 필요한 조치를 취할 수 있는데 다음 중 대통령이 정하는 사항으로 옳지 않은 것은?

① 철도시설의 임시사용
② 철도시설의 사용제한 및 접근 통제
③ 철도시설의 긴급복구 및 복구지원
④ 철도역 및 철도차량에 대한 긴급보수
⑤ 철도역 및 철도차량에 대한 수색

해설) "대통령령이 정하는 사항"이라 함은 다음 각 호의 사항을 말한다. (시행령 제49조)
1. 철도시설의 임시사용
2. 철도시설의 사용제한 및 접근 통제
3. 철도시설의 긴급복구 및 복구지원
4. 철도역 및 철도차량에 대한 수색 등

097 철도산업발전기본법에서 청문을 실시하여야 하는 처분으로 옳지 않은 것은?

① 특정 노선의 폐지
② 역의 폐지
③ 특정 노선 및 역의 폐지와 관련된 철도서비스의 제한
④ 철도이용의 제한 또는 금지
⑤ 특정 노선 및 역의 폐지와 관련된 철도서비스의 중지에 대한 승인

해설) 국토교통부장관은 제34조에 따른 특정 노선 및 역의 폐지와 이와 관련된 철도서비스의 제한 또는 중지에 대한 승인을 하고자 하는 때에는 청문을 실시하여야 한다. (법 제39조)

정답 095.② 096.④ 097.④

098 철도산업발전기본법에서 국토교통부장관의 승인을 얻지 아니하고 특정 노선 및 역을 폐지하거나 철도서비스를 제한 또는 중지한 자의 벌칙은?

① 5년 이하의 징역 또는 5천만 원 이하의 벌금
② 3년 이하의 징역 또는 5천만 원 이하의 벌금
③ 2년 이하의 징역 또는 2천만 원 이하의 벌금
④ 1년 이하의 징역 또는 1천만 원 이하의 벌금
⑤ 4년 이하의 징역 또는 4천만 원 이하의 벌금

099 철도산업발전기본법상 2년 이하의 징역 또는 3천만원 이하의 벌금에 해당하지 않는 것은?

① 거짓이나 그 밖의 부정한 방법으로 철도시설 사용허가를 받은 자
② 철도시설 사용허가를 받지 아니하고 철도시설을 사용한 자
③ 지역별·노선별·수송 대상별 수송 우선순위 부여 등 수송통제에 관한 조정·명령의 조치를 위반한 자
④ 국토교통부장관의 승인을 얻지 아니하고 특정 노선 및 역을 폐지하거나 철도서비스를 제한 또는 중지한 자
⑤ 대체수송수단 및 수송로의 확보에 관한 조정·명령의 조치를 위반한 자

100 철도산업발전기본법에서 비상사태 시 처분 규정 중 '철도이용의 제한 또는 금지 규정'에 의한 조정·명령 등의 조치를 위반한 자에 대한 처분은?

① 500만원 이하의 과태료
② 1천만원 이하의 과태료
③ 3천만원 이하의 과태료
④ 5천만원 이하의 과태료
⑤ 1억원 이하의 과태료

[정답] 098.② 099.④ 100.②

 MEMO

PART 2 철도사업법

- **Chapter 01** 총칙
- **Chapter 02-2** 민자철도 운영의 감독·관리 등
- **Chapter 04** 전용철도
- **Chapter 06** 보칙
- **Chapter 08** 예상문제
- **Chapter 02** 철도사업의 관리
- **Chapter 03** 철도서비스 향상 등
- **Chapter 05** 국유철도시설의 활용·지원 등
- **Chapter 07** 벌칙

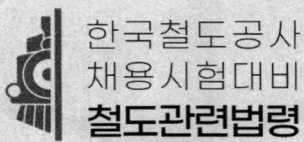

CHAPTER 01 총 칙

제1조(목적)
이 법은 철도사업에 관한 질서를 확립하고 효율적인 운영 여건을 조성함으로써 철도사업의 건전한 발전과 철도 이용자의 편의를 도모하여 국민경제의 발전에 이바지함을 목적으로 한다.

◆ 시행령 제1조(목적)
이 영은 「철도사업법」에서 위임된 사항과 그 시행에 관하여 필요한 사항을 규정함을 목적으로 한다.

제2조(정의)
이 법에서 사용하는 용어의 뜻은 다음과 같다.
1. "철도"란 「철도산업발전기본법」 제3조 제1호에 따른 철도를 말한다.
2. "철도시설"이란 「철도산업발전기본법」 제3조 제2호에 따른 철도시설을 말한다.
3. "철도차량"이란 「철도산업발전기본법」 제3조 제4호에 따른 철도차량을 말한다.
4. "사업용철도"란 철도사업을 목적으로 설치하거나 운영하는 철도를 말한다.
5. "전용철도"란 다른 사람의 수요에 따른 영업을 목적으로 하지 아니하고 자신의 수요에 따라 특수 목적을 수행하기 위하여 설치하거나 운영하는 철도를 말한다.
6. "철도사업"이란 다른 사람의 수요에 응하여 철도차량을 사용하여 유상(有償)으로 여객이나 화물을 운송하는 사업을 말한다.
7. "철도운수종사자"란 철도운송과 관련하여 승무(乘務, 동력차 운전과 열차 내 승무를 말함. 이하 같다) 및 역무서비스를 제공하는 직원을 말한다.
8. "철도사업자"란 「한국철도공사법」에 따라 설립된 한국철도공사(이하 "철도공사"라 함) 및 제5조에 따라 철도사업 면허를 받은 자를 말한다.
9. "전용철도운영자"란 제34조에 따라 전용철도 등록을 한 자를 말한다.

제3조(다른 법률과의 관계)
철도사업에 관하여 다른 법률에 특별한 규정이 있는 경우를 제외하고는 이 법에서 정하는 바에 따른다.

제3조의2(조약과의 관계)
국제철도(대한민국을 포함한 둘 이상의 국가에 걸쳐 운행되는 철도를 말함)를 이용한 화물 및 여객운송에 관하여 대한민국과 외국 간 체결된 조약에 이 법과 다른 규정이 있는 때에는 그 조약의 규정에 따른다.

CHAPTER 02 철도사업의 관리

제4조(사업용철도노선의 고시 등)
① 국토교통부장관은 사업용철도노선의 노선번호, 노선명, 기점(起點), 종점(終點), 중요 경과지(정차역을 포함)와 그 밖에 필요한 사항을 국토교통부령으로 정하는 바에 따라 지정·고시하여야 한다.
② 국토교통부장관은 제1항에 따라 사업용철도노선을 지정·고시하는 경우 사업용철도노선을 다음 각 호의 구분에 따라 분류할 수 있다.
  1. 운행지역과 운행거리에 따른 분류
     가. 간선(幹線)철도
     나. 지선(支線)철도
  2. 운행속도에 따른 분류
     가. 고속철도노선
     나. 준고속철도노선
     다. 일반철도노선
③ 제2항에 따른 사업용철도노선 분류의 기준이 되는 운행지역, 운행거리 및 운행속도는 국토교통부령으로 정한다.

제4조의2(철도차량의 유형 분류)
국토교통부장관은 철도 운임 상한의 산정, 철도차량의 효율적인 관리 등을 위하여 철도차량을 국토교통부령으로 정하는 운행속도에 따라 다음 각 호의 구분에 따른 유형으로 분류할 수 있다.
1. 고속철도차량
2. 준고속철도차량
3. 일반철도차량

제5조(면허 등)
① 철도사업을 경영하려는 자는 제4조 제1항에 따라 지정·고시된 사업용철도노선을 정하여 국토교통부장관의 면허를 받아야 한다. 이 경우 국토교통부장관은 철도의 공공성과 안전을 강화하고 이용자 편의를 증진시키기 위하여 국토교통부령으로 정하는 바에 따라 필요한 부담을 붙일 수 있다.
② 제1항에 따른 면허를 받으려는 자는 국토교통부령으로 정하는 바에 따라 사업계획서를 첨부한 면허신청서를 국토교통부장관에게 제출하여야 한다.
③ 철도사업의 면허를 받을 수 있는 자는 법인으로 한다.

제6조(면허의 기준)
철도사업의 면허기준은 다음 각 호와 같다.
1. 해당 사업의 시작으로 철도교통의 안전에 지장을 줄 염려가 없을 것
2. 해당 사업의 운행계획이 그 운행구간의 철도수송 수요와 수송력 공급 및 이용자의 편의에 적합할 것
3. 신청자가 해당 사업을 수행할 수 있는 재정적 능력이 있을 것
4. 해당 사업에 사용할 철도차량의 대수(臺數), 사용연한 및 규격이 국토교통부령으로 정하는 기준에 맞을 것

제7조(결격사유)
다음 각 호의 어느 하나에 해당하는 법인은 철도사업의 면허를 받을 수 없다.
1. 법인의 임원 중 다음 각 목의 어느 하나에 해당하는 사람이 있는 법인
   가. 피성년후견인 또는 피한정후견인
   나. 파산선고를 받고 복권되지 아니한 사람
   다. 이 법 또는 대통령령으로 정하는 철도 관계 법령을 위반하여 금고 이상의 실형을 선고받고 그 집행이 끝나거나(끝난 것으로 보는 경우를 포함) 면제된 날부터 2년이 지나지 아니한 사람
   라. 이 법 또는 대통령령으로 정하는 철도 관계 법령을 위반하여 금고 이상의 형의 집행유예를 선고받고 그 유예 기간 중에 있는 사람
2. 제16조 제1항에 따라 철도사업의 면허가 취소된 후 그 취소일부터 2년이 지나지 아니한 법인. 다만, 제1호 가목 또는 나목에 해당하여 철도사업의 면허가 취소된 경우는 제외한다.

◇ **시행령 제2조(철도 관계 법령)**
「철도사업법」 제7조 제1호 다목 및 라목에서 "대통령령으로 정하는 철도 관계 법령"이란 각각 다음 각 호의 법령을 말한다.
1. 철도산업발전기본법
2. 철도안전법
3. 도시철도법
4. 국가철도공단법
5. 한국철도공사법

제8조(운송 시작의 의무)
철도사업자는 국토교통부장관이 지정하는 날 또는 기간에 운송을 시작하여야 한다. 다만, 천재지변이나 그 밖의 불가피한 사유로 철도사업자가 국토교통부장관이 지정하는 날 또는 기간에 운송을 시작할 수 없는 경우에는 국토교통부장관의 승인을 받아 날짜를 연기하거나 기간을 연장할 수 있다.

제9조(여객 운임ㆍ요금의 신고 등)
① 철도사업자는 여객에 대한 운임(여객운송에 대한 직접적인 대가를 말하며, 여객운송과 관련된 설비ㆍ용역에 대한 대가는 제외. 이하 같다)ㆍ요금(이하 "여객 운임ㆍ요금"이라 함)을 국토교통부장관에게 신고하여야 한다. 이를 변경하려는 경우에도 같다.
② 철도사업자는 여객 운임ㆍ요금을 정하거나 변경하는 경우에는 원가(原價)와 버스 등 다른 교통수단의 여객 운임ㆍ요금과의 형평성 등을 고려하여야 한다. 이 경우 여객에 대한 운임은 제4조 제2항에 따른 사업용철도노선의 분류, 제4조의2에 따른 철도차량의 유형 등을 고려하여 국토교통부장관이 지정ㆍ고시한 상한을 초과하여서는 아니 된다.
③ 국토교통부장관은 제2항에 따라 여객 운임의 상한을 지정하려면 미리 기획재정부장관과 협의하여야 한다.
④ 국토교통부장관은 제1항에 따른 신고 또는 변경신고를 받은 날부터 3일 이내에 신고수리 여부를 신고인에게 통지하여야 한다.
⑤ 철도사업자는 제1항에 따라 신고 또는 변경신고를 한 여객 운임ㆍ요금을 그 시행 1주일 이전에 인터넷 홈페이지, 관계 역ㆍ영업소 및 사업소 등 일반인이 잘 볼 수 있는 곳에 게시하여야 한다.

◆ **시행령 제3조(여객 운임·요금의 신고)**
① 철도사업자는 법 제9조 제1항에 따라 여객에 대한 운임·요금(이하 "여객 운임·요금"이라 함)의 신고 또는 변경신고를 하려는 경우에는 국토교통부령으로 정하는 여객 운임·요금신고서 또는 변경신고서에 다음 각 호의 서류를 첨부하여 국토교통부장관에게 제출하여야 한다.
 1. 여객 운임·요금표
 2. 여객 운임·요금 신·구 대비표 및 변경사유를 기재한 서류(여객 운임·요금을 변경하는 경우에 한정함)
② 철도사업자는 사업용철도를 「도시철도법」에 의한 도시철도운영자가 운영하는 도시철도와 연결하여 운행하려는 때에는 법 제9조 제1항에 따라 여객 운임·요금의 신고 또는 변경신고를 하기 전에 여객 운임·요금 및 그 변경시기에 관하여 미리 당해 도시철도운영자와 협의하여야 한다.

◆ **시행령 제4조(여객 운임의 상한지정 등)**
① 국토교통부장관은 법 제9조 제2항 후단에 따라 여객에 대한 운임(이하 "여객 운임"이라 함)의 상한을 지정하는 때에는 물가상승률, 원가수준, 다른 교통수단과의 형평성, 법 제4조 제2항에 따른 사업용철도노선(이하 "사업용철도노선"이라 함)의 분류와 법 제4조의2에 따른 철도차량의 유형 등을 고려하여야 하며, 여객 운임의 상한을 지정한 경우에는 이를 관보에 고시하여야 한다.
② 국토교통부장관은 제1항에 따라 여객 운임의 상한을 지정하기 위하여 「철도산업발전기본법」 제6조에 따른 철도산업위원회 또는 철도나 교통 관련 전문기관 및 전문가의 의견을 들을 수 있다.
③ 삭제 〈2008. 10. 20.〉
④ 삭제 〈2008. 10. 20.〉
⑤ 국토교통부장관이 여객 운임의 상한을 지정하려는 때에는 철도사업자로 하여금 원가계산 그 밖에 여객 운임의 산출기초를 기재한 서류를 제출하게 할 수 있다.
⑥ 국토교통부장관은 사업용철도노선과 「도시철도법」에 의한 도시철도가 연결되어 운행되는 구간에 대하여 제1항에 따른 여객 운임의 상한을 지정하는 경우에는 「도시철도법」 제31조 제1항에 따라 특별시장·광역시장·특별자치시장·도지사 또는 특별자치도지사가 정하는 도시철도 운임의 범위와 조화를 이루도록 하여야 한다.

제9조의2(여객 운임·요금의 감면)

① 철도사업자는 재해복구를 위한 긴급지원, 여객 유치를 위한 기념행사, 그 밖에 철도사업의 경영상 필요하다고 인정되는 경우에는 일정한 기간과 대상을 정하여 제9조 제1항에 따라 신고한 여객 운임·요금을 감면할 수 있다.
② 철도사업자는 제1항에 따라 여객 운임·요금을 감면하는 경우에는 그 시행 3일 이전에 감면 사항을 인터넷 홈페이지, 관계 역·영업소 및 사업소 등 일반인이 잘 볼 수 있는 곳에 게시하여야 한다. 다만, 긴급한 경우에는 미리 게시하지 아니할 수 있다.

제10조(부가 운임의 징수)

① 철도사업자는 열차를 이용하는 여객이 정당한 운임·요금을 지급하지 아니하고 열차를 이용한 경우에는 승차 구간에 해당하는 운임 외에 그의 30배의 범위에서 부가 운임을 징수할 수 있다.
② 철도사업자는 송하인(送荷人)이 운송장에 적은 화물의 품명·중량·용적 또는 개수에 따라 계산한 운임이 정당한 사유 없이 정상 운임보다 적은 경우에는 송하인에게 그 부족 운임 외에 그 부족 운임의 5배의 범위에서 부가 운임을 징수할 수 있다.
③ 철도사업자는 제1항 및 제2항에 따른 부가 운임을 징수하려는 경우에는 사전에 부가 운임의 징수 대상 행위, 열차의 종류 및 운행구간 등에 따른 부가 운임 산정기준을 정하고 제11조에 따른 철도사업약관에 포함하여 국토교통부장관에게 신고하여야 한다.
④ 국토교통부장관은 제3항에 따른 신고를 받은 날부터 3일 이내에 신고수리 여부를 신고인에게 통지하여야 한다.
⑤ 제1항 및 제2항에 따른 부가 운임의 징수 대상자는 이를 성실하게 납부하여야 한다.

제10조의2(승차권 등 부정판매의 금지)

철도사업자 또는 철도사업자로부터 승차권 판매위탁을 받은 자가 아닌 자는 철도사업자가 발행한 승차권 또는 할인권·교환권 등 승차권에 준하는 증서를 상습 또는 영업으로 자신이 구입한 가격을 초과한 금액으로 다른 사람에게 판매하거나 이를 알선하여서는 아니 된다.

제11조(철도사업약관)

① 철도사업자는 철도사업약관을 정하여 국토교통부장관에게 신고하여야 한다. 이를 변경하려는 경우에도 같다.
② 제1항에 따른 철도사업약관의 기재 사항 등에 필요한 사항은 국토교통부령으로 정한다.
③ 국토교통부장관은 제1항에 따른 신고 또는 변경신고를 받은 날부터 3일 이내에 신고수리 여부를 신고인에게 통지하여야 한다.

제12조(사업계획의 변경)

① 철도사업자는 사업계획을 변경하려는 경우에는 국토교통부장관에게 신고하여야 한다. 다만, 대통령령으로 정하는 중요 사항을 변경하려는 경우에는 국토교통부장관의 인가를 받아야 한다.
② 국토교통부장관은 철도사업자가 다음 각 호의 어느 하나에 해당하는 경우에는 제1항에 따른 사업계획의 변경을 제한할 수 있다.
 1. 제8조에 따라 국토교통부장관이 지정한 날 또는 기간에 운송을 시작하지 아니한 경우
 2. 제16조에 따라 노선 운행중지, 운행제한, 감차(減車) 등을 수반하는 사업계획 변경명령을 받은 후 1년이 지나지 아니한 경우
 3. 제21조에 따른 개선명령을 받고 이행하지 아니한 경우
 4. 철도사고(「철도안전법」 제2조 제11호에 따른 철도사고를 말함. 이하 같다)의 규모 또는 발생 빈도가 대통령령으로 정하는 기준 이상인 경우
③ 제1항과 제2항에 따른 사업계획 변경의 절차·기준과 그 밖에 필요한 사항은 국토교통부령으로 정한다.
④ 국토교통부장관은 제1항 본문에 따른 신고를 받은 날부터 3일 이내에 신고수리 여부를 신고인에게 통지하여야 한다.

◆ **시행령 제5조(사업계획의 중요한 사항의 변경)**

법 제12조 제1항 단서에서 "대통령령으로 정하는 중요 사항을 변경하려는 경우"란 다음 각 호의 어느 하나에 해당하는 경우를 말한다.
 1. 철도이용수요가 적어 수지균형의 확보가 극히 곤란한 벽지 노선으로서 「철도산업발전기본법」 제33조 제1항에 따라 공익서비스비용의 보상에 관한 계약이 체결된 노선의 철도운송서비스(철도여객운송서비스 또는 철도화물운송서비스를 말함)의 종류를 변경하거나 다른 종류의 철도운송서비스를 추가하는 경우
 2. 운행구간의 변경(여객열차의 경우에 한함)

3. 사업용철도노선별로 여객열차의 정차역을 신설 또는 폐지하거나 10분의 2 이상 변경하는 경우
4. 사업용철도노선별로 10분의 1 이상의 운행횟수의 변경(여객열차의 경으에 한함). 다만, 공휴일·방학기간 등 수송수요와 열차운행계획상의 수송력과 현저한 차이가 있는 경우로서 3월 이내의 기간동안 운행횟수를 변경하는 경우를 제외한다.

시행령 제6조(사업계획의 변경을 제한할 수 있는 철도사고의 기준)
법 제12조 제2항 제4호에서 "대통령령으로 정하는 기준"이란 사업계획의 변경을 신청한 날이 포함된 연도의 직전 연도의 열차운행거리 100만 킬로미터당 철도사고(철도사업자 또는 그 소속 종사자의 고의 또는 과실에 의한 철도사고를 말함. 이하 같다)로 인한 사망자수 또는 철도사고의 발생횟수가 최근(직전 연도를 제외) 5년간 평균보다 10분의 2 이상 증가한 경우를 말한다.

제13조(공동운수협정)
① 철도사업자는 다른 철도사업자와 공동경영에 관한 계약이나 그 밖의 운수에 관한 협정(이하 "공동운수협정"이라 함)을 체결하거나 변경하려는 경우에는 국토교통부령으로 정하는 바에 따라 국토교통부장관의 인가를 받아야 한다. 다만, 국토교통부령으로 정하는 경미한 사항을 변경하려는 경우에는 국토교통부령으로 정하는 바에 따라 국토교통부장관에게 신고하여야 한다.
② 국토교통부장관은 제1항 본문에 따라 공동운수협정을 인가하려면 미리 공정거래위원회와 협의하여야 한다.
③ 국토교통부장관은 제1항 단서에 따른 신고를 받은 날부터 3일 이내에 신고수리 여부를 신고인에게 통지하여야 한다.

제14조(사업의 양도·양수 등)
① 철도사업자는 그 철도사업을 양도·양수하려는 경우에는 국토교통부장관의 인가를 받아야 한다.
② 철도사업자는 다른 철도사업자 또는 철도사업 외의 사업을 경영하는 자와 합병하려는 경우에는 국토교통부장관의 인가를 받아야 한다.
③ 제1항이나 제2항에 따른 인가를 받은 경우 철도사업을 양수한 자는 철도사업을 양도한 자의 철도사업자로서의 지위를 승계하며, 합병으로 설립되거나 존속하는 법인은 합병으로 소멸되는 법인의 철도사업자로서의 지위를 승계한다.
④ 제1항과 제2항의 인가에 관하여는 제7조를 준용한다.

> **제15조(사업의 휴업·폐업)**
> ① 철도사업자가 그 사업의 전부 또는 일부를 휴업 또는 폐업하려는 경우에는 국토교통부령으로 정하는 바에 따라 국토교통부장관의 허가를 받아야 한다. 다만, 선로 또는 교량의 파괴, 철도시설의 개량, 그 밖의 정당한 사유로 휴업하는 경우에는 국토교통부령으로 정하는 바에 따라 국토교통부장관에게 신고하여야 한다.
> ② 제1항에 따른 휴업기간은 6개월을 넘을 수 없다. 다만, 제1항 단서에 따른 휴업의 경우에는 예외로 한다.
> ③ 제1항에 따라 허가를 받거나 신고한 휴업기간 중이라도 휴업 사유가 소멸된 경우에는 국토교통부장관에게 신고하고 사업을 재개(再開)할 수 있다.
> ④ 국토교통부장관은 제1항 단서 및 제3항에 따른 신고를 받은 날부터 60일 이내에 신고수리 여부를 신고인에게 통지하여야 한다.
> ⑤ 철도사업자는 철도사업의 전부 또는 일부를 휴업 또는 폐업하려는 경우에는 대통령령으로 정하는 바에 따라 휴업 또는 폐업하는 사업의 내용과 그 기간 등을 인터넷 홈페이지, 관계 역·영업소 및 사업소 등 일반인이 잘 볼 수 있는 곳에 게시하여야 한다.

◆ **시행령 제7조(사업의 휴업·폐업 내용의 게시)**

철도사업자는 법 제15조 제1항에 따라 철도사업의 휴업 또는 폐업의 허가를 받은 때에는 그 허가를 받은 날부터 7일 이내에 법 제15조 제4항에 따라 다음 각 호의 사항을 철도사업자의 인터넷 홈페이지, 관계 역·영업소 및 사업소 등 일반인이 잘 볼 수 있는 곳에 게시하여야 한다. 다만, 법 제15조 제1항 단서에 따라 휴업을 신고하는 경우에는 해당 사유가 발생한 때에 즉시 다음 각 호의 사항을 게시하여야 한다.
1. 휴업 또는 폐업하는 철도사업의 내용 및 그 사유
2. 휴업의 경우 그 기간
3. 대체교통수단 안내
4. 그 밖에 휴업 또는 폐업과 관련하여 철도사업자가 공중에게 알려야 할 필요성이 있다고 인정하는 사항이 있는 경우 그에 관한 사항

제16조(면허취소 등)

① 국토교통부장관은 철도사업자가 다음 각 호의 어느 하나에 해당하는 경우에는 면허를 취소하거나, 6개월 이내의 기간을 정하여 사업의 전부 또는 일부의 정지를 명하거나, 노선 운행중지·운행제한·감차 등을 수반하는 사업계획의 변경을 명할 수 있다. 다만, 제4호 및 제7호의 경우에는 면허를 취소하여야 한다.
1. 면허받은 사항을 정당한 사유 없이 시행하지 아니한 경우
2. 사업 경영의 불확실 또는 자산 상태의 현저한 불량이나 그 밖의 사유로 사업을 계속하는 것이 적합하지 아니할 경우
3. 고의 또는 중대한 과실에 의한 철도사고로 대통령령으로 정하는 다수의 사상자(死傷者)가 발생한 경우
4. 거짓이나 그 밖의 부정한 방법으로 제5조에 따른 철도사업의 면허를 받은 경우
5. 제5조 제1항 후단에 따라 면허에 붙인 부담을 위반한 경우
6. 제6조에 따른 철도사업의 면허기준에 미달하게 된 경우. 다만, 3개월 이내에 그 기준을 충족시킨 경우에는 예외로 한다.
7. 철도사업자의 임원 중 제7조 제1호 각 목의 어느 하나의 결격사유에 해당하게 된 사람이 있는 경우. 다만, 3개월 이내에 그 임원을 바꾸어 임명한 경우에는 예외로 한다.
8. 제8조를 위반하여 국토교통부장관이 지정한 날 또는 기간에 운송을 시작하지 아니한 경우
9. 제15조에 따른 휴업 또는 폐업의 허가를 받지 아니하거나 신고를 하지 아니하고 영업을 하지 아니한 경우
10. 제20조 제1항에 따른 준수사항을 1년 이내에 3회 이상 위반한 경우
11. 제21조에 따른 개선명령을 위반한 경우
12. 제23조에 따른 명의 대여 금지를 위반한 경우

② 제1항에 따른 처분의 기준 및 절차와 그 밖에 필요한 사항은 국토교통부령으로 정한다.
③ 국토교통부장관은 제1항에 따라 철도사업의 면허를 취소하려면 청문을 하여야 한다.

시행령 제8조(면허취소 또는 사업정지 등의 처분대상이 되는 사상자 수)
법 제16조 제1항 제3호에서 "대통령령으로 정하는 다수의 사상자(死傷者)가 발생한 경우"란 1회 철도사고로 사망자 5명 이상이 발생하게 된 경우를 말한다.

제17조(과징금 처분)

① 국토교통부장관은 제16조 제1항에 따라 철도사업자에게 사업정지 처분을 하여야 하는 경우로서 그 사업정지 처분이 그 철도사업자가 제공하는 철도서비스의 이용자에게 심한 불편을 주거나 그 밖에 공익을 해칠 우려가 있을 때에는 그 사업정지 처분을 갈음하여 1억원 이하의 과징금을 부과·징수할 수 있다.
② 제1항에 따라 과징금을 부과하는 위반행위의 종류, 과징금의 부과기준·징수방법 등 필요한 사항은 대통령령으로 정한다.
③ 국토교통부장관은 제1항에 따라 과징금 부과처분을 받은 자가 납부기한까지 과징금을 내지 아니하면 국세 체납처분의 예에 따라 징수한다.
④ 제1항에 따라 징수한 과징금은 다음 각 호 외의 용도로는 사용할 수 없다.
  1. 철도사업 종사자의 양성·교육훈련이나 그 밖의 자질 향상을 위한 시설 및 철도사업 종사자에 대한 지도업무의 수행을 위한 시설의 건설·운영
  2. 철도사업의 경영개선이나 그 밖에 철도사업의 발전을 위하여 필요한 사업
  3. 제1호 및 제2호의 목적을 위한 보조 또는 융자
⑤ 국토교통부장관은 과징금으로 징수한 금액의 운용계획을 수립하여 시행하여야 한다.
⑥ 제4항과 제5항에 따른 과징금 사용의 절차, 운용계획의 수립·시행에 관한 사항과 그 밖에 필요한 사항은 국토교통부령으로 정한다.

◆ **시행령 제9조(철도사업자에 대한 과징금의 부과기준)**

법 제17조 제1항에 따라 사업정지 처분에 갈음하여 과징금을 부과하는 위반행위의 종류와 정도에 따른 과징금의 금액은 별표 1과 같다.

◆ **시행령 제10조(과징금의 부과 및 납부)**

① 국토교통부장관은 법 제17조 제1항의 규정에 의하여 과징금을 부과하고자 하는 때에는 그 위반행위의 종별과 해당 과징금의 금액 등을 명시하여 이를 납부할 것을 서면으로 통지하여야 한다.
② 제1항에 따른 통지를 받은 자는 20일 이내에 과징금을 국토교통부장관이 지정한 수납기관에 납부해야 한다.
③ 제2항의 규정에 의하여 과징금의 납부를 받은 수납기관은 납부자에게 영수증을 교부하여야 한다.
④ 과징금의 수납기관은 제2항의 규정에 의하여 과징금을 수납한 때에는 지체 없이 그 사실을 국토교통부장관에게 통보하여야 한다.

시행령[별표 1]

철도사업자에 대한 과징금의 부과기준(시행령 제9조 관련)

1. 일반기준
    가. 국토교통부장관은 철도사업자의 사업규모, 사업지역의 특수성, 철도사업자 또는 그 종사자의 과실의 정도와 위반행위의 내용 및 횟수 등을 고려하여 제2호에 따른 과징금 금액의 2분의 1 범위에서 그 금액을 줄이거나 늘릴 수 있다.
    나. 가목에 따라 과징금을 늘리는 경우 과징금 금액의 총액은 법 제17조 제1항에 따른 과징금 금액의 상한을 넘을 수 없다.

2. 개별기준

(단위 : 만원)

위반행위	근거 법조문	과징금 금액
가. 면허를 받은 사항을 정당한 사유 없이 시행하지 않은 경우	법 제16조 제1항 제1호	300
나. 사업경영의 불확실 또는 자산상태의 현저한 불량이나 그 밖의 사유로 사업을 계속하는 것이 적합하지 않은 경우	법 제16조 제1항 제2호	500
다. 철도사업자 또는 그 소속 종사자의 고의 또는 중대한 과실에 의하여 다음 각 목의 사고가 발생한 경우	법 제16조 제1항 제3호	
1) 1회의 철도사고로 인한 사망자가 40명 이상인 경우		5,000
2) 1회의 철도사고로 인한 사망자가 20명 이상 40명 미만인 경우		2,000
3) 1회의 철도사고로 인한 사망자가 10명 이상 20명 미만인 경우		1,000
4) 1회의 철도사고로 인한 사망자가 5명 이상 10명 미만인 경우		500
라. 법 제5조 제1항 후단에 따라 면허에 붙인 부담을 위반한 경우	법 제16조 제1항 제5호	1,000
마. 법 제6조에 따른 철도사업의 면허기준에 미달하게 된 때부터 3개월이 경과된 후에도 그 기준을 충족시키지 않은 경우	법 제16조 제1항 제6호	1,000

바. 법 제8조를 위반하여 국토교통부장관이 지정한 날 또는 기간에 운송을 시작하지 않은 경우	법 제16조 제1항 제8호	300
사. 법 제15조에 따른 휴업 또는 폐업의 허가를 받지 않거나 신고를 하지 않고 영업을 하지 않은 경우	법 제16조 제1항 제9호	300
아. 법 제20조 제1항에 따른 준수사항을 1년 이내에 3회 이상 위반한 경우	법 제16조 제1항 제10호	500
자. 법 제21조에 따른 개선명령을 위반한 경우	법 제16조 제1항 제11호	300
차. 법 제23조에 따른 명의대여 금지를 위반한 경우	법 제16조 제1항 제12호	300

제18조(철도차량 표시)

철도사업자는 철도사업에 사용되는 철도차량에 철도사업자의 명칭과 그 밖에 국토교통부령으로 정하는 사항을 표시하여야 한다.

제19조(우편물 등의 운송)

철도사업자는 여객 또는 화물운송에 부수(附隨)하여 우편물과 신문 등을 운송할 수 있다.

제20조(철도사업자의 준수사항)

① 철도사업자는 「철도안전법」 제21조에 따른 요건을 갖추지 아니한 사람을 운전업무에 종사하게 하여서는 아니 된다.
② 철도사업자는 사업계획을 성실하게 이행하여야 하며, 부당한 운송조건을 제시하거나 정당한 사유 없이 운송계약의 체결을 거부하는 등 철도운송 질서를 해치는 행위를 하여서는 아니 된다.
③ 철도사업자는 여객 운임표, 여객 요금표, 감면 사항 및 철도사업약관을 인터넷 홈페이지에 게시하고 관계 역·영업소 및 사업소 등에 갖추어 두어야 하며, 이용자가 요구하는 경우에는 제시하여야 한다.
④ 제1항부터 제3항까지에 따른 준수사항 외에 운송의 안전과 여객 및 화주(貨主)의 편의를 위하여 철도사업자가 준수하여야 할 사항은 국토교통부령으로 정한다.

제21조(사업의 개선명령)
국토교통부장관은 원활한 철도운송, 서비스의 개선 및 운송의 안전과 그 밖에 공공복리의 증진을 위하여 필요하다고 인정하는 경우에는 철도사업자에게 다음 각 호의 사항을 명할 수 있다.
1. 사업계획의 변경
2. 철도차량 및 운송 관련 장비·시설의 개선
3. 운임·요금 징수 방식의 개선
4. 철도사업약관의 변경
5. 공동운수협정의 체결
6. 철도차량 및 철도사고에 관한 손해배상을 위한 보험에의 가입
7. 안전운송의 확보 및 서비스의 향상을 위하여 필요한 조치
8. 철도운수종사자의 양성 및 자질향상을 위한 교육

제22조(철도운수종사자의 준수사항)
철도사업에 종사하는 철도운수종사자는 다음 각 호의 어느 하나에 해당하는 행위를 하여서는 아니 된다.
1. 정당한 사유 없이 여객 또는 화물의 운송을 거부하거나 여객 또는 화물을 중도에서 내리게 하는 행위
2. 부당한 운임 또는 요금을 요구하거나 받는 행위
3. 그 밖에 안전운행과 여객 및 화주의 편의를 위하여 철도운수종사자가 준수하여야 할 사항으로서 국토교통부령으로 정하는 사항을 위반하는 행위

제23조(명의 대여의 금지)
철도사업자는 타인에게 자기의 성명 또는 상호를 사용하여 철도사업을 경영하게 하여서는 아니 된다.

제24조(철도화물운송에 관한 책임)
① 철도사업자의 화물의 멸실·훼손 또는 인도(引導)의 지연에 대한 손해배상책임에 관하여는 「상법」 제135조를 준용한다.
② 제1항을 적용할 때에 화물이 인도 기한을 지난 후 3개월 이내에 인도되지 아니한 경우에는 그 화물은 멸실된 것으로 본다.

CHAPTER 02-2 민자철도 운영의 감독·관리 등

제25조(민자철도의 유지·관리 및 운영에 관한 기준 등)
① 국토교통부장관은 「철도의 건설 및 철도시설 유지관리에 관한 법률」 제2조 제2호부터 제4호까지에 따른 고속철도, 광역철도 및 일반철도로서 「사회기반시설에 대한 민간투자법」 제2조 제6호에 따른 민간투자사업으로 건설된 철도(이하 "민자철도"라 함)의 관리운영권을 「사회기반시설에 대한 민간투자법」 제26조 제1항에 따라 설정받은 자(이하 "민자철도사업자"라 함)가 해당 민자철도를 안전하고 효율적으로 유지·관리할 수 있도록 민자철도의 유지·관리 및 운영에 관한 기준을 정하여 고시하여야 한다.
② 민자철도사업자는 민자철도의 안전하고 효율적인 유지·관리와 이용자 편의를 도모하기 위하여 제1항에 따라 고시된 기준을 준수하여야 한다.
③ 국토교통부장관은 제1항에 따른 민자철도의 유지·관리 및 운영에 관한 기준에 따라 매년 소관 민자철도에 대하여 운영평가를 실시하여야 한다.
④ 국토교통부장관은 제3항에 따른 운영평가 결과에 따라 민자철도에 관한 유지·관리 및 체계 개선 등 필요한 조치를 민자철도사업자에게 명할 수 있다.
⑤ 민자철도사업자는 제4항에 따른 명령을 이행하고 그 결과를 국토교통부장관에게 보고하여야 한다.
⑥ 제3항에 따른 운영평가의 절차, 방법 및 그 밖에 필요한 사항은 국토교통부령으로 정한다.

제25조의2(민자철도사업자에 대한 과징금 처분)
① 국토교통부장관은 민자철도사업자가 다음 각 호의 어느 하나에 해당하는 경우에는 1억원 이하의 과징금을 부과·징수할 수 있다.
  1. 제25조 제2항을 위반하여 민자철도의 유지·관리 및 운영에 관한 기준을 준수하지 아니한 경우
  2. 제25조 제5항을 위반하여 명령을 이행하지 아니하거나 그 결과를 보고하지 아니한 경우
② 제1항에 따라 과징금을 부과하는 위반행위의 종류와 위반 정도 등에 따른 과징금의 금액 및 징수방법 등에 필요한 사항은 대통령령으로 정한다.
③ 국토교통부장관은 제1항에 따라 과징금 부과처분을 받은 자가 납부기한까지 과징금을 내지 아니하면 국세강제징수의 예에 따라 징수한다.
④ 제1항에 따라 징수한 과징금의 용도 등에 관하여는 제17조 제4항부터 제6항까지를 준용한다.

시행령 제10조의2(민자철도사업자에 대한 과징금의 부과기준)
법 제25조의2 제1항에 따라 과징금을 부과하는 위반행위의 종류와 위반 정도 등에 따른 과징금의 금액 등 부과기준은 별표 1의2와 같다.

시행령[별표 1의2]

민자철도사업자에 대한 과징금의 부과기준(시행령 제10조의2 관련)

1. 일반기준
  가. 하나의 행위가 둘 이상의 위반행위에 해당하는 경우에는 그중 무거운 과징금의 부과기준에 따른다.
  나. 부과권자는 다음의 어느 하나에 해당하는 경우에는 제2호의 개별기준에 따른 과징금의 2분의 1 범위에서 그 금액을 줄여 부과할 수 있다. 다만, 과징금을 체납하고 있는 위반행위자에 대해서는 그렇지 않다.
    1) 위반행위가 사소한 부주의나 오류로 인한 것으로 인정되는 경우
    2) 위반행위자가 위반행위를 바로 정정하거나 시정하여 법 위반상태를 해소한 경우
    3) 그 밖에 위반행위의 내용·정도, 위반행위 동기와 그 결과 등을 고려하여 과징금 금액을 줄일 필요가 있다고 인정되는 경우

다. 부과권자는 다음의 어느 하나에 해당하는 경우에는 제2호의 개별기준에 따른 과징금의 2분의 1 범위에서 그 금액을 늘려 부과할 수 있다. 다만, 늘려 부과하는 경우에도 법 제25조의2 제1항에 따른 과징금의 상한을 넘을 수 없다.
1) 위반의 내용·정도가 중대하여 이용자 등에게 미치는 피해가 크다고 인정되는 경우
2) 법 위반상태의 기간이 6개월 이상인 경우
3) 그 밖에 위반행위의 정도, 위반행위 동기와 그 결과 등을 고려하여 과징금 금액을 늘릴 필요가 있다고 인정되는 경우

2. 개별기준

(단위 : 만원)

위반행위	근거 법조문	과징금 금액
가. 법 제25조 제2항을 위반하여 민자철도의 유지·관리 및 운영에 관한 기준을 준수하지 않은 경우	법 제25조의2 제1항 제1호	
1) 철도의 일부 또는 전체의 기능을 상실한 경우		
가) 철도의 일부 또는 전체의 기능을 상실한 기간이 1일 이상 7일 미만인 경우		2,000
나) 철도의 일부 또는 전체의 기능을 상실한 기간이 7일 이상 15일 미만인 경우		4,000
다) 철도의 일부 또는 전체의 기능을 상실한 기간이 15일 이상인 경우		10,000
2) 해당 철도에서 사고가 발생했거나 운행에 위험을 초래하는 결과가 발생한 경우		1,000
나. 법 제25조 제5항을 위반하여 명령을 이행하지 않거나 그 결과를 보고하지 않은 경우	법 제25조의2 제1항 제2호	1,000

◆ 시행령 제10조의3(과징금의 부과 및 납부)

법 제25조 제1항에 따른 민자철도사업자(이하 "민자철도사업자"라 함)에 대한 과징금의 부과 및 납부에 관하여는 제10조를 준용한다. 이 경우 "법 제17조 제1항"은 "법 제25조의2 제1항"으로 본다.

제25조의3(사정변경 등에 따른 실시협약의 변경 요구 등)

① 국토교통부장관은 중대한 사정변경 또는 민자철도사업자의 위법한 행위 등 다음 각 호의 어느 하나에 해당하는 사유가 발생한 경우 민자철도사업자에게 그 사유를 소명하거나 해소 대책을 수립할 것을 요구할 수 있다.
  1. 민자철도사업자가 「사회기반시설에 대한 민간투자법」 제2조 제7호에 따른 실시협약(이하 "실시협약"이라 함)에서 정한 자기자본의 비율을 대통령령으로 정하는 기준 미만으로 변경한 경우. 다만, 같은 조 제5호에 따른 주무관청의 승인을 받아 변경한 경우는 제외한다.
  2. 민자철도사업자가 대통령령으로 정하는 기준을 초과한 이자율로 자금을 차입한 경우
  3. 교통여건이 현저히 변화되는 등 실시협약의 기초가 되는 사실 또는 상황에 중대한 변경이 생긴 경우로서 대통령령으로 정하는 경우
② 제1항에 따른 요구를 받은 민자철도사업자는 국토교통부장관이 요구한 날부터 30일 이내에 그 사유를 소명하거나 해소 대책을 수립하여야 한다.
③ 국토교통부장관은 다음 각 호의 어느 하나에 해당하는 경우 제25조의5에 따른 민자철도 관리지원센터의 자문을 거쳐 실시협약의 변경 등을 요구할 수 있다.
  1. 민자철도사업자가 제2항에 따른 소명을 하지 아니하거나 그 소명이 충분하지 아니한 경우
  2. 민자철도사업자가 제2항에 따른 해소 대책을 수립하지 아니한 경우
  3. 제2항에 따른 해소 대책으로는 제1항에 따른 사유를 해소할 수 없거나 해소하기 곤란하다고 판단되는 경우
④ 국토교통부장관은 민자철도사업자가 제3항에 따른 요구에 따르지 아니하는 경우 정부지급금, 실시협약에 따른 보조금 및 재정지원금의 전부 또는 일부를 지급하지 아니할 수 있다.

◆ **시행령 제10조의4(사정변경 등에 따른 실시협약의 변경 요구 등)**
① 법 제25조의3 제1항 제1호 본문에서 "대통령령으로 정하는 기준"이란 「사회기반시설에 대한 민간투자법」 제7조에 따른 민간투자사업 기본계획에 따라 민자철도사업자가 유지해야 하는 자기자본의 비율을 말한다.
② 법 제25조의3 제1항 제2호에서 "대통령령으로 정하는 기준을 초과한 이자율"이란 다음 각 호의 이자율 중 가장 낮은 이자율을 초과한 이자율을 말한다.
  1. 「대부업 등의 등록 및 금융이용자 보호에 관한 법률 시행령」 제5조 제2항에 따른 이자율
  2. 「이자제한법 제2조 제1항의 최고이자율에 관한 규정」에 따른 최고이자율
  3. 민자철도사업자가 자금을 차입하는 때의 최고이자율에 관하여 국토교통부장관과 합의가 있는 경우에는 그 이자율
③ 법 제25조의3 제1항 제3호에서 "대통령령으로 정하는 경우"란 「사회기반시설에 대한 민간투자법」 제2조 제7호에 따른 실시협약(이하 이 항에서 "실시협약"이라 함)의 체결 이후 다음 각 호의 경우로 인하여 연간 실제 교통량이 실시협약에서 정한 교통량의 100분의 30 이상 변경된 경우를 말한다.
  1. 해당 민자철도의 실시협약 체결 당시 예상되지 않았던 다른 철도가 연결되는 경우
  2. 해당 민자철도의 운영 여건 변화로 이용자의 안전 및 편의 등 민자철도의 기능에 심각한 지장이 초래된 경우
  3. 해당 민자철도가 「국가통합교통체계효율화법 시행령」 제36조 제1항에 따른 연계교통체계 영향권의 설정 범위에 포함된 경우
  4. 관련 법령이 개정되거나 민자철도에 관한 정책이 변경된 경우
  5. 그 밖에 제1호부터 제4호까지에 준하는 사유로 교통 여건이 현저히 변화된 경우

제25조의4(민자철도사업자에 대한 지원)
국토교통부장관은 정책의 변경 또는 법령의 개정 등으로 인하여 민자철도사업자가 부담하여야 하는 비용이 추가로 발생하는 경우 그 비용의 전부 또는 일부를 지원할 수 있다.

제25조의5(민자철도 관리지원센터의 지정 등)
① 국토교통부장관은 민자철도에 대한 감독 업무를 효율적으로 수행하기 위하여 다음 각 호의 어느 하나에 해당하는 기관을 민자철도에 대한 전문성을 고려하여 민자철도 관리지원센터(이하 "관리지원센터"라 함)로 지정할 수 있다.
  1. 「정부출연연구기관 등의 설립·운영 및 육성에 관한 법률」에 따른 정부출연연구기관
  2. 「공공기관의 운영에 관한 법률」에 따른 공공기관
② 관리지원센터는 다음 각 호의 업무를 수행한다.
  1. 민자철도의 교통수요 예측, 적정 요금 또는 운임 및 운영비 산출과 관련한 자문 및 지원
  2. 제25조 제1항에 따른 민자철도의 유지·관리 및 운영에 관한 기준과 관련한 자문 및 지원
  3. 제25조 제3항에 따른 운영평가와 관련한 자문 및 지원
  4. 제25조의3 제3항에 따른 실시협약 변경 등의 요구와 관련한 자문 및 지원
  5. 제5항에 따라 국토교통부장관이 위탁하는 업무
  6. 그 밖에 이 법에 따른 민자철도에 관한 감독 지원을 위하여 국토교통부령으로 정하는 업무
③ 국토교통부장관은 관리지원센터가 업무를 수행하는 데에 필요한 비용을 예산의 범위에서 지원할 수 있다.
④ 국토교통부장관은 관리지원센터가 다음 각 호의 어느 하나에 해당하는 경우에는 지정을 취소할 수 있다. 다만, 제1호에 해당하는 경우에는 지정을 취소하여야 한다.
  1. 거짓이나 그 밖의 부정한 방법으로 지정을 받은 경우
  2. 지정받은 사항을 위반하여 업무를 수행한 경우
⑤ 국토교통부장관은 민자철도와 관련하여 이 법과 「사회기반시설에 대한 민간투자법」에 따른 업무로서 국토교통부령으로 정하는 업무를 관리지원센터에 위탁할 수 있다.

제25조의6(국회에 대한 보고 등)
① 국토교통부장관은 「사회기반시설에 대한 민간투자법」 제53조에 따라 국가가 재정을 지원한 민자철도의 건설 및 유지·관리 현황에 관한 보고서를 작성하여 매년 5월 31일까지 국회 소관 상임위원회에 제출하여야 한다.
② 국토교통부장관은 제1항에 따른 보고서를 작성하기 위하여 민자철도사업자에게 필요한 자료의 제출을 요구할 수 있다.

CHAPTER 03 철도서비스 향상 등

> **제26조(철도서비스의 품질평가 등)**
> ① 국토교통부장관은 공공복리의 증진과 철도서비스 이용자의 권익보호를 위하여 철도사업자가 제공하는 철도서비스에 대하여 적정한 철도서비스 기준을 정하고, 그에 따라 철도사업자가 제공하는 철도서비스의 품질을 평가하여야 한다.
> ② 제1항에 따른 철도서비스의 기준, 품질평가의 항목·절차 등에 필요한 사항은 국토교통부령으로 정한다.

◆ 시행령 제11조(평가 결과의 공표)
① 국토교통부장관이 법 제27조의 규정에 의하여 철도서비스의 품질평가 결과를 공표하는 경우에는 다음 각 호의 사항을 포함하여야 한다.
  1. 평가지표별 평가 결과
  2. 철도서비스의 품질 향상도
  3. 철도사업자별 평가 순위
  4. 그 밖에 철도서비스에 대한 품질평가 결과 국토교통부장관이 공표가 필요하다고 인정하는 사항
② 국토교통부장관은 철도서비스의 품질평가 결과가 우수한 철도사업자 및 그 소속 종사자에게 예산의 범위 안에서 포상 등 지원시책을 시행할 수 있다.

제27조(평가 결과의 공표 및 활용)
① 국토교통부장관은 제26조에 따른 철도서비스의 품질을 평가한 경우에는 그 평가 결과를 대통령령으로 정하는 바에 따라 신문 등 대중매체를 통하여 공표하여야 한다.
② 국토교통부장관은 철도서비스의 품질평가 결과에 따라 제21조에 따른 사업 개선명령 등 필요한 조치를 할 수 있다.

제28조(우수 철도서비스 인증)
① 국토교통부장관은 공정거래위원회와 협의하여 철도사업자 간 경쟁을 제한하지 아니하는 범위에서 철도서비스의 질적 향상을 촉진하기 위하여 우수 철도서비스에 대한 인증을 할 수 있다.
② 제1항에 따라 인증을 받은 철도사업자는 그 인증의 내용을 나타내는 표지(이하 "우수서비스마크"라 함)를 철도차량, 역 시설 또는 철도 용품 등에 붙이거나 인증 사실을 홍보할 수 있다.
③ 제1항에 따라 인증을 받은 자가 아니면 우수서비스마크 또는 이와 유사한 표지를 철도차량, 역 시설 또는 철도 용품 등에 붙이거나 인증 사실을 홍보하여서는 아니 된다.
④ 우수 철도서비스 인증의 절차, 인증기준, 우수서비스마크, 인증의 사후관리에 관한 사항과 그 밖에 인증에 필요한 사항은 국토교통부령으로 정한다.

제29조(평가업무 등의 위탁)
국토교통부장관은 효율적인 철도서비스 품질평가 체제를 구축하기 위하여 필요한 경우에는 관계 전문기관 등에 철도서비스 품질에 대한 조사·평가·연구 등의 업무와 제28조 제1항에 따른 우수 철도서비스 인증에 필요한 심사업무를 위탁할 수 있다.

제30조(자료 등의 요청)
① 국토교통부장관이나 제29조에 따라 평가업무 등을 위탁받은 자는 철도서비스의 평가 등을 할 때 철도사업자에게 관련 자료 또는 의견 제출 등을 요구하거나 철도서비스에 대한 실지조사(實地調査)를 할 수 있다.
② 제1항에 따라 자료 또는 의견 제출 등을 요구받은 관련 철도사업자는 특별한 사유가 없으면 이에 따라야 한다.

제31조(철도시설의 공동 활용)
공공교통을 목적으로 하는 선로 및 다음 각 호의 공동 사용시설을 관리하는 자는 철도사업자가 그 시설의 공동 활용에 관한 요청을 하는 경우 협정을 체결하여 이용할 수 있게 하여야 한다.
1. 철도역 및 역 시설(물류시설, 환승시설 및 편의시설 등을 포함)
2. 철도차량의 정비·검사·점검·보관 등 유지관리를 위한 시설
3. 사고의 복구 및 구조·피난을 위한 설비
4. 열차의 조성 또는 분리 등을 위한 시설
5. 철도운영에 필요한 정보통신 설비

제32조(회계의 구분)
① 철도사업자는 철도사업 외의 사업을 경영하는 경우에는 철도사업에 관한 회계와 철도사업 외의 사업에 관한 회계를 구분하여 경리하여야 한다.
② 철도사업자는 철도운영의 효율화와 회계처리의 투명성을 제고하기 위하여 국토교통부령으로 정하는 바에 따라 철도사업의 종류별·노선별로 회계를 구분하여 경리하여야 한다.

제33조(벌칙 적용 시의 공무원 의제)
제29조에 따라 위탁받은 업무에 종사하는 관계 전문기관 등의 임원 및 직원은 「형법」 제129조부터 제132조까지의 규정을 적용할 때에는 공무원으로 본다.

CHAPTER 04 전용철도

제34조(등록)
① 전용철도를 운영하려는 자는 국토교통부령으로 정하는 바에 따라 전용철도의 건설·운전·보안 및 운송에 관한 사항이 포함된 운영계획서를 첨부하여 국토교통부장관에게 등록을 하여야 한다. 등록사항을 변경하려는 경우에도 같다. 다만 대통령령으로 정하는 경미한 변경의 경우에는 예외로 한다.
② 전용철도의 등록기준과 등록절차 등에 관하여 필요한 사항은 국토교통부령으로 정한다.
③ 국토교통부장관은 제2항에 따른 등록기준을 적용할 때에 환경오염, 주변 여건 등 지역적 특성을 고려할 필요가 있거나 그 밖에 공익상 필요하다고 인정하는 경우에는 등록을 제한하거나 부담을 붙일 수 있다.

◆ **시행령 제12조(전용철도 등록사항의 경미한 변경 등)**
① 법 제34조 제1항 단서에서 "대통령령으로 정하는 경미한 변경의 경우"란 다음 각 호의 어느 하나에 해당하는 경우를 말한다.
  1. 운행시간을 연장 또는 단축한 경우
  2. 배차간격 또는 운행횟수를 단축 또는 연장한 경우
  3. 10분의 1의 범위 안에서 철도차량 대수를 변경한 경우
  4. 주사무소·철도차량기지를 제외한 운송관련 부대시설을 변경한 경우
  5. 임원을 변경한 경우(법인에 한함)
  6. 6월의 범위 안에서 전용철도 건설기간을 조정한 경우
② 전용철도운영자는 법 제38조에 따라 전용철도 운영의 전부 또는 일부를 휴업 또는 폐업하는 경우 다음 각 호의 조치를 하여야 한다.
  1. 휴업 또는 폐업으로 인하여 철도운행 및 철도운행의 안전에 지장을 초래하지 아니하도록 하는 조치
  2. 휴업 또는 폐업으로 인하여 자연재해·환경오염 등이 가중되지 아니하도록 하는 조치

제35조(결격사유)
다음 각 호의 어느 하나에 해당하는 자는 전용철도를 등록할 수 없다. 법인인 경우 그 임원 중에 다음 각 호의 어느 하나에 해당하는 자가 있는 경우에도 같다.
1. 제7조 제1호 각 목의 어느 하나에 해당하는 사람
2. 이 법에 따라 전용철도의 등록이 취소된 후 그 취소일부터 1년이 지나지 아니한 자

제36조(전용철도 운영의 양도·양수 등)
① 전용철도의 운영을 양도·양수하려는 자는 국토교통부령으로 정하는 바에 따라 국토교통부장관에게 신고하여야 한다.
② 전용철도의 등록을 한 법인이 합병하려는 경우에는 국토교통부령으로 정하는 바에 따라 국토교통부장관에게 신고하여야 한다.
③ 국토교통부장관은 제1항 및 제2항에 따른 신고를 받은 날부터 30일 이내에 신고수리 여부를 신고인에게 통지하여야 한다.
④ 제1항 또는 제2항에 따른 신고가 수리된 경우 전용철도의 운영을 양수한 자는 전용철도의 운영을 양도한 자의 전용철도운영자로서의 지위를 승계하며, 합병으로 설립되거나 존속하는 법인은 합병으로 소멸되는 법인의 전용철도운영자로서의 지위를 승계한다.
⑤ 제1항과 제2항의 신고에 관하여는 제35조를 준용한다.

제37조(전용철도 운영의 상속)
① 전용철도운영자가 사망한 경우 상속인이 그 전용철도의 운영을 계속하려는 경우에는 피상속인이 사망한 날부터 3개월 이내에 국토교통부장관에게 신고하여야 한다.
② 국토교통부장관은 제1항에 따른 신고를 받은 날부터 10일 이내에 신고수리 여부를 신고인에게 통지하여야 한다.
③ 제1항에 따른 신고가 수리된 경우 상속인은 피상속인의 전용철도운영자로서의 지위를 승계하며, 피상속인이 사망한 날부터 신고가 수리된 날까지의 기간 동안은 피상속인의 전용철도 등록은 상속인의 등록으로 본다.
④ 제1항의 신고에 관하여는 제35조를 준용한다. 다만, 제35조 각 호의 어느 하나에 해당하는 상속인이 피상속인이 사망한 날부터 3개월 이내에 그 전용철도의 운영을 다른 사람에게 양도한 경우 피상속인의 사망일부터 양도일까지의 기간에 있어서 피상속인의 전용철도 등록은 상속인의 등록으로 본다.

제38조(전용철도 운영의 휴업·폐업)
전용철도운영자가 그 운영의 전부 또는 일부를 휴업 또는 폐업한 경우에는 1개월 이내에 국토교통부장관에게 신고하여야 한다.

제39조(전용철도 운영의 개선명령)
국토교통부장관은 전용철도 운영의 건전한 발전을 위하여 필요하다고 인정하는 경우에는 전용철도운영자에게 다음 각 호의 사항을 명할 수 있다.
1. 사업장의 이전
2. 시설 또는 운영의 개선

제40조(등록의 취소·정지)
국토교통부장관은 전용철도운영자가 다음 각 호의 어느 하나에 해당하는 경우에는 그 등록을 취소하거나 1년 이내의 기간을 정하여 그 운영의 전부 또는 일부의 정지를 명할 수 있다. 다만, 제1호에 해당하는 경우에는 등록을 취소하여야 한다.
1. 거짓이나 그 밖의 부정한 방법으로 제34조에 따른 등록을 한 경우
2. 제34조 제2항에 따른 등록기준에 미달하거나 같은 조 제3항에 따른 부담을 이행하지 아니한 경우
3. 휴업신고나 폐업신고를 하지 아니하고 3개월 이상 전용철도를 운영하지 아니한 경우

제41조(준용규정)
전용철도에 관하여는 제16조 제3항과 제23조를 준용한다. 이 경우 "철도사업의 면허"는 "전용철도의 등록"으로, "철도사업자"는 "전용철도운영자"로, "철도사업"은 "전용철도의 운영"으로 본다.

CHAPTER 05 국유철도시설의 활용·지원 등

> **제42조(점용허가)**
> ① 국토교통부장관은 국가가 소유·관리하는 철도시설에 건물이나 그 밖의 시설물(이하 "시설물"이라 함)을 설치하려는 자에게 「국유재산법」 제18조에도 불구하고 대통령령으로 정하는 바에 따라 시설물의 종류 및 기간 등을 정하여 점용허가를 할 수 있다.
> ② 제1항에 따른 점용허가는 철도사업자와 철도사업자가 출자·보조 또는 출연한 사업을 경영하는 자에게만 하며, 시설물의 종류와 경영하려는 사업이 철도사업에 지장을 주지 아니하여야 한다.

◆ **시행령 제13조(점용허가의 신청 및 점용허가기간)**
  ① 법 제42조 제1항의 규정에 의하여 국가가 소유·관리하는 철도시설의 점용허가를 받고자 하는 자는 국토교통부령이 정하는 점용허가신청서에 다음 각 호의 서류를 첨부하여 국토교통부장관에게 제출하여야 한다. 이 경우 국토교통부장관은 「전자정부법」 제36조 제1항에 따른 행정정보의 공동이용을 통하여 법인 등기사항증명서(법인인 경우로 한정)를 확인하여야 한다.
    1. 사업개요에 관한 서류
    2. 시설물의 건설계획 및 사용계획에 관한 서류
    3. 자금조달계획에 관한 서류
    4. 수지전망에 관한 서류
    5. 법인의 경우 정관
    6. 설치하고자 하는 시설물의 설계도서(시방서·위치도·평면도 및 주단면도를 말함)
    7. 그 밖에 참고사항을 기재한 서류

② 국토교통부장관은 법 제42조 제1항의 규정에 의하여 국가가 소유·관리하는 철도시설에 대한 점용허가를 하고자 하는 때에는 다음 각 호의 기간을 초과하여서는 아니 된다. 다만, 건물 그 밖의 시설물을 설치하는 경우 그 공사에 소요되는 기간은 이를 산입하지 아니한다.
1. 철골조·철근콘크리트조·석조 또는 이와 유사한 견고한 건물의 축조를 목적으로 하는 경우에는 50년
2. 제1호 외의 건물의 축조를 목적으로 하는 경우에는 15년
3. 건물 외의 공작물의 축조를 목적으로 하는 경우에는 5년

제42조의2(점용허가의 취소)

① 국토교통부장관은 제42조 제1항에 따른 점용허가를 받은 자가 다음 각 호의 어느 하나에 해당하면 그 점용허가를 취소할 수 있다.
1. 점용허가 목적과 다른 목적으로 철도시설을 점용한 경우
2. 제42조 제2항을 위반하여 시설물의 종류와 경영하는 사업이 철도사업에 지장을 주게 된 경우
3. 점용허가를 받은 날부터 1년 이내에 해당 점용허가의 목적이 된 공사에 착수하지 아니한 경우. 다만, 정당한 사유가 있는 경우에는 1년의 범위에서 공사의 착수기간을 연장할 수 있다.
4. 제44조에 따른 점용료를 납부하지 아니하는 경우
5. 점용허가를 받은 자가 스스로 점용허가의 취소를 신청하는 경우

② 제1항에 따른 점용허가 취소의 절차 및 방법은 국토교통부령으로 정한다.

제43조(시설물 설치의 대행)

국토교통부장관은 제42조에 따라 점용허가를 받은 자(이하 "점용허가를 받은 자"라 함)가 설치하려는 시설물의 전부 또는 일부가 철도시설 관리에 관계되는 경우에는 점용허가를 받은 자의 부담으로 그의 위탁을 받아 시설물을 직접 설치하거나 「국가철도공단법」에 따라 설립된 국가철도공단으로 하여금 설치하게 할 수 있다.

제44조(점용료)
① 국토교통부장관은 대통령령으로 정하는 바에 따라 점용허가를 받은 자에게 점용료를 부과한다.
② 제1항에도 불구하고 점용허가를 받은 자가 다음 각 호에 해당하는 경우에는 대통령령으로 정하는 바에 따라 점용료를 감면할 수 있다.
  1. 국가에 무상으로 양도하거나 제공하기 위한 시설물을 설치하기 위하여 점용허가를 받은 경우
  2. 제1호의 시설물을 설치하기 위한 경우로서 공사기간 중에 점용허가를 받거나 임시 시설물을 설치하기 위하여 점용허가를 받은 경우
  3. 「공공주택 특별법」에 따른 공공주택을 건설하기 위하여 점용허가를 받은 경우
  4. 재해, 그 밖의 특별한 사정으로 본래의 철도 점용 목적을 달성할 수 없는 경우
  5. 국민경제에 중대한 영향을 미치는 공익사업으로서 대통령령으로 정하는 사업을 위하여 점용허가를 받은 경우
③ 국토교통부장관이 「철도산업발전기본법」 제19조 제2항에 따라 철도시설의 건설 및 관리 등에 관한 업무의 일부를 「국가철도공단법」에 따른 국가철도공단으로 하여금 대행하게 한 경우 제1항에 따른 점용료 징수에 관한 업무를 위탁할 수 있다.
④ 국토교통부장관은 점용허가를 받은 자가 제1항에 따른 점용료를 내지 아니하면 국세 체납처분의 예에 따라 징수한다.

시행령 제14조(점용료)
① 법 제44조 제1항의 규정에 의한 점용료는 점용허가를 할 철도시설의 가액과 점용허가를 받아 행하는 사업의 매출액을 기준으로 하여 산출하되, 구체적인 점용료 산정기준에 대하여는 국토교통부장관이 정한다.
② 제1항의 규정에 의한 철도시설의 가액은 「국유재산법 시행령」 제42조를 준용하여 산출하되, 당해 철도시설의 가액은 산출 후 3년 이내에 한하여 적용한다.
③ 법 제44조 제2항에 따른 점용료의 감면은 다음 각 호의 구분에 따른다.
  1. 법 제44조 제2항 제1호 및 제2호에 해당하는 경우 : 전체 시설물 중 국가에 무상으로 양도하거나 제공하기 위한 시설물의 비율에 해당하는 점용료를 감면
  2. 법 제44조 제2항 제3호에 해당하는 경우 : 해당 철도시설의 부지에 대하여 국토교통부령으로 정하는 기준에 따른 점용료를 감면

3. 법 제44조 제2항 제4호에 해당하는 경우 : 다음 각 목의 구분에 따른 점용료를 감면
   가. 점용허가를 받은 시설의 전부를 사용하지 못한 경우 : 해당 기간의 점용료 전액을 감면
   나. 점용허가를 받은 시설의 일부를 사용하지 못한 경우 : 전체 점용허가 면적에서 사용하지 못한 시설의 면적 비율에 따라 해당 기간 동안의 점용료를 감면
④ 점용료는 매년 1월 말까지 당해 연도 해당분을 선납하여야 한다. 다만, 국토교통부장관은 부득이한 사유로 선납이 곤란하다고 인정하는 경우에는 그 납부기한을 따로 정할 수 있다.

제44조의2(변상금의 징수)
국토교통부장관은 제42조 제1항에 따른 점용허가를 받지 아니하고 철도시설을 점용한 자에 대하여 제44조 제1항에 따른 점용료의 100분의 120에 해당하는 금액을 변상금으로 징수할 수 있다. 이 경우 변상금의 징수에 관하여는 제44조 제3항을 준용한다.

제45조(권리와 의무의 이전)
제42조에 따른 점용허가로 인하여 발생한 권리와 의무를 이전하려는 경우에는 대통령령으로 정하는 바에 따라 국토교통부장관의 인가를 받아야 한다.

◆ 시행령 제15조(권리와 의무의 이전)
① 법 제42조의 규정에 의하여 점용허가를 받은 자가 법 제45조의 규정에 의하여 그 권리와 의무의 이전에 대하여 인가를 받고자 하는 때에는 국토교통부령이 정하는 신청서에 다음 각 호의 서류를 첨부하여 권리와 의무를 이전하고자 하는 날 3월 전까지 국토교통부장관에게 제출하여야 한다.
   1. 이전계약서 사본
   2. 이전가격의 명세서
② 법 제45조의 규정에 의하여 국토교통부장관의 인가를 받아 철도시설의 점용허가로 인하여 발생한 권리와 의무를 이전한 경우 당해 권리와 의무를 이전받은 자의 점용허가기간은 권리와 의무를 이전한 자가 받은 점용허가기간의 잔여기간으로 한다.

제46조(원상회복의무)

① 점용허가를 받은 자는 점용허가기간이 만료되거나 제42조의2 제1항에 따라 점용허가가 취소된 경우에는 점용허가된 철도 재산을 원상(原狀)으로 회복하여야 한다. 다만, 국토교통부장관은 원상으로 회복할 수 없거나 원상회복이 부적당하다고 인정하는 경우에는 원상회복의무를 면제할 수 있다.
② 국토교통부장관은 점용허가를 받은 자가 제1항 본문에 따른 원상회복을 하지 아니하는 경우에는 「행정대집행법」에 따라 시설물을 철거하거나 그 밖에 필요한 조치를 할 수 있다.
③ 국토교통부장관은 제1항 단서에 따라 원상회복의무를 면제하는 경우에는 해당 철도 재산에 설치된 시설물 등의 무상 국가귀속을 조건으로 할 수 있다.

◆ 시행령 제16조(원상회복의무)

① 법 제42조 제1항의 규정에 의하여 철도시설의 점용허가를 받은 자는 점용허가기간이 만료되거나 점용을 폐지한 날부터 3월 이내에 점용허가받은 철도시설을 원상으로 회복하여야 한다. 다만, 국토교통부장관은 불가피하다고 인정하는 경우에는 원상회복기간을 연장할 수 있다.
② 점용허가를 받은 자가 그 점용허가기간의 만료 또는 점용의 폐지에도 불구하고 법 제46조 제1항 단서의 규정에 의하여 당해 철도시설의 전부 또는 일부에 대한 원상회복의무를 면제받고자 하는 경우에는 그 점용허가기간의 만료일 또는 점용폐지일 3월 전까지 그 사유를 기재한 신청서를 국토교통부장관에게 제출하여야 한다.
③ 국토교통부장관은 제2항의 규정에 의한 점용허가를 받은 자의 면제신청을 받은 경우 또는 직권으로 철도시설의 일부 또는 전부에 대한 원상회복의무를 면제하고자 하는 경우에는 원상회복의무를 면제하는 부분을 명시하여 점용허가를 받은 자에게 점용허가 기간의 만료일 또는 점용 폐지일까지 서면으로 통보하여야 한다.

제46조의2(국가귀속 시설물의 사용허가기간 등에 관한 특례)
① 제46조 제3항에 따라 국가귀속된 시설물을 「국유재산법」에 따라 사용허가하려는 경우 그 허가의 기간은 같은 법 제35조에도 불구하고 10년 이내로 한다.
② 제1항에 따른 허가기간이 끝난 시설물에 대해서는 10년을 초과하지 아니하는 범위에서 1회에 한하여 종전의 사용허가를 갱신할 수 있다.
③ 제1항에 따른 사용허가를 받은 자는 「국유재산법」 제30조 제2항에도 불구하고 그 사용허가의 용도나 목적에 위배되지 않는 범위에서 국토교통부장관의 승인을 받아 해당 시설물의 일부를 다른 사람에게 사용·수익하게 할 수 있다.

CHAPTER 06 보칙

제47조(보고·검사 등)
① 국토교통부장관은 필요하다고 인정하면 철도사업자와 전용철도운영자에게 해당 철도사업 또는 전용철도의 운영에 관한 사항이나 철도차량의 소유 또는 사용에 관한 사항에 대하여 보고나 서류 제출을 명할 수 있다.
② 국토교통부장관은 필요하다고 인정하면 소속 공무원으로 하여금 철도사업자 및 전용철도운영자의 장부, 서류, 시설 또는 그 밖의 물건을 검사하게 할 수 있다.
③ 제2항에 따라 검사를 하는 공무원은 그 권한을 표시하는 증표를 지니고 이를 관계인에게 보여 주어야 한다.
④ 제3항에 따른 증표에 관하여 필요한 사항은 국토교통부령으로 정한다.

제47조의2(정보 제공 요청)
① 국토교통부장관은 제10조의2에 따른 승차권 등 부정판매의 금지를 위하여 필요한 경우 관계 중앙행정기관의 장, 지방자치단체의 장, 「공공기관의 운영에 관한 법률」 제4조에 따른 공공기관의 장, 법인·단체의 장, 개인에게 승차권 등 부정판매의 금지 의무를 위반하였거나, 위반하였다고 의심할만한 상당한 이유가 있는 자에 대한 다음 각 호의 정보 제공을 요청할 수 있다.
1. 성명, 「주민등록법」 제7조의2 제1항에 따른 주민등록번호, 주소 및 전화번호(휴대전화번호를 포함) 등 인적사항
2. 승차권 구매이력
② 제1항에 따른 정보 제공 요청을 받은 자는 정당한 사유가 없으면 이에 따라야 한다.

제48조(수수료)

이 법에 따른 면허·인가를 받으려는 자, 등록·신고를 하려는 자, 면허증·인가서·등록증·인증서 또는 허가서의 재발급을 신청하는 자는 국토교통부령으로 정하는 수수료를 내야 한다.

제48조의2(규제의 재검토)

국토교통부장관은 다음 각 호의 사항에 대하여 2014년 1월 1일을 기준으로 3년마다(매 3년이 되는 해의 기준일과 같은 날 전까지를 말함) 그 타당성을 검토하여 개선 등의 조치를 하여야 한다.
1. 제9조에 따른 여객 운임·요금의 신고 등
2. 제10조 제1항 및 제2항에 따른 부가 운임의 상한
3. 제21조에 따른 사업의 개선명령
4. 제39조에 따른 전용철도 운영의 개선명령

◆ **시행령 제16조의2(민감정보 및 고유식별정보의 처리)**

국토교통부장관은 다음 각 호의 사무를 수행하기 위하여 불가피한 경우 「개인정보 보호법 시행령」 제18조 제2호에 따른 범죄경력자료에 해당하는 정보나 같은 영 제19조 제1호, 제2호 또는 제4호에 따른 주민등록번호, 여권번호 또는 외국인등록번호가 포함된 자료를 처리할 수 있다.
1. 법 제5조에 따른 면허에 관한 사무
2. 법 제14조에 따른 사업의 양도·양수 등에 관한 사무
3. 법 제16조에 따른 면허취소 등에 관한 사무
4. 법 제34조에 따른 전용철도 등록에 관한 사무
5. 법 제36조에 따른 전용철도 운영의 양도·양수 등에 관한 사무
6. 법 제37조에 따른 전용철도 운영의 상속에 관한 사무
7. 법 제40조에 따른 전용철도 등록의 취소에 관한 사무

CHAPTER 07 벌칙

제49조(벌칙)
① 다음 각 호의 어느 하나에 해당하는 자는 2년 이하의 징역 또는 2천만원 이하의 벌금에 처한다.
  1. 제5조 제1항에 따른 면허를 받지 아니하고 철도사업을 경영한 자
  2. 거짓이나 그 밖의 부정한 방법으로 제5조 제1항에 따른 철도사업의 면허를 받은 자
  3. 제16조 제1항에 따른 사업정지처분기간 중에 철도사업을 경영한 자
  4. 제16조 제1항에 따른 사업계획의 변경명령을 위반한 자
  5. 제23조(제41조에서 준용하는 경우를 포함)를 위반하여 타인에게 자기의 성명 또는 상호를 대여하여 철도사업을 경영하게 한 자
  6. 제31조를 위반하여 철도사업자의 공동 활용에 관한 요청을 정당한 사유 없이 거부한 자
② 다음 각 호의 어느 하나에 해당하는 자는 1년 이하의 징역 또는 1천만원 이하의 벌금에 처한다.
  1. 제34조 제1항을 위반하여 등록을 하지 아니하고 전용철도를 운영한 자
  2. 거짓이나 그 밖의 부정한 방법으로 제34조 제1항에 따른 전용철도의 등록을 한 자
③ 다음 각 호의 어느 하나에 해당하는 자는 1천만원 이하의 벌금에 처한다.
  1. 제13조를 위반하여 국토교통부장관의 인가를 받지 아니하고 공동운수협정을 체결하거나 변경한 자
  2. 삭제 〈2013. 3. 22.〉
  3. 제28조 제3항을 위반하여 우수서비스마크 또는 이와 유사한 표지를 철도차량 등에 붙이거나 인증 사실을 홍보한 자

제50조(양벌규정)

법인의 대표자나 법인 또는 개인의 대리인, 사용인, 그 밖의 종업원이 그 법인 또는 개인의 업무에 관하여 제49조의 위반행위를 하면 그 행위자를 벌하는 외에 그 법인 또는 개인에게도 해당 조문의 벌금형을 과(科)한다. 다만, 법인 또는 개인이 그 위반행위를 방지하기 위하여 해당 업무에 관하여 상당한 주의와 감독을 게을리하지 아니한 경우에는 그러하지 아니하다.

제51조(과태료)

① 다음 각 호의 어느 하나에 해당하는 자에게는 1천만원 이하의 과태료를 부과한다.
   1. 제9조 제1항에 따른 여객 운임·요금의 신고를 하지 아니한 자
   2. 제11조 제1항에 따른 철도사업약관을 신고하지 아니하거나 신고한 철도사업약관을 이행하지 아니한 자
   3. 제12조에 따른 인가를 받지 아니하거나 신고를 하지 아니하고 사업계획을 변경한 자
   4. 제10조의2를 위반하여 상습 또는 영업으로 승차권 또는 이에 준하는 증서를 자신이 구입한 가격을 초과한 금액으로 다른 사람에게 판매하거나 이를 알선한 자
② 다음 각 호의 어느 하나에 해당하는 자에게는 500만원 이하의 과태료를 부과한다.
   1. 제18조에 따른 사업용철도차량의 표시를 하지 아니한 철도사업자
   2. 삭제〈2018. 6. 12.〉
   3. 제32조 제1항 또는 제2항을 위반하여 회계를 구분하여 경리하지 아니한 자
   4. 정당한 사유 없이 제47조 제1항에 따른 명령을 이행하지 아니하거나 제47조 제2항에 따른 검사를 거부·방해 또는 기피한 자
③ 다음 각 호의 어느 하나에 해당하는 자에게는 100만원 이하의 과태료를 부과한다.
   1. 제20조 제2항부터 제4항까지에 따른 준수사항을 위반한 자
   2. 삭제〈2018. 6. 12.〉
④ 제22조를 위반한 철도운수종사자 및 그가 소속된 철도사업자에게는 50만원 이하의 과태료를 부과한다.
⑤ 제1항부터 제4항까지의 규정에 따른 과태료는 대통령령으로 정하는 바에 따라 국토교통부장관이 부과·징수한다.

◆ 제17조(과태료의 부과기준)

법 제51조 제1항부터 제4항까지의 규정에 따른 과태료의 부과기준은 별표 2와 같다.

시행령[별표 2]

과태료의 부과기준(시행령 제17조 관련)

1. 일반기준
   가. 국토교통부장관은 다음의 어느 하나에 해당하는 경우에는 제2호의 개별기준에 따른 과태료 금액의 2분의 1 범위에서 그 금액을 줄일 수 있다. 다만, 과태료를 체납하고 있는 위반행위자의 경우에는 그렇지 않다.
      1) 위반행위자가 「질서위반행위규제법 시행령」 제2조의2 제1항 각 호의 어느 하나에 해당하는 경우
      2) 위반행위가 사소한 부주의나 오류 등 과실로 인한 것으로 인정되는 경우
      3) 위반행위자가 법 위반상태를 시정하거나 해소하기 위하여 노력한 사실이 인정되는 경우
      4) 그 밖에 위반행위의 정도, 횟수, 동기와 그 결과 등을 고려하여 과태료의 금액을 줄일 필요가 있다고 인정되는 경우
   나. 국토교통부장관은 다음의 어느 하나에 해당하는 경우에는 제2호의 개별기준에 따른 과태료 금액의 2분의 1 범위에서 그 금액을 늘릴 수 있다. 다만, 과태료 금액의 총액은 법 제51조 제1항부터 제4항까지의 규정에 따른 과태료 금액의 상한을 넘을 수 없다.
      1) 위반의 내용·정도가 중대하여 소비자 등에게 미치는 피해가 크다고 인정되는 경우
      2) 법 위반상태의 기간이 6개월 이상인 경우
      3) 그 밖에 위반행위의 정도, 위반행위의 동기와 그 결과 등을 고려하여 가중할 필요가 있다고 인정되는 경우

2. 개별기준

(단위 : 만원)

위반행위	근거 법조문	과태료 금액
가. 법 제9조 제1항에 따른 여객 운임·요금의 신고를 하지 않은 경우	법 제51조 제1항 제1호	500
나. 법 제10조의2를 위반하여 상습 또는 영업으로 승차권 또는 이에 준하는 증서를 자신이 구입한 가격을 초과한 금액으로 다른 사람에게 판매한 경우	법 제51조 제1항 제4호	500
다. 법 제10조의2를 위반하여 상습 또는 영업으로 승차권 또는 이에 준하는 증서를 자신이 구입한 가격을 초과한 금액으로 다른 사람에게 판매하는 행위를 알선한 경우	법 제51조 제1항 제4호	500

라. 법 제11조 제1항에 따른 철도사업약관을 신고하지 않거나 신고한 철도사업약관을 이행하지 않은 경우	법 제51조 제1항 제2호	500
마. 법 제12조에 따른 인가를 받지 않거나 신고를 하지 않고 사업계획을 변경한 경우	법 제51조 제1항 제3호	500
바. 법 제18조에 따른 사업용철도차량의 표시를 하지 않은 경우	법 제51조 제2항 제1호	200
사. 법 제20조 제2항부터 제4항까지의 규정에 따른 철도사업자의 준수사항을 위반한 경우	법 제51조 제3항 제1호	100
아. 법 제22조에 따른 철도운수종사자의 준수사항을 위반한 경우	법 제51조 제4항	50
자. 삭제 〈2019. 6. 4.〉		
차. 삭제 〈2019. 6. 4.〉		
카. 법 제32조 제1항 또는 제2항을 위반하여 회계를 구분하여 경리하지 않은 경우	법 제51조 제2항 제3호	200
타. 정당한 사유 없이 법 제47조 제1항에 따른 명령을 이행하지 않거나, 법 제47조 제2항에 따른 검사를 거부·방해 또는 기피한 경우	법 제51조 제2항 제4호	300

부칙〈법률 제20702호, 2025. 1. 21.〉
이 법은 공포한 날부터 시행한다.

CHAPTER 08 **예상문제**

001 철도사업에 관한 질서를 확립하고 효율적인 운영 여건을 조성함으로써 철도사업의 건전한 발전과 철도 이용자의 편의를 도모하여 국민경제의 발전에 이바지함을 목적으로 제정한 법은?
① 철도사업법
② 철도안전법
③ 도시철도법
④ 철도산업발전기본법
⑤ 한국철도공사법

해설 이 법은 철도사업에 관한 질서를 확립하고 효율적인 운영 여건을 조성함으로써 철도사업의 건전한 발전과 철도 이용자의 편의를 도모하여 국민경제의 발전에 이바지함을 목적으로 제정되었다. (법 제1조)

002 철도사업법에서 규정하고 있는 용어의 설명으로 옳지 않은 것은?
① "사업용철도"란 철도사업을 목적으로 설치하거나 운영하는 철도를 말한다.
② "전용철도"란 다른 사람의 수요에 따른 영업을 목적으로 하지 아니하고 자신의 수요에 따라 특수 목적을 수행하기 위하여 설치하거나 운영하는 철도를 말한다.
③ "철도사업자"란 「한국철도공사법」에 따라 설립된 한국철도공사 및 도시철도 사업 면허를 받은 자를 말한다.
④ "철도사업"이란 다른 사람의 수요에 응하여 철도차량을 사용하여 유상으로 여객이나 화물을 운송하는 사업을 말한다.
⑤ "철도운수종사자"란 철도운송과 관련하여 승무(동력차 운전과 열차 내 승무를 말함) 및 역무서비스를 제공하는 직원을 말한다.

해설 이 법에서 사용하는 용어의 뜻은 다음과 같다. (법 제2조)
1. "철도"란 「철도산업발전기본법」 제3조 제1호에 따른 철도를 말한다.
2. "철도시설"이란 「철도산업발전기본법」 제3조 제2호에 따른 철도시설을 말한다.
3. "철도차량"이란 「철도산업발전기본법」 제3조 제4호에 따른 철도차량을 말한다.
4. "사업용철도"란 철도사업을 목적으로 설치하거나 운영하는 철도를 말한다.
5. "전용철도"란 다른 사람의 수요에 따른 영업을 목적으로 하지 아니하고 자신의 수요에 따라 특수 목적을 수행하기 위하여 설치하거나 운영하는 철도를 말한다.
6. "철도사업"이란 다른 사람의 수요에 응하여 철도차량을 사용하여 유상(有償)으로 여객이나 화물을 운송하는 사업을 말한다.
7. "철도운수종사자"란 철도운송과 관련하여 승무(乘務, 동력차 운전과 열차 내 승무를 말함. 이하 같다) 및 역무서비스를 제공하는 직원을 말한다.
8. "철도사업자"란 「한국철도공사법」에 따라 설립된 한국철도공사 및 제5조에 따라 철도사업 면허를 받은 자를 말한다.
9. "전용철도운영자"란 제34조에 따라 전용철도 등록을 한 자를 말한다.

정답 002.③

003 다음 중 철도사업법에서 규정하고 있는 운수종사자는?
① 철도차량 정비기술자
② 관제업무 종사자
③ 운행안전관리자
④ 역무서비스 직원
⑤ 작업책임자

004 철도사업법에서 규정하고 있는 전용철도의 설명으로 옳은 것은?
① "전용철도"란 철도의 영업상 필요에 의하여 부설한 철도로 지선을 포함한다.
② "전용철도"란 다른 사람의 수요에 따른 영업을 목적으로 하고 자신의 수요에 따라 특수 목적을 수행하기 위하여 설치하거나 운영하는 철도를 말한다.
③ "전용철도"란 자신의 수요에 따른 영업을 목적으로 아니 하고 타인의 수요에 따라 특수 목적을 수행하기 위하여 설치 또는 운영하는 철도를 말한다.
④ "전용철도"란 다른 사람의 수요에 따른 영업을 목적으로 하지 아니하고 자신의 수요에 따른 특수 목적을 수행하기 위하여 설치하거나 운영하는 철도를 말한다.
⑤ "전용철도"란 다른 사람의 수요에 따른 영업을 목적으로 하지 아니하고 자신의 수요에 따른 운송(화물)을 수행하기 위하여 설치하거나 운영하는 철도를 말한다.

정답 003.④ 004.④

005 국토교통부장관은 사업용철도노선에 대한 필요한 사항을 지정·고시하여야 한다. 그 내용으로 옳지 않은 것은?

① 기점·종점
② 노선의 운임 및 요금
③ 사업용철도노선의 노선번호
④ 중요 경과지(정차역 포함)
⑤ 사업용철도노선의 노선명

해설　**사업용철도노선의 고시 등(법 제4조)**
① 국토교통부장관은 사업용철도노선의 노선번호, 노선명, 기점(起點), 종점(終點), 중요 경과지(정차역을 포함)와 그 밖에 필요한 사항을 국토교통부령으로 정하는 바에 따라 지정·고시하여야 한다.
② 국토교통부장관은 제1항에 따라 사업용철도노선을 지정·고시하는 경우 사업용철도노선을 다음 각 호의 구분에 따라 분류할 수 있다.
　1. 운행지역과 운행거리에 따른 분류
　　가. 간선(幹線)철도
　　나. 지선(支線)철도
　2. 운행속도에 따른 분류
　　가. 고속철도노선
　　나. 준고속철도노선
　　다. 일반철도노선
③ 제2항에 따른 사업용철도노선 분류의 기준이 되는 운행지역, 운행거리 및 운행속도는 국토교통부령으로 정한다.

006 철도사업법상 사업용철도노선의 고시 및 철도차량의 유형 분류에 대한 설명으로 옳지 않은 것은?

① 사업용철도노선 분류의 기준이 되는 운행지역, 운행거리 및 운행속도는 국토교통부령으로 정한다.
② 사업용철도노선은 운행지역과 운행거리에 따른 분류로 간선철도와 지선철도, 광역철도로 구분할 수 있다.
③ 사업용철도노선은 운행속도에 따른 분류로 고속철도노선, 준고속철도노선, 일반철도노선으로 구분할 수 있다.
④ 국토교통부장관은 사업용철도노선의 노선번호, 노선명, 기점, 종점, 중요 경과지 등 필요한 사항을 국토교통부령으로 정하는 바에 따라 지정·고시하여야 한다.
⑤ 국토교통부장관은 철도 운임 상한의 산정, 철도차량의 효율적인 관리 등을 위하여 철도차량을 국토교통부령으로 정하는 운행속도에 따라 고속철도차량, 준고속철도차량, 일반철도차량으로 분류할 수 있다.

정답　005.② 006.②

007 다음 중 철도사업법에 대한 설명으로 옳지 않은 것은?

① 철도사업을 경영하려는 자는 지정·고시된 사업용철도노선을 정하여 국토교통부장관의 면허를 받아야 한다.
② 면허를 받으려는 자는 대통령령으로 정하는 바에 따라 사업계획서를 첨부한 면허신청서를 국토교통부장관에게 제출하여야 한다.
③ 사업용철도노선 분류의 기준이 되는 운행지역, 운행거리 및 운행속도는 국토교통부령으로 정한다.
④ 국토교통부장관은 사업용철도노선의 노선번호, 노선명, 기점(起點), 종점(終點), 중요 경과지(정차역을 포함)와 그 밖에 필요한 사항을 국토교통부령으로 정하는 바에 따라 지정·고시하여야 한다.
⑤ 철도사업의 면허를 받을 수 있는 자는 법인으로 한다.

> 해설 면허 등(법 제5조)
> ① 철도사업을 경영하려는 자는 제4조 제1항에 따라 지정·고시된 사업용철도노선을 정하여 국토교통부장관의 면허를 받아야 한다. 이 경우 국토교통부장관은 철도의 공공성과 안전을 강화하고 이용자 편의를 증진시키기 위하여 국토교통부령으로 정하는 바에 따라 필요한 부담을 붙일 수 있다.
> ② 제1항에 따른 면허를 받으려는 자는 국토교통부령으로 정하는 바에 따라 사업계획서를 첨부한 면허신청서를 국토교통부장관에게 제출하여야 한다.
> ③ 철도사업의 면허를 받을 수 있는 자는 법인으로 한다.

008 철도사업법에서 철도사업의 면허 및 면허기준에 대한 사항으로 옳지 않은 것은?

① 해당 사업의 시작으로 철도교통의 안전에 지장을 줄 염려가 없을 것
② 해당 사업의 운행계획이 그 운행구간의 철도수송 수요와 수송력 공급 및 이용자의 편의에 적합할 것
③ 해당 사업과 도로교통사업이 경쟁을 제한하는 범위 내에서 상호 보완적일 것
④ 해당 사업에 사용할 철도차량의 대수, 사용연한 및 규격이 국토교통부령으로 정하는 기준에 맞을 것
⑤ 신청자가 해당 사업을 수행할 수 있는 재정적 능력이 있을 것

> 해설 철도사업의 면허기준은 다음 각 호와 같다. (법 제6조)
> 1. 해당 사업의 시작으로 철도교통의 안전에 지장을 줄 염려가 없을 것
> 2. 해당 사업의 운행계획이 그 운행구간의 철도수송 수요와 수송력 공급 및 이용자의 편의에 적합할 것
> 3. 신청자가 해당 사업을 수행할 수 있는 재정적 능력이 있을 것
> 4. 해당 사업에 사용할 철도차량의 대수(臺數), 사용연한 및 규격이 국토교통부령으로 정하는 기준에 맞을 것

정답 007.② 008.③

009 철도사업법상 철도사업의 면허기준에 대한 설명으로 옳지 않은 것은?

① 신청자가 해당 사업을 수행할 수 있는 재정적 능력이 있을 것
② 해당 사업의 시작으로 철도교통의 안전에 지장을 줄 염려가 없을 것
③ 해당 사업의 운행계획이 그 운행구간의 철도수송 수요와 수송력 공급 및 이용자의 편의에 적합할 것
④ 해당 사업에 사용할 철도차량의 대수(臺數), 사용연한이 대통령령으로 정하는 기준에 맞을 것
⑤ 해당 사업에 사용할 철도차량의 규격이 국토교통부령으로 정하는 기준에 맞을 것

010 철도사업법상 철도사업의 면허를 받을 수 없는 결격사유에 해당하지 않는 것은?

① 법인의 임원 중 파산선고를 받고 복권된 지 2년이 지나지 아니한 사람이 있는 법인
② 법인의 임원 중 철도사업법 또는 대통령령으로 정하는 철도 관계 법령을 위반하여 금고 이상의 실형을 선고받고 그 집행이 끝나거나(끝난 것으로 보는 경우를 포함) 면제된 날부터 2년이 지나지 아니한 사람이 있는 법인
③ 임원 중 철도사업법 또는 대통령령으로 정하는 철도 관계 법령을 위반하여 금고 이상의 형의 집행유예를 선고받고 그 유예 기간 중에 있는 사람이 있는 법인
④ 철도사업의 면허가 취소된 후 그 취소일부터 2년이 지나지 아니한 법인
⑤ 법인의 임원 중 피한정후견인이 있는 법인

해설 다음 각 호의 어느 하나에 해당하는 법인은 철도사업의 면허를 받을 수 없다. (법 제7조)
1. 법인의 임원 중 다음 각 목의 어느 하나에 해당하는 사람이 있는 법인
　　가. 피성년후견인 또는 피한정후견인
　　나. 파산선고를 받고 복권되지 아니한 사람
　　다. 이 법 또는 대통령령으로 정하는 철도 관계 법령을 위반하여 금고 이상의 실형을 선고받고 그 집행이 끝나거나(끝난 것으로 보는 경우를 포함) 면제된 날부터 2년이 지나지 아니한 사람
　　라. 이 법 또는 대통령령으로 정하는 철도 관계 법령을 위반하여 금고 이상의 형의 집행유예를 선고받고 그 유예 기간 중에 있는 사람
2. 제16조 제1항에 따라 철도사업의 면허가 취소된 후 그 취소일부터 2년이 지나지 아니한 법인. 다만, 제1호 가목 또는 나목에 해당하여 철도사업의 면허가 취소된 경우는 제외한다.

011 철도사업법상 철도사업의 면허를 받을 수 없는 경우로 옳지 않은 것은?
① 법인의 임원 중 파산선고를 받고 복권되지 아니한 사람이 있는 법인
② 법인의 임원 중 피성년후견인이 있는 법인
③ 임원 중 철도사업법 또는 대통령령으로 정하는 철도 관계 법령을 위반하여 금고 이상의 형의 집행유예를 선고받고 그 유예 기간 중에 있는 사람이 있는 법인
④ 거짓이나 그 밖의 부정한 방법 등으로 취득한 철도사업의 면허가 취소된 후 그 취소일로부터 2년이 지나지 아니한 법인
⑤ 법인의 임원 중 철도사업법 또는 대통령령으로 정하는 철도 관계 법령을 위반하여 금고 이상의 실형을 선고받고 그 집행이 끝나거나(끝난 것으로 보는 경우를 포함) 면제된 날부터 2년이 지난 사람이 있는 법인

012 철도사업자가 불가피한 사유로 인하여 지정한 기일 또는 기간 이내에 운송을 개시할 수 없는 경우에 할 수 있는 조치로 맞는 것은?
① 기획재정부장관의 승인을 받아 날짜를 연기하거나 기간을 연장할 수 있다.
② 기획재정부장관에게 신고 후 날짜를 연기하거나 기간을 연장할 수 있다.
③ 국토교통부장관의 승인을 받아 날짜를 연기하거나 기간을 연장할 수 있다.
④ 국토교통부장관에게 신고 후 날짜를 연기하거나 기간을 연장할 수 있다.
⑤ 국토교통부장관의 허가를 받아 날짜를 연기하거나 기간을 연장할 수 있다.

해설 운송 시작의 의무(법 제8조)
철도사업자는 국토교통부장관이 지정하는 날 또는 기간에 운송을 시작하여야 한다. 다만, 천재지변이나 그 밖의 불가피한 사유로 철도사업자가 국토교통부장관이 지정하는 날 또는 기간에 운송을 시작할 수 없는 경우에는 국토교통부장관의 승인을 받아 날짜를 연기하거나 기간을 연장할 수 있다.

정답 011.⑤ 012.③

013 철도사업법에서 정한 여객 운임·요금에 대한 설명으로 옳지 않은 것은?

① 철도사업자는 여객에 대한 운임(여객운송에 대한 직접적인 대가를 말하며, 여객운송과 관련된 설비·용역에 대한 대가는 제외)·요금을 국토교통부장관에게 신고하여야 한다.
② 철도사업자는 여객 운임·요금을 정하거나 변경하는 경우에는 원가(原價)와 버스 등 다른 교통수단의 여객 운임·요금과의 형평성 등을 고려하여야 한다.
③ 국토교통부장관은 여객 운임의 상한을 지정하려면 미리 기획재정부장관과 협의하여야 한다.
④ 국토교통부장관은 여객에 대한 운임·요금의 신고 또는 변경신고를 받은 날부터 5일 이내에 신고수리 여부를 신고인에게 통지하여야 한다.
⑤ 철도사업자는 신고 또는 변경신고를 한 여객 운임·요금을 그 시행 1주일 이전에 인터넷 홈페이지, 관계 역·영업소 및 사업소 등 일반인이 잘 볼 수 있는 곳에 게시하여야 한다.

> [해설] **여객 운임·요금의 신고 등(법 제9조)**
> ① 철도사업자는 여객에 대한 운임(여객운송에 대한 직접적인 대가를 말하며, 여객운송과 관련된 설비·용역에 대한 대가는 제외)·요금을 국토교통부장관에게 신고하여야 한다. 이를 변경하려는 경우에도 같다.
> ② 철도사업자는 여객 운임·요금을 정하거나 변경하는 경우에는 원가(原價)와 버스 등 다른 교통수단의 여객 운임·요금과의 형평성 등을 고려하여야 한다. 이 경우 여객에 대한 운임은 제4조 제2항에 따른 사업용철도노선의 분류, 제4조의2에 따른 철도차량의 유형 등을 고려하여 국토교통부장관이 지정·고시한 상한을 초과하여서는 아니 된다.
> ③ 국토교통부장관은 제2항에 따라 여객 운임의 상한을 지정하려면 미리 기획재정부장관과 협의하여야 한다.
> ④ 국토교통부장관은 제1항에 따른 신고 또는 변경신고를 받은 날부터 3일 이내에 신고수리 여부를 신고인에게 통지하여야 한다.
> ⑤ 철도사업자는 제1항에 따라 신고 또는 변경신고를 한 여객 운임·요금을 그 시행 1주일 이전에 인터넷 홈페이지, 관계 역·영업소 및 사업소 등 일반인이 잘 볼 수 있는 곳에 게시하여야 한다.

[정답] 013.④

014 철도사업법에서 정하고 있는 여객 운임·요금의 신고 등에 관한 설명으로 옳지 않은 것은?

① 국토교통부장관은 여객 운임의 상한을 지정하려면 미리 기획재정부장관과 협의하여야 한다.
② 철도사업자는 여객에 대한 운임(여객운송에 대한 직접적인 대가를 말하며, 여객운송과 관련된 설비·용역에 대한 대가도 포함)·요금을 국토교통부장관에게 신고하여야 한다. 이를 변경하려는 경우에도 같다.
③ 철도사업자의 여객에 대한 운임은 사업용철도노선의 분류, 철도차량의 유형 등을 고려하여 국토교통부장관이 지정·고시한 상한을 초과하여서는 아니 된다.
④ 철도사업자는 여객 운임·요금을 정하거나 변경하는 경우에는 원가와 버스 등 다른 교통수단의 여객 운임·요금과의 형평성 등을 고려하여야 한다.
⑤ 국토교통부장관은 여객에 대한 운임·요금의 신고 또는 변경신고를 받은 날부터 3일 이내에 신고수리 여부를 신고인에게 통지하여야 한다.

015 철도사업법 시행령상 여객 운임의 상한을 지정함에 있어 고려할 사항으로 옳지 않은 것은?

① 원가수준
② 물가상승률
③ 운행거리 및 소요시간
④ 다른 교통수단과의 형평성
⑤ 철도차량의 유형

> **해설** 여객 운임의 상한지정 등(시행령 제4조)
> ① 국토교통부장관은 법 제9조 제2항 후단에 따라 여객에 대한 운임의 상한을 지정하는 때에는 물가상승률, 원가수준, 다른 교통수단과의 형평성, 법 제4조 제2항에 따른 사업용철도노선의 분류와 법 제4조의2에 따른 철도차량의 유형 등을 고려하여야 하며, 여객 운임의 상한을 지정한 경우에는 이를 관보에 고시하여야 한다.
> ② 국토교통부장관은 제1항에 따라 여객 운임의 상한을 지정하기 위하여 「철도산업발전기본법」 제6조에 따른 철도산업위원회 또는 철도나 교통 관련 전문기관 및 전문가의 의견을 들을 수 있다.

정답 014.② 015.③

016 철도사업법 및 시행령에서 국토교통부장관이 여객 운임의 상한지정을 할 때 고려하는 사항 중 거리가 먼 것은?
① 원가수준
② 물가상승률
③ 일일 수송량
④ 다른 교통수단과의 형평성
⑤ 사업용철도노선의 분류

017 철도사업법 및 시행령에서 여객 운임·요금 변경 시 상한지정과 관련하여 국토교통부장관이 해야 할 일로 옳지 않은 것은?
① 국토교통부장관은 사업용철도노선과 「도시철도법」에 의한 도시철도가 연결되어 운행되는 구간에 대하여 여객 운임의 상한을 지정하는 경우에는 「도시철도법」에 따라 특별시장·광역시장·특별자치시장·도지사 또는 특별자치도지사가 정하는 도시철도 운임의 범위와 조화를 이루도록 하여야 한다.
② 국토교통부장관은 여객 운임의 상한을 지정하기 위하여 「철도산업발전기본법」에 따른 철도산업위원회의 의견을 들을 수 있다.
③ 국토교통부장관이 여객 운임의 상한을 지정하려는 때에는 철도사업자로 하여금 원가계산 그 밖에 여객 운임의 산출기초를 기재한 서류를 제출하게 할 수 있다.
④ 운임·요금의 상한선을 지정한 겨우 이를 관계 역에 게시한다.
⑤ 국토교통부장관은 여객 운임의 상한을 지정하려면 미리 기획재정부장관과 협의하여야 한다.

> 해설 여객 운임의 상한지정 등(시행령 제4조)
> 국토교통부장관은 여객에 대한 운임의 상한을 지정하는 때에는 물가상승률, 원가수준, 다른 교통수단과의 형평성, 법 제4조 제2항에 따른 사업용철도노선의 분류와 철도차량의 유형 등을 고려하여야 하며, 여객 운임의 상한을 지정한 경우에는 이를 관보에 고시하여야 한다.

정답 016.③ 017.④

018 철도사업법 및 시행령상 여객 운임·요금에 관한 설명으로 옳지 않은 것은?

① 철도사업자는 여객 운임·요금의 변경신고를 국토교통부장관에게 하여야 한다.
② 철도사업자는 사업용철도를 「도시철도법」에 의한 도시철도운영자가 운영하는 도시철도와 연결하여 운행하려는 때에는 여객 운임·요금의 신고 또는 변경신고를 하기 전에 여객 운임·요금 및 그 변경시기에 관하여 미리 당해 도시철도운영자와 협의하여야 한다.
③ 국토교통부장관은 여객 운임의 상한을 지정하려면 미리 기획재정부장관과 협의하여야 한다.
④ 국토교통부장관은 신고 또는 변경신고를 받은 날부터 3일 이내에 신고수리 여부를 신고인에게 통지하여야 한다.
⑤ 철도사업자는 신고 또는 변경신고를 한 여객 운임·요금을 그 시행 1달 이전에 인터넷 홈페이지, 관계 역·영업소 및 사업소 등 일반인이 잘 볼 수 있는 곳에 게시하여야 한다.

[해설] **여객 운임·요금의 신고 등(법 제9조)**
철도사업자는 신고 또는 변경신고를 한 여객 운임·요금을 그 시행 1주일 이전에 인터넷 홈페이지, 관계 역·영업소 및 사업소 등 일반인이 잘 볼 수 있는 곳에 게시하여야 한다.

019 철도사업법에 의거, 재해복구를 위한 긴급지원, 여객 유치를 위한 기념행사, 그 밖에 철도사업의 경영상 필요하다고 인정되는 경우에 일정한 기간·대상을 정하여 여객 운임·요금 감면을 결정할 수 있는 자는?

① 국토교통부장관
② 공정거래위원장
③ 철도사업자
④ 지방자치단체장
⑤ 기획재정부장관

[해설] **여객 운임·요금의 감면(법 제9조의2)**
① 철도사업자는 재해복구를 위한 긴급지원, 여객 유치를 위한 기념행사, 그 밖에 철도사업의 경영상 필요하다고 인정되는 경우에는 일정한 기간과 대상을 정하여 제9조 제1항에 따라 신고한 여객 운임·요금을 감면할 수 있다.
② 철도사업자는 제1항에 따라 여객 운임·요금을 감면하는 경우에는 그 시행 3일 이전에 감면 사항을 인터넷 홈페이지, 관계 역·영업소 및 사업소 등 일반인이 잘 볼 수 있는 곳에 게시하여야 한다. 다만, 긴급한 경우에는 미리 게시하지 아니할 수 있다.

[정답] 018.⑤ 019.③

020 철도사업법에서 철도사업자가 여객 유치를 위한 기념행사 등 철도사업의 경영상 필요하여 여객 운임·요금을 감면하는 경우 긴급한 경우를 제외하고 그 시행 며칠 이전에 인터넷 홈페이지 및 관계 역 등에 게시하여야 하는가?

① 시행 7일 이전
② 시행 5일 이전
③ 시행 3일 이전
④ 시행일 즉시
⑤ 시행 10일 이전

021 철도사업법에서 정의한 여객 운임·요금에 대한 내용으로 옳지 않은 것은?

① 철도사업자는 여객 운임·요금을 국토교통부장관에게 신고하여야 한다.
② 국토교통부장관은 여객 운임의 상한을 지정하려면 미리 기획재정부장관과 협의하여야 한다.
③ 철도사업자는 신고 또는 변경신고를 한 운임·요금을 그 시행 1주일 이전에 인터넷 홈페이지, 관계 역·영업소 및 사업소 등 일반인이 잘 볼 수 있는 곳에 게시하여야 한다.
④ 철도사업자는 긴급한 경우를 제외하고 철도사업의 경영상 필요하다고 인정되어 여객 운임·요금을 감면하는 경우에는 그 시행 5일 이전에 감면 사항을 인터넷 홈페이지, 관계 역·영업소 및 사업소 등 일반인이 잘 볼 수 있는 곳에 게시하여야 한다.
⑤ 철도사업자는 여객 운임·요금을 정하거나 변경하는 경우에는 원가(原價)와 버스 등 다른 교통수단의 여객 운임·요금과의 형평성 등을 고려하여야 한다.

[정답] 020.③ 021.④

022. 철도사업법에서 열차를 이용하는 여객이 정당한 운임·요금을 지급하지 아니하고 열차를 이용한 경우 승차 구간에 해당하는 운임 외에 그의 몇 배의 범위에서 부가 운임을 징수할 수 있는가?

① 2배
② 5배
③ 10배
④ 20배
⑤ 30배

해설 부가 운임의 징수(법 제10조)
① 철도사업자는 열차를 이용하는 여객이 정당한 운임·요금을 지급하지 아니하고 열차를 이용한 경우에는 승차 구간에 해당하는 운임 외에 그의 30배의 범위에서 부가 운임을 징수할 수 있다.
② 철도사업자는 송하인(送荷人)이 운송장에 적은 화물의 품명·중량·용적 또는 개수에 따라 계산한 운임이 정당한 사유 없이 정상 운임보다 적은 경우에는 송하인에게 그 부족 운임 외에 그 부족 운임의 5배의 범위에서 부가 운임을 징수할 수 있다.
③ 철도사업자는 제1항 및 제2항에 따른 부가 운임을 징수하려는 경우에는 사전에 부가 운임의 징수 대상 행위, 열차의 종류 및 운행구간 등에 따른 부가 운임 산정기준을 정하고 제11조에 따른 철도사업약관에 포함하여 국토교통부장관에게 신고하여야 한다.

023. 다음은 철도사업법에서 규정하고 있는 화물 부가 운임에 대한 설명이다. ㉠과 ㉡에 해당되는 내용은?

철도사업자는 송하인이 운송장에 적은 화물의 품명·중량·용적 또는 개수에 따라 계산한 운임이 정당한 사유 없이 정상 운임보다 적은 경우에는 송하인에게 그 (㉠) 외에 그 부족 운임의 (㉡)의 범위 안에서 부가 운임을 징수할 수 있다.

① ㉠ 정상 운임, ㉡ 3배
② ㉠ 정상 운임, ㉡ 5배
③ ㉠ 부족 운임, ㉡ 3배
④ ㉠ 부족 운임, ㉡ 5배
⑤ ㉠ 기본 운임, ㉡ 5배

정답 022.⑤ 023.④

024 철도사업법에서 철도사업자가 부가 운임을 징수하고자 하는 경우 미리 정할 사항으로 옳은 것은?

① 열차 등급별 부가 운임
② 운행 시간별 부가 운임
③ 열차의 운행 속도별 부가 운임
④ 부가 운임의 징수 대상 범위
⑤ 열차의 종류별 부가 운임

> 해설 부가 운임의 징수(법 제10조)
> 철도사업자는 제1항 및 제2항에 따른 부가 운임을 징수하려는 경우에는 사전에 부가 운임의 징수 대상 행위, 열차의 종류 및 운행구간 등에 따른 부가 운임 산정기준을 정하고 철도사업약관에 포함하여 국토교통부장관에게 신고하여야 한다.

025 철도사업법에서 철도사업자의 부가 운임 징수에 관한 내용으로 옳지 않은 것은?

① 여객의 부가 운임은 승차 구간에 상당하는 운임 외에 그의 30배의 범위에서 징수할 수 있다.
② 철도사업자는 여객이 정당한 운임·요금을 지급하지 아니하고 열차를 이용한 경우에 부가 운임을 징수할 수 있다.
③ 부가 운임에 관한 사항은 부가 운임 산정기준을 정하고 철도사업약관에 포함하여 국토교통부장관의 승인을 받아야 한다.
④ 송하인(送荷人)이 운송장에 적은 화물의 품명·중량·용적 또는 개수에 따라 계산한 운임이 정당한 사유 없이 정상 운임보다 적은 경우에는 송하인에게 그 부족 운임 외에 그 부족 운임의 5배의 범위에서 부가 운임을 징수할 수 있다.
⑤ 부가 운임의 징수 대상자는 이를 성실하게 납부하여야 한다.

026 다음 중 철도사업법 및 시행령에 대한 설명으로 옳지 않은 것은?
① 철도사업자는 열차를 이용하는 정당한 여객이 운임·요금을 지불하지 아니하고 열차를 이용한 경우에는 승차 구간에 해당하는 운임의 30배 범위에서 부가 운임을 징수할 수 있다.
② 철도사업자는 여객 운임·요금을 신고 또는 변경신고를 한 때에는 그 시행 1주일 이전에 인터넷 홈페이지, 관계 역·영업소 및 사업소 등 일반인이 잘 볼 수 있는 곳에 게시하여야 한다.
③ 철도사업자는 긴급한 경우를 제외하고 여객 운임·요금을 감면하는 경우에는 그 시행 3일 이전에 감면 사항을 인터넷 홈페이지, 관계 역·영업소 및 사업소 등 일반인이 잘 볼 수 있는 곳에 게시하여야 한다.
④ 국토교통부장관은 여객 운임의 상한을 지정하려면 미리 기획재정부장관과 협의하여야 한다.
⑤ 국토교통부장관이 여객 운임의 상한을 지정하려는 때에는 철도사업자로 하여금 원가계산 그 밖에 여객 운임의 산출기초를 기재한 서류를 제출하게 할 수 있다.

027 철도사업법에 대한 설명으로 가장 옳지 않은 것은?
① 철도사업에 관한 질서를 확립하고 효율적인 운영 여건을 조성함으로써 철도사업의 건전한 발전과 철도이용자의 편의를 도모하여 국민경제의 발전에 이바지함을 목적으로 한다.
② 철도사업자는 여객 운임·요금을 정하거나 변경함에 있어서 원가와 버스 등 다른 교통수단의 여객 운임·요금과의 형평성 등을 고려하여 기획재정부장관에게 신고하여야 한다.
③ 철도사업자는 열차를 이용하는 여객이 정당한 운임·요금을 지급하지 아니하고 열차를 이용한 경우에는 승차 구간에 해당하는 운임 외에 그의 30배의 범위 안에서 부가운임을 징수할 수 있다.
④ 철도사업자는 재해복구를 위한 긴급지원, 여객 유치를 위한 기념행사, 그 밖에 철도사업의 경영상 필요하다고 인정되는 경우 여객 운임·요금을 감면할 수 있으며 그 시행 3일 이전에 감면 사항을 인터넷 홈페이지, 관계 역, 영업소 및 사업소 등에 게시하여야 한다.
⑤ 국토교통부장관은 사업용철도노선의 노선번호, 노선명, 기점(起點), 종점(終點), 중요 경과지(정차역을 포함)와 그 밖에 필요한 사항을 국토교통부령으로 정하는 바에 따라 지정·고시하여야 한다.

[정답] 026.① 027.②

028 다음 중 철도사업법 및 시행령에 대한 설명으로 옳지 않은 것은?

① 철도사업자 또는 철도사업자로부터 승차권 판매위탁을 받은 자가 아닌 자는 철도사업자가 발행한 승차권 또는 할인권·교환권 등 승차권에 준하는 증서를 상습 또는 영업으로 자신이 구입한 가격을 초과한 금액으로 다른 사람에게 판매하거나 이를 알선하여서는 아니 된다.
② 철도사업자는 철도사업약관을 정하여 국토교통부장관에게 신고하여야 한다.
③ 철도사업약관의 기재 사항 등에 필요한 사항은 국토교통부령으로 정한다.
④ 철도사업자는 송하인(送荷人)이 운송장에 적은 화물의 품명·중량·용적 또는 개수에 따라 계산한 운임이 정당한 사유 없이 정상 운임보다 적은 경우에는 송하인에게 그 부족 운임 외에 그 부족 운임의 5배의 범위에서 부가 운임을 징수할 수 있다.
⑤ 국토교통부장관은 철도사업약관의 신고 또는 변경신고를 받은 날부터 7일 이내에 신고수리 여부를 신고인에게 통지하여야 한다.

> 해설 철도사업약관(법 제11조)
> ① 철도사업자는 철도사업약관을 정하여 국토교통부장관에게 신고하여야 한다. 이를 변경하려는 경우에도 같다.
> ② 제1항에 따른 철도사업약관의 기재 사항 등에 필요한 사항은 국토교통부령으로 정한다.
> ③ 국토교통부장관은 제1항에 따른 신고 또는 변경신고를 받은 날부터 3일 이내에 신고수리 여부를 신고인에게 통지하여야 한다.

029 철도사업법에서 철도사업자가 사업계획을 변경하고자 할 때의 내용으로 옳지 않은 것은?

① 철도사업자는 사업계획을 변경하려는 경우에는 국토교통부장관에게 신고하여야 한다.
② 철도사업자는 대통령령으로 정하는 중요 사항의 사업계획을 변경하려는 경우에는 국토교통부장관의 허가를 받아야 한다.
③ 국토교통부장관은 철도사업자가 노선 운행중지, 운행제한, 감차(減車) 등을 수반하는 사업계획 변경명령을 받은 후 1년이 지나지 아니한 경우 사업계획의 변경을 제한할 수 있다.
④ 국토교통부장관은 신고를 받은 날부터 3일 이내에 신고수리 여부를 신고인에게 통지하여야 한다.
⑤ 사업계획 변경의 절차·기준과 그 밖에 필요한 사항은 국토교통부령으로 정한다.

정답 028.⑤ 029.②

[해설] **사업계획의 변경(법 제12조)**
① 철도사업자는 사업계획을 변경하려는 경우에는 국토교통부장관에게 신고하여야 한다. 다만, 대통령령으로 정하는 중요 사항을 변경하려는 경우에는 국토교통부장관의 인가를 받아야 한다.
② 국토교통부장관은 철도사업자가 다음 각 호의 어느 하나에 해당하는 경우에는 제1항에 따른 사업계획의 변경을 제한할 수 있다.
  1. 제8조에 따라 국토교통부장관이 지정한 날 또는 기간에 운송을 시작하지 아니한 경우
  2. 제16조에 따라 노선 운행중지, 운행제한, 감차(減車) 등을 수반하는 사업계획 변경명령을 받은 후 1년이 지나지 아니한 경우
  3. 제21조에 따른 개선명령을 받고 이행하지 아니한 경우
  4. 철도사고(「철도안전법」 제2조 제11호에 따른 철도사고를 말함. 이하 같다)의 규모 또는 발생 빈도가 대통령령으로 정하는 기준 이상인 경우
③ 제1항과 제2항에 따른 사업계획 변경의 절차·기준과 그 밖에 필요한 사항은 국토교통부령으로 정한다.
④ 국토교통부장관은 제1항 본문에 따른 신고를 받은 날부터 3일 이내에 신고수리 여부를 신고인에게 통지하여야 한다.

030 다음 중 철도사업자가 사업계획의 변경을 하고자 할 때, 국토교통부장관이 제한할 수 있는 경우로 옳지 않은 것은?
① 철도사고(「철도안전법」에 따른)의 규모 또는 발생 빈도가 국토교통부령으로 정하는 기준 이상인 경우
② 국토교통부장관이 지정한 날 또는 기간에 운송을 시작하지 아니한 경우
③ 원활한 철도운송, 서비스의 개선 및 운송의 안전 그 밖에 공공복리 증진을 위한 사업의 개선명령을 받고 이를 이행하지 아니한 경우
④ 면허취소 등의 규정에 의하여 노선 운행중지, 운행제한 등을 수반하는 사업계획 변경명령을 받은 후 1년이 지나지 아니한 경우
⑤ 면허취소 등의 규정에 의하여 감차 등을 수반하는 사업계획 변경명령을 받은 후 1년이 지나지 아니한 경우

[정답] 030.①

031 철도사업자는 대통령이 정하는 중요한 사항의 사업계획을 변경할 때에는 국토교통부 장관의 인가를 받아야 한다. 다음 사업계획 중 대통령령이 정하는 중요한 사항으로 옳지 않은 것은?
① 운행구간의 변경(여객열차의 경우에 한함)
② 사업용철도노선별로 여객열차의 정차역을 신설
③ 사업용철도노선별로 여객열차의 정차역을 신설 또는 폐지하거나 10분의 2 이상 변경하는 경우
④ 사업용철도노선별로 10분의 1 이상의 여객 및 화물열차의 운행횟수 변경
⑤ 철도이용수요가 적어 수지균형의 확보가 극히 곤란한 벽지 노선으로서「철도산업발전기본법」에 따라 공익서비스비용의 보상에 관한 계약이 체결된 노선의 철도운송서비스(철도여객운송서비스 또는 철도화물운송서비스를 말함)의 종류를 변경하거나 다른 종류의 철도운송서비스를 추가하는 경우

> **해설** 사업계획의 중요한 사항의 변경(시행령 제5조)
> 법 제12조 제1항 단서에서 "대통령령으로 정하는 중요한 사항을 변경하려는 경우"란 다음 각 호의 어느 하나에 해당하는 경우를 말한다.
> 1. 철도이용수요가 적어 수지균형의 확보가 극히 곤란한 벽지 노선으로서「철도산업발전기본법」제33조 제1항에 따라 공익서비스비용의 보상에 관한 계약이 체결된 노선의 철도운송서비스(철도여객운송서비스 또는 철도화물운송서비스를 말함)의 종류를 변경하거나 다른 종류의 철도운송서비스를 추가하는 경우
> 2. 운행구간의 변경(여객열차의 경우에 한함)
> 3. 사업용철도노선별로 여객열차의 정차역을 신설 또는 폐지하거나 10분의 2 이상 변경하는 경우
> 4. 사업용철도노선별로 10분의 1 이상의 운행횟수의 변경(여객열차의 경우에 한함). 다만, 공휴일·방학기간 등 수송수요와 열차운행계획상의 수송력과 현저한 차이가 있는 경우로서 3월 이내의 기간동안 운행횟수를 변경하는 경우를 제외한다.

032 다음 중 철도사업자가 사업계획의 사항을 변경할 때 대통령령으로 정한 중요한 사항으로 옳지 않은 것은?
① 사업용철도노선별로 여객열차의 정차역을 신설
② 화물열차의 운행구간의 변경
③ 사업용철도노선별로 여객열차의 정차역을 폐지
④ 사업용철도노선별로 10분의 1 이상의 여객열차 운행횟수 변경
⑤ 여객열차의 운행구간의 변경

정답 031.④ 032.②

033 철도사업법령상 사업계획의 변경을 제한할 수 있는 철도사고의 기준에서 대통령령이 정하는 기준으로 맞는 것은?

① 사업계획의 변경을 신청한 날이 포함된 연도의 직전 연도의 열차운행거리 100만 킬로미터당 철도사고(철도사업자 또는 그 소속 종사자의 고의 또는 과실에 의한 철도사고를 말함)로 인한 사망자수가 최근(직전 연도를 포함) 3년간 평균보다 10분의 2 이상 증가한 경우
② 사업계획의 변경을 신청한 날이 포함된 연도의 직전 연도의 열차운행거리 100만 킬로미터당 철도사고(철도사업자 또는 그 소속 종사자의 고의 또는 과실에 의한 철도사고를 말함)로 인한 사망자수가(직전 연도를 제외) 5년간 평균보다 10분의 2 이상 증가한 경우
③ 사업계획의 변경을 신청한 날이 포함된 연도의 직전 연도의 열차운행거리 100만 킬로미터당 철도사고(철도사업자 또는 그 소속 종사자의 고의 또는 과실에 의한 철도사고를 말함)의 발생횟수가 최근(직전 연도를 제외) 3년간 평균보다 10분의 2 이상 증가한 경우
④ 사업계획의 변경을 신청한 날이 포함된 연도의 직전 연도의 열차운행거리 100만 킬로미터당 철도사고(철도사업자 또는 그 소속 종사자의 고의 또는 과실에 의한 철도사고를 말함)의 발생횟수가 최근(직전 연도를 포함) 5년간 평균보다 10분의 2 이상 증가한 경우
⑤ 사업계획의 변경을 신청한 날이 포함된 연도의 직전 연도의 열차운행거리 100만 킬로미터당 철도사고(철도사업자 또는 그 소속 종사자에 의한 철도사고를 말함)의 발생횟수가 최근(직전 연도를 제외) 5년간 평균보다 10분의 2 이상 증가한 경우

해설 사업계획의 변경을 제한할 수 있는 철도사고의 기준(시행령 제6조)
법 제12조 제2항 제4호에서 "대통령령으로 정하는 기준"이란 사업계획의 변경을 신청한 날이 포함된 연도의 직전 연도의 열차운행거리 100만 킬로미터당 철도사고(철도사업자 또는 그 소속 종사자의 고의 또는 과실에 의한 철도사고를 말함. 이하 같다)로 인한 사망자수 또는 철도사고의 발생횟수가 최근(직전 연도를 제외) 5년간 평균보다 10분의 2 이상 증가한 경우를 말한다.

정답 033.②

034 철도사업법 시행령에 정한 사업계획의 변경을 제한할 수 있는 철도사고의 기준에 관한 다음의 내용에서 ( ) 안에 들어갈 내용으로 맞는 것은?

> "대통령령으로 정하는 기준"이라 함은 사업계획의 변경을 신청한 날이 포함된 연도의 직전 연도의 열차운행거리 (㉠)만 킬로미터당 철도사고로 인한 사망자수 또는 철도사고의 발생횟수가 최근(직전 연도를 제외) (㉡)년간 평균보다 10분의 (㉢) 이상 증가한 경우를 말한다.

① ㉠ 100, ㉡ 3, ㉢ 1
② ㉠ 100, ㉡ 3, ㉢ 2
③ ㉠ 100, ㉡ 5, ㉢ 1
④ ㉠ 100, ㉡ 5, ㉢ 2
⑤ ㉠ 100, ㉡ 2, ㉢ 2

035 철도사업법상 다음의 ( )에 들어갈 내용으로 옳은 것은?

> 철도사업법에서 철도사업자는 다른 철도사업자와 공동경영에 관한 계약이나 그 밖의 운수에 관한 협정을 체결하거나 변경하려는 경우에는 국토교통부장관의 (㉠)을(를) 받아야 한다. 이때 국토교통부장관은 공동운수협정을 (㉠)하려면 미리 (㉡)와 협의하여야 한다.

① ㉠ 승인, ㉡ 기획재정부
② ㉠ 인가, ㉡ 기획재정부
③ ㉠ 인가, ㉡ 공정거래위원회
④ ㉠ 승인, ㉡ 공정거래위원회
⑤ ㉠ 허가, ㉡ 공정거래위원회

해설 공동운수협정(법 제13조)
① 철도사업자는 다른 철도사업자와 공동경영에 관한 계약이나 그 밖의 운수에 관한 협정을 체결하거나 변경하려는 경우에는 국토교통부령으로 정하는 바에 따라 국토교통부장관의 인가를 받아야 한다. 다만, 국토교통부령으로 정하는 경미한 사항을 변경하려는 경우에는 국토교통부령으로 정하는 바에 따라 국토교통부장관에게 신고하여야 한다.
② 국토교통부장관은 제1항 본문에 따라 공동운수협정을 인가하려면 미리 공정거래위원회와 협의하여야 한다.
③ 국토교통부장관은 제1항 단서에 따른 신고를 받은 날부터 3일 이내에 신고수리 여부를 신고인에게 통지하여야 한다.

036 철도사업법에서 철도사업자가 국토교통부장관의 인가를 받아야 하는 사항으로 옳지 않은 것은?

① 철도사업약관의 변경
② 공동운수협정의 체결
③ 공동운수협정의 변경
④ 철도사업자가 철도사업 외의 사업을 경영하는 자와 합병하고자 할 경우
⑤ 철도사업자가 그 철도사업을 양도·양수하려는 경우

해설 철도사업약관(법 제11조)
철도사업자는 철도사업약관을 정하여 국토교통부장관에게 신고하여야 한다. 이를 변경하려는 경우에도 같다.

037 다음 중 철도사업법 및 시행령에 대한 설명으로 옳지 않은 것은?

① 철도사업자는 다른 철도사업자와 공동경영에 관한 계약이나 그 밖의 운수에 관한 협정을 체결하거나 변경하려는 경우에는 대통령령으로 정하는 바에 따라 국토교통부장관의 인가를 받아야 한다.
② 국토교통부장관은 공동운수협정을 인가하려면 미리 공정거래위원회와 협의하여야 한다.
③ 철도사업자는 그 철도사업을 양도·양수하려는 경우에는 국토교통부장관의 인가를 받아야 한다.
④ 철도사업자는 다른 철도사업자 또는 철도사업 외의 사업을 경영하는 자와 합병하려는 경우에는 국토교통부장관의 인가를 받아야 한다.
⑤ 인가를 받은 경우 철도사업을 양수한 자는 철도사업을 양도한 자의 철도사업자로서의 지위를 승계하며, 합병으로 설립되거나 존속하는 법인은 합병으로 소멸되는 법인의 철도사업자로서의 지위를 승계한다.

정답 036.① 037.①

038 철도사업법에서 철도사업자가 그 사업의 전부 또는 일부를 휴업 또는 폐업하고자 하는 경우의 설명으로 옳지 않은 것은?

① 국토교통부령이 정하는 바에 의하여 국토교통부장관의 허가를 받아야 한다.
② 휴업기간은 1년을 넘을 수 없다.
③ 허가를 받거나 신고한 휴업기간 중이라도 휴업 사유가 소멸된 경우에는 국토교통부장관에게 신고하고 사업을 재개할 수 있다.
④ 철도사업의 전부 또는 일부를 휴업 또는 폐업하려는 경우에는 대통령령으로 정하는 바에 따라 휴업 또는 폐업하는 사업의 내용과 그 기간 등을 인터넷 홈페이지, 관계 역·영업소 및 사업소 등 일반인이 잘 볼 수 있는 곳에 게시하여야 한다.
⑤ 선로 또는 교량의 파괴, 철도시설의 개량, 그 밖의 정당한 사유로 휴업하는 경우에는 국토교통부령으로 정하는 바에 따라 국토교통부장관에게 신고하여야 한다.

해설 **사업의 휴업·폐업(법 제15조)**
① 철도사업자가 그 사업의 전부 또는 일부를 휴업 또는 폐업하려는 경우에는 국토교통부령으로 정하는 바에 따라 국토교통부장관의 허가를 받아야 한다. 다만, 선로 또는 교량의 파괴, 철도시설의 개량, 그 밖의 정당한 사유로 휴업하는 경우에는 국토교통부령으로 정하는 바에 따라 국토교통부장관에게 신고하여야 한다.
② 제1항에 따른 휴업기간은 6개월을 넘을 수 없다. 다만, 제1항 단서에 따른 휴업의 경우에는 예외로 한다.
③ 제1항에 따라 허가를 받거나 신고한 휴업기간 중이라도 휴업 사유가 소멸된 경우에는 국토교통부장관에게 신고하고 사업을 재개(再開)할 수 있다.
④ 국토교통부장관은 제1항 단서 및 제3항에 따른 신고를 받은 날부터 60일 이내에 신고수리 여부를 신고인에게 통지하여야 한다.
⑤ 철도사업자는 철도사업의 전부 또는 일부를 휴업 또는 폐업하려는 경우에는 대통령령으로 정하는 바에 따라 휴업 또는 폐업하는 사업의 내용과 그 기간 등을 인터넷 홈페이지, 관계 역·영업소 및 사업소 등 일반인이 잘 볼 수 있는 곳에 게시하여야 한다.

039 다음 중 철도사업법에서 면허정지 없이 철도사업 면허가 취소되는 경우는?
① 면허받은 사항을 정당한 사유 없이 시행하지 아니한 경우
② 사업 경영의 불확실 또는 자산 상태의 현저한 불량이나 그 밖의 사유로 사업을 계속하는 것이 적합하지 아니할 경우
③ 고의 또는 중대한 과실에 따른 철도사고로 대통령령으로 정하는 다수의 사상자가 발생한 경우
④ 거짓이나 그 밖의 부정한 방법으로 「철도사업법」 제5조에 따른 철도사업의 면허를 받은 경우
⑤ 국토교통부장관이 지정한 날 또는 기간에 운송을 시작하지 아니한 경우

해설   면허취소 등(법 제16조)
① 국토교통부장관은 철도사업자가 다음 각 호의 어느 하나에 해당하는 경우에는 면허를 취소하거나, 6개월 이내의 기간을 정하여 사업의 전부 또는 일부의 정지를 명하거나, 노선 운행중지·운행제한·감차 등을 수반하는 사업계획의 변경을 명할 수 있다. 다만, 제4호 및 제7호의 경우에는 면허를 취소하여야 한다.
1. 면허받은 사항을 정당한 사유 없이 시행하지 아니한 경우
2. 사업 경영의 불확실 또는 자산 상태의 현저한 불량이나 그 밖의 사유로 사업을 계속하는 것이 적합하지 아니할 경우
3. 고의 또는 중대한 과실에 의한 철도사고로 대통령령으로 정하는 다수의 사상자(死傷者)가 발생한 경우
4. 거짓이나 그 밖의 부정한 방법으로 제5조에 따른 철도사업의 면허를 받은 경우
5. 제5조 제1항 후단에 따라 면허에 붙인 부담을 위반한 경우
6. 제6조에 따른 철도사업의 면허기준에 미달하게 된 경우. 다만, 3개월 이내에 그 기준을 충족시킨 경우에는 예외로 한다.
7. 철도사업자의 임원 중 제7조 제1호 각 목의 어느 하나의 결격사유에 해당하게 된 사람이 있는 경우. 다만, 3개월 이내에 그 임원을 바꾸어 임명한 경우에는 예외로 한다.
8. 제8조를 위반하여 국토교통부장관이 지정한 날 또는 기간에 운송을 시작하지 아니한 경우
9. 제15조에 따른 휴업 또는 폐업의 허가를 받지 아니하거나 신고를 하지 아니하고 영업을 하지 아니한 경우
10. 제20조 제1항에 따른 준수사항을 1년 이내에 3회 이상 위반한 경우
11. 제21조에 따른 개선명령을 위반한 경우
12. 제23조에 따른 명의 대여 금지를 위반한 경우
② 제1항에 따른 처분의 기준 및 절차와 그 밖에 필요한 사항은 국토교통부령으로 정한다.
③ 국토교통부장관은 제1항에 따라 철도사업의 면허를 취소하려면 청문을 하여야 한다.

정답 039.④

040 다음 중 철도사업법의 내용으로 옳지 않은 것은?

① 철도사업자는 그 철도사업을 양도·양수하려는 경우에는 국토교통부장관의 인가를 받아야 한다.
② 철도사업자는 다른 철도사업자 또는 철도사업 외의 사업을 경영하는 자와 합병하려는 경우에는 국토교통부장관의 인가를 받아야 한다.
③ 철도사업자가 그 사업의 전부 또는 일부를 휴업 또는 폐업하려는 경우에는 국토교통부령으로 정하는 바에 따라 국토교통부장관의 허가를 받아야 한다.
④ 철도사업자가 선로 또는 교량의 파괴, 철도시설의 개량, 그 밖의 정당한 사유로 휴업하는 경우에는 국토교통부령으로 정하는 바에 따라 국토교통부장관의 인가를 받아야 한다.
⑤ 철도사업자는 다른 철도사업자와 공동경영에 관한 계약이나 그 밖의 운수에 관한 협정을 체결하거나 변경하려는 경우에는 국토교통부령으로 정하는 바에 따라 국토교통부장관의 인가를 받아야 한다.

041 철도사업법에서 고의 또는 중대한 과실에 의한 철도사고로 면허취소 또는 사업정지 등의 처분대상이 되는 사상자 수는 얼마인가?

① 1회 철도사고로 사망자 3명 이상
② 1회 철도사고로 사망자 5명 이상
③ 1회 철도사고로 사망자 10명 이상
④ 1회 철도사고로 사망자 15명 이상
⑤ 1회 철도사고로 사망자 20명 이상

[해설] 면허취소 또는 사업정지 등의 처분대상이 되는 사상자 수(시행령 제8조)
법 제16조 제1항 제3호에서 "대통령령으로 정하는 다수의 사상자(死傷者)가 발생한 경우"란 1회 철도사고로 사망자 5명 이상이 발생하게 된 경우를 말한다.

[정답] 040.④ 041.②

042 철도사업법에서 사업정지 처분에 갈음하여 철도사업자에게 부과되는 '과징금'의 사용 용도로 옳지 않은 것은?

① 철도사업에 대한 경영개선사업
② 철도사업 종사자에 대한 후생 복지사업
③ 철도사업 종사자의 양성·교육훈련이나 그 밖의 자질 향상을 위한 시설의 건설·운영
④ 철도사업 종사자에 대한 지도업무의 수행을 위한 시설의 건설·운영
⑤ 철도사업의 발전을 위하여 필요한 사업

[해설] 과징금 처분(법 제17조)
① 국토교통부장관은 제16조 제1항에 따라 철도사업자에게 사업정지 처분을 하여야 하는 경우로서 그 사업정지 처분이 그 철도사업자가 제공하는 철도서비스의 이용자에게 심한 불편을 주거나 그 밖에 공익을 해칠 우려가 있을 때에는 그 사업정지 처분을 갈음하여 1억원 이하의 과징금을 부과·징수할 수 있다.
② 제1항에 따라 과징금을 부과하는 위반행위의 종류, 과징금의 부과기준·징수방법 등 필요한 사항은 대통령령으로 정한다.
③ 국토교통부장관은 제1항에 따라 과징금 부과처분을 받은 자가 납부기한까지 과징금을 내지 아니하면 국세 체납처분의 예에 따라 징수한다.
④ 제1항에 따라 징수한 과징금은 다음 각 호 외의 용도로는 사용할 수 없다.
 1. 철도사업 종사자의 양성·교육훈련이나 그 밖의 자질 향상을 위한 시설 및 철도사업 종사자에 대한 지도업무의 수행을 위한 시설의 건설·운영
 2. 철도사업의 경영개선이나 그 밖에 철도사업의 발전을 위하여 필요한 사업
 3. 제1호 및 제2호의 목적을 위한 보조 또는 융자
⑤ 국토교통부장관은 과징금으로 징수한 금액의 운용계획을 수립하여 시행하여야 한다.
⑥ 제4항과 제5항에 따른 과징금 사용의 절차, 운용계획의 수립·시행에 관한 사항과 그 밖에 필요한 사항은 국토교통부령으로 정한다.

043 철도사업법에서 정한 사업정지 처분에 갈음하여 징수하는 과징금의 상한 금액은?

① 5,000만원 이하
② 1억원 이하
③ 2억원 이하
④ 3억원 이하
⑤ 5억원 이하

[정답] 042.② 043.②

044 철도사업법상 과징금의 금액으로 옳지 않은 것은? (단위 : 만원)
① 면허를 받은 사항을 정당한 사유 없이 시행하지 않은 경우 : 300
② 사업경영의 불확실 또는 자산상태의 현저한 불량이나 그 밖의 사유로 사업을 계속하는 것이 적합하지 않은 경우 : 500
③ 철도사업의 면허기준에 미달하게 된 때부터 3개월이 경과된 후에도 그 기준을 충족시키지 않은 경우 : 500
④ 국토교통부장관이 지정한 날 또는 기간에 운송을 시작하지 않은 경우 : 300
⑤ 휴업 또는 폐업의 허가를 받지 않거나 신고를 하지 않고 영업을 하지 않은 경우 : 300

> **해설** 철도사업자에 대한 과징금의 부과기준(시행령 별표 1)
> 철도사업의 면허기준에 미달하게 된 때부터 3개월이 경과된 후에도 그 기준을 충족시키지 않은 경우 : 1,000만원

045 철도사업법상 철도사업자 또는 그 소속 종사자의 고의 또는 중대한 과실에 의하여 1회의 철도사고로 인한 사망자가 20명 이상 40명 미만인 경우 과징금의 금액은? (단위 : 만원)
① 300   ② 500
③ 1,000   ④ 2,000
⑤ 5,000

> **해설** 철도사업자에 대한 과징금의 부과기준(시행령 별표 1)
> 1. 1회의 철도사고로 인한 사망자가 40명 이상인 경우 : 5,000만원
> 2. 1회의 철도사고로 인한 사망자가 20명 이상 40명 미만인 경우 : 2,000만원
> 3. 1회의 철도사고로 인한 사망자가 10명 이상 20명 미만인 경우 : 1,000만원
> 4. 1회의 철도사고로 인한 사망자가 5명 이상 10명 미만인 경우 : 500만원

정답 044.③ 045.④

046 다음 중 철도사업법의 내용으로 옳지 않은 것은?
① 과징금을 부과하는 위반행위의 종류, 과징금의 부과기준·징수방법 등 필요한 사항은 국토교통부령으로 정한다.
② 국토교통부장관은 과징금 부과처분을 받은 자가 납부기한까지 과징금을 내지 아니하면 국세 체납처분의 예에 따라 징수한다.
③ 철도사업자는 철도사업에 사용되는 철도차량에 철도사업자의 명칭과 그 밖에 국토교통부령으로 정하는 사항을 표시하여야 한다.
④ 과징금 사용의 절차, 운용계획의 수립·시행에 관한 사항과 그 밖에 필요한 사항은 국토교통부령으로 정한다.
⑤ 철도사업자는 여객 또는 화물 운송에 부수하여 우편물과 신문 등을 운송할 수 있다.

047 철도사업법에서 철도사업자의 준수사항으로 정한 내용 중 옳지 않은 것은?
① 철도사업자는 「철도안전법」 제21조에 따른 요건을 갖추지 아니한 사람을 운전업무에 종사하게 하여서는 아니 된다.
② 철도사업자는 사업계획을 성실하게 이행하여야 하며, 부당한 운송조건을 제시하여서는 아니 된다.
③ 철도사업자는 정당한 사유 없이 운송계약의 체결을 거부하여서는 아니 된다.
④ 운송의 안전 및 여객과 화주의 편의를 위하여 철도사업자가 준수하여야 할 사항은 대통령령으로 정한다.
⑤ 철도사업자는 여객 운임표, 여객 요금표, 감면 사항 및 철도사업약관을 인터넷 홈페이지에 게시하고 관계 역·영업소 및 사업소 등에 갖추어 두어야 하며, 이용자가 요구하는 경우에는 제시하여야 한다.

> 해설 철도사업자의 준수사항(법 제20조)
> ① 철도사업자는 「철도안전법」 제21조에 따른 요건을 갖추지 아니한 사람을 운전업무에 종사하게 하여서는 아니 된다.
> ② 철도사업자는 사업계획을 성실하게 이행하여야 하며, 부당한 운송조건을 제시하거나 정당한 사유 없이 운송계약의 체결을 거부하는 등 철도운송 질서를 해치는 행위를 하여서는 아니 된다.
> ③ 철도사업자는 여객 운임표, 여객 요금표, 감면 사항 및 철도사업약관을 인터넷 홈페이지에 게시하고 관계 역·영업소 및 사업소 등에 갖추어 두어야 하며, 이용자가 요구하는 경우에는 제시하여야 한다.
> ④ 제1항부터 제3항까지에 따른 준수사항 외에 운송의 안전과 여객 및 화주(貨主)의 편의를 위하여 철도사업자가 준수하여야 할 사항은 국토교통부령으로 정한다.

[정답] 046.① 047.④

048 철도사업법에서 국토교통부장관이 명하는 사업개선 명령으로 옳지 않은 것은?

① 운임·요금 징수 방식의 개선
② 철도사업약관의 변경
③ 다른 철도사업자와의 공동운수협정 해지
④ 철도차량 및 철도사고에 관한 손해배상을 위한 보험에의 가입
⑤ 사업계획의 변경

> **해설** 사업의 개선명령(법 제21조)
> 국토교통부장관은 원활한 철도운송, 서비스의 개선 및 운송의 안전과 그 밖에 공공복리의 증진을 위하여 필요하다고 인정하는 경우에는 철도사업자에게 다음 각 호의 사항을 명할 수 있다.
> 1. 사업계획의 변경
> 2. 철도차량 및 운송 관련 장비·시설의 개선
> 3. 운임·요금 징수 방식의 개선
> 4. 철도사업약관의 변경
> 5. 공동운수협정의 체결
> 6. 철도차량 및 철도사고에 관한 손해배상을 위한 보험에의 가입
> 7. 안전운송의 확보 및 서비스의 향상을 위하여 필요한 조치
> 8. 철도운수종사자의 양성 및 자질향상을 위한 교육

049 철도사업법에서 국토교통부장관이 철도사업자에게 명령할 수 있는 사업개선 내용으로 옳지 않은 것은?

① 철도차량 및 운송 관련 장비·시설의 개선
② 철도운수종사자의 양성 및 자질향상을 위한 교육
③ 공동운수협정의 체결
④ 운임·요금 징수 방식의 변경
⑤ 안전운송의 확보 및 서비스의 향상을 위하여 필요한 조치

050 철도사업법에서 규정하고 있는 철도운수종사자의 준수사항으로 옳지 않은 것은?

① 정당한 사유 없이 화물의 운송을 거부하는 행위
② 부당한 운임 또는 요금을 요구하거나 받는 행위
③ 화주의 편의를 위하여 철도운수종사자가 준수하여야 할 사항으로서 국토교통부령으로 정하는 사항을 위반하는 행위
④ 부당한 운송조건을 제시하거나 정당한 사유 없이 운송계약의 체결을 거부하는 행위
⑤ 정당한 사유 없이 화물을 중도에서 내리게 하는 행위

> **해설** 철도운수종사자의 준수사항(법 제22조)
> 철도사업에 종사하는 철도운수종사자는 다음 각 호의 어느 하나에 해당하는 행위를 하여서는 아니 된다.
> 1. 정당한 사유 없이 여객 또는 화물의 운송을 거부하거나 여객 또는 화물을 중도에서 내리게 하는 행위
> 2. 부당한 운임 또는 요금을 요구하거나 받는 행위
> 3. 그 밖에 안전운행과 여객 및 화주의 편의를 위하여 철도운수종사자가 준수하여야 할 사항으로서 국토교통부령으로 정하는 사항을 위반하는 행위

051 철도사업법상 철도사업에 종사하는 철도운수종사자가 준수해야 하는 행위로 옳은 것은?

① 부당한 운임 또는 요금을 요구하거나 받는 행위
② 정당한 사유 없이 화물의 운송을 거부하는 행위
③ 고객의 운송장 허위 기재로 부족한 운임에 대해 부가 운임을 받은 행위
④ 안전운행과 화주의 편의를 위하여 철도운수종사자가 준수하여야 할 사항으로서 국토교통부령으로 정하는 사항을 위반하는 행위
⑤ 정당한 사유 없이 화물을 중도에서 내리게 하는 행위

052 철도사업법에서 규정하고 있는 철도화물운송에 관한 책임에 대한 설명으로 옳은 것은?

① 철도사업자의 화물의 멸실·훼손 또는 인도의 지연에 대한 손해보상책임에 관하여는 「철도사업법」을 준용한다.
② 철도사업자의 화물의 멸실·훼손 또는 인도의 지연에 대한 손해배상책임에 관하여는 「민법」을 준용한다.
③ 화물이 탁송 기한을 지난 후 3개월 이내에 인도되지 아니한 경우에는 그 화물은 멸실된 것으로 본다.
④ 화물이 인도 기한을 지난 후 3개월 이내에 인도되지 아니한 경우에는 그 화물은 멸실된 것으로 본다.
⑤ 화물이 집배 기한을 지난 후 3개월 이내에 인도되지 아니한 경우에는 그 화물은 멸실된 것으로 본다.

> 해설) 철도화물운송에 관한 책임(법 제24조)
> ① 철도사업자의 화물의 멸실·훼손 또는 인도(引導)의 지연에 대한 손해배상책임에 관하여는 「상법」 제135조를 준용한다.
> ② 제1항을 적용할 때에 화물이 인도 기한을 지난 후 3개월 이내에 인도되지 아니한 경우에는 그 화물은 멸실된 것으로 본다.

053 철도사업법상 철도화물운송에 관한 책임과 관련하여 철도사업자의 화물의 멸실·훼손 또는 인도의 지연에 대한 손해배상책임 내용 중 ( ) 안에 적합한 것은?

> 화물이 인도 기한을 지난 후 3개월 이내에 인도되지 아니한 경우에는 그 화물은 ( )된 것으로 본다.

① 철송
② 인수
③ 적입
④ 멸실
⑤ 훼손

054 다음 중 철도사업법의 내용으로 옳지 않은 것은?
① 철도사업자의 화물의 멸실·훼손 또는 인도의 지연에 대한 손해배상책임에 관하여는 「상법」 제135조(손해배상책임)의 규정을 준용한다.
② 철도사업자는 「철도안전법」 제21조에 따른 요건을 갖추지 아니한 사람을 운전업무에 종사하게 하여서는 아니 된다.
③ 화물의 멸실·훼손 또는 인도의 지연에 관하여 화물이 수탁 후 3개월 이내에 인도되지 아니한 경우 당해 화물은 분실된 것으로 본다.
④ 철도사업자는 여객 또는 화물운송에 부수(附隨)하여 우편물과 신문 등을 운송할 수 있다.
⑤ 철도사업자는 타인에게 자기의 성명 또는 상호를 사용하여 철도사업을 경영하게 하여서는 아니 된다.

> 해설) 손해배상책임(상법 135조)
> 운송인은 자기 또는 운송주선인이나 사용인, 그 밖에 운송을 위하여 사용한 자가 운송물의 수령, 인도, 보관 및 운송에 관하여 주의를 게을리하지 아니하였음을 증명하지 아니하면 운송물의 멸실, 훼손 또는 연착으로 인한 손해를 배상할 책임이 있다.

055 철도사업법상 민자철도 운영의 감독·관리 등에 대한 사항으로 옳지 않은 것은?
① 국토교통부장관은 고속철도, 광역철도 및 일반철도로서 민간투자사업으로 건설된 철도(이하 "민자철도")의 관리운영권을 설정받은 자(이하 "민자철도사업자")가 해당 민자철도를 안전하고 효율적으로 유지·관리할 수 있도록 민자철도의 유지·관리 및 운영에 관한 기준을 정하여 고시하여야 한다.
② 민자철도사업자는 민자철도의 안전하고 효율적인 유지·관리와 이용자 편의를 도모하기 위하여 고시된 기준을 준수하여야 한다.
③ 국토교통부장관은 민자철도의 유지·관리 및 운영에 관한 기준에 따라 2년마다 소관 민자철도에 대하여 운영평가를 실시하여야 한다.
④ 국토교통부장관은 운영평가 결과에 따라 민자철도에 관한 유지·관리 및 체계 개선 등 필요한 조치를 민자철도사업자에게 명할 수 있다.
⑤ 민자철도사업자는 명령을 이행하고 그 결과를 국토교통부장관에게 보고하여야 한다.

> 해설) 민자철도의 유지·관리 및 운영에 관한 기준 등(법 제25조)
> 국토교통부장관은 민자철도의 유지·관리 및 운영에 관한 기준에 따라 매년 소관 민자철도에 대하여 운영평가를 실시하여야 한다.

정답) 054.③ 055.③

056 철도사업법상 민자철도 운영의 감독·관리 등에 대한 사항으로 옳지 않은 것은?
① 국토교통부장관은 민자철도사업자가 민자철도의 유지·관리 및 운영에 관한 기준을 준수하지 아니한 경우에는 1억원 이하의 과징금을 부과·징수할 수 있다.
② 국토교통부장관은 중대한 사정변경 또는 민자철도사업자가 국토교통부령으로 정하는 기준을 초과한 이자율로 자금을 차입한 경우 등 위법한 행위의 사유가 발생한 경우 민자철도사업자에게 그 사유를 소명하거나 해소 대책을 수립할 것을 요구할 수 있다.
③ 국토교통부장관은 민자철도의 유지·관리 및 운영에 관한 기준에 따라 매년 소관 민자철도에 대하여 운영평가를 실시하여야 한다.
④ 과징금을 부과하는 위반행위의 종류와 위반 정도 등에 따른 과징금의 금액 및 징수방법 등에 필요한 사항은 대통령령으로 정한다.
⑤ 국토교통부장관은 정책의 변경 또는 법령의 개정 등으로 인하여 민자철도사업자가 부담하여야 하는 비용이 추가로 발생하는 경우 그 비용의 전부 또는 일부를 지원할 수 있다.

[해설] 사정변경 등에 따른 실시협약의 변경 요구 등(법 제25조의3)
국토교통부장관은 중대한 사정변경 또는 민자철도사업자가 대통령령으로 정하는 기준을 초과한 이자율로 자금을 차입한 경우 등 위법한 행위의 사유가 발생한 경우 민자철도사업자에게 그 사유를 소명하거나 해소 대책을 수립할 것을 요구할 수 있다.

057 철도사업법상 국토교통부장관은 민자철도에 대한 감독 업무를 효율적으로 수행하기 위하여 민자철도에 대한 전문성을 고려하여 민자철도 관리지원센터를 지정할 수 있는데 관리지원센터의 업무로 옳지 않은 것은?
① 민자철도의 교통수요 예측, 적정 요금 또는 운임 및 운영비 산출과 관련한 자문 및 지원
② 민자철도의 유지·관리 및 운영에 관한 기준과 관련한 자문 및 지원
③ 운영평가와 관련한 자문 및 지원
④ 국토교통부장관은 민자철도와 관련하여「철도사업법」과「사회기반시설에 대한 민간투자법」에 따른 업무로서 대통령령으로 정하는 업무
⑤「철도사업법」에 따른 민자철도에 관한 감독 지원을 위하여 국토교통부령으로 정하는 업무

[해설] 민자철도 관리지원센터의 지정 등(법 제25조의5)
국토교통부장관은 민자철도와 관련하여 이 법과「사회기반시설에 대한 민간투자법」에 따른 업무로서 국토교통부령으로 정하는 업무를 관리지원센터에 위탁할 수 있다.

정답 056.② 057.④

058 철도사업법 및 시행령에서 철도서비스 향상 등에 대한 설명으로 옳지 않은 것은?
① 국토교통부장관은 공공복리의 증진과 철도서비스 이용자의 권익보호를 위하여 철도사업자가 제공하는 철도서비스에 대하여 적정한 철도서비스 기준을 정하고, 그에 따라 철도사업자가 제공하는 철도서비스의 품질을 평가하여야 한다.
② 철도서비스의 기준, 품질평가의 항목·절차, 공표 지원 등에 필요한 사항은 국토교통부령으로 정한다.
③ 국토교통부장관은 철도서비스의 품질을 평가한 경우에는 그 평가 결과를 대통령령으로 정하는 바에 따라 신문 등 대중매체를 통하여 공표하여야 한다.
④ 국토교통부장관은 철도서비스의 품질평가 결과에 따라 사업 개선명령 등 필요한 조치를 할 수 있다.
⑤ 국토교통부장관은 철도서비스의 품질평가 결과가 우수한 철도사업자 및 그 소속 종사자에게 예산의 범위 안에서 포상 등 지원시책을 시행할 수 있다.

해설 철도서비스의 품질평가 등(법 제26조)
철도서비스의 기준, 품질평가의 항목·절차 등에 필요한 사항은 국토교통부령으로 정한다.

059 철도사업법상 철도서비스 향상 등에 대한 설명으로 옳지 않은 것은?
① 국토교통부장관은 공정거래위원회와 협의하여 철도사업자 간 경쟁을 통하여 철도서비스의 질적 향상을 촉진하기 위하여 우수 철도서비스에 대한 인증을 할 수 있다.
② 우수 철도서비스 인증의 절차, 인증기준, 우수서비스마크, 인증의 사후관리에 관한 사항과 그 밖에 인증에 필요한 사항은 국토교통부령으로 정한다
③ 국토교통부장관은 효율적인 철도서비스 품질평가 체제를 구축하기 위하여 필요한 경우에는 관계 전문기관 등에 철도서비스 품질에 대한 조사·평가·연구 등의 업무와 우수 철도서비스 인증에 필요한 심사업무를 위탁할 수 있다.
④ 우수 철도서비스 인증을 받은 자가 아니면 우수서비스마크 또는 이와 유사한 표지를 철도차량, 역 시설 또는 철도 용품 등에 붙이거나 인증 사실을 홍보하여서는 아니 된다.
⑤ 우수 철도서비스 인증을 받은 철도사업자는 그 인증의 내용을 나타내는 표지를 철도차량, 역 시설 또는 철도 용품 등에 붙이거나 인증 사실을 홍보할 수 있다.

해설 우수 철도서비스 인증(법 제28조)
국토교통부장관은 공정거래위원회와 협의하여 철도사업자 간 경쟁을 제한하지 아니하는 범위에서 철도서비스의 질적 향상을 촉진하기 위하여 우수 철도서비스에 대한 인증을 할 수 있다.

060 다음 중 철도사업법에 대한 설명으로 옳지 않은 것은?
① 국토교통부장관은 여객 운임의 상한을 지정하려면 미리 기획재정부장관과 협의하여야 한다.
② 철도사업자는 재해복구를 위한 긴급지원, 여객 유치를 위한 기념행사, 그 밖에 철도사업의 경영상 필요하다고 인정되는 경우에는 일정한 기간과 대상을 정하여 신고한 여객 운임·요금을 감면할 수 있다.
③ 국토교통부장관은 공동운수협정을 인가하려면 미리 공정거래위원회와 협의하여야 한다.
④ 국토교통부장관은 철도서비스의 품질을 평가한 경우에는 그 평가 결과를 국토교통부령으로 정하는 바에 따라 신문 등 대중매체를 통하여 공표하여야 한다.
⑤ 국토교통부장관은 철도서비스의 품질평가 결과에 따라 사업 개선명령 등 필요한 조치를 할 수 있다.

[해설] 평가 결과의 공표 및 활용(법 제27조)
① 국토교통부장관은 제26조에 따른 철도서비스의 품질을 평가한 경우에는 그 평가 결과를 대통령령으로 정하는 바에 따라 신문 등 대중매체를 통하여 공표하여야 한다.
② 국토교통부장관은 철도서비스의 품질평가 결과에 따라 제21조에 따른 사업 개선명령 등 필요한 조치를 할 수 있다.

061 다음 중 국토교통부장관은 누구와 협의하여 우수 철도서비스에 대한 인증을 할 수 있는가?
① 공정거래위원회
② 한국소비자원
③ 한국능률협회
④ 금융감독원
⑤ 국민권익위원회

정답 060.④ 061.①

062 철도사업법에서 철도서비스의 품질평가는 몇 년마다 실시하는가?
① 1년
② 2년
③ 3년
④ 5년
⑤ 10년

해설) 시행규칙에 있는 내용이라 출제범위는 아니지만 중요한 내용이라 수록하였습니다.

063 국토교통부장관은 철도서비스의 품질을 평가한 경우에는 그 평가 결과를 다 통령령으로 정하는 바에 따라 신문 등 대중매체를 통하여 공표하여야 하는데 공표 시 포함하여야 하는 사항이 아닌 것은?
① 평가지표별 평가 결과
② 철도서비스의 품질 향상도
③ 철도사업자별 평가 순위
④ 운송책임 및 배상책임에 대한 기준
⑤ 철도서비스에 대한 품질평가 결과 국토교통부장관이 공표가 필요하다고 인정하는 사항

해설) 평가 결과의 공표(시행령 제11조)
① 국토교통부장관은 법 제27조의 규정에 의하여 철도서비스의 품질평가 결과를 공표하는 경우에는 다음 각 호의 사항을 포함하여야 한다.
  1. 평가지표별 평가 결과
  2. 철도서비스의 품질 향상도
  3. 철도사업자별 평가 순위
  4. 그 밖에 철도서비스에 대한 품질평가 결과 국토교통부장관이 공표가 필요하다고 인정하는 사항
② 국토교통부장관은 철도서비스의 품질평가 결과가 우수한 철도사업자 및 그 소속 종사자에게 예산의 범위 안에서 포상 등 지원시책을 시행할 수 있다.

[정답] 062.② 063.④

064 철도사업법에서 철도사업자의 요청으로 공동 사용시설 관리자와 협정을 체결하여 이용할 수 있는 공동사용 시설이 아닌 것은?

① 철도역의 구내매점 등 영업을 위한 시설
② 사고의 복구 및 구조·피난을 위한 설비
③ 열차의 조성 또는 분리 등을 위한 시설
④ 철도차량의 정비·검사·보관 등 유지관리를 위한 시설
⑤ 열차의 조성 또는 분리 등을 위한 시설

해설 철도시설의 공동 활용(법 제31조)
공공교통을 목적으로 하는 선로 및 다음 각 호의 공동 사용시설을 관리하는 자는 철도사업자가 그 시설의 공동 활용에 관한 요청을 하는 경우 협정을 체결하여 이용할 수 있게 하여야 한다.
1. 철도역 및 역 시설(물류시설, 환승시설 및 편의시설 등을 포함)
2. 철도차량의 정비·검사·점검·보관 등 유지관리를 위한 시설
3. 사고의 복구 및 구조·피난을 위한 설비
4. 열차의 조성 또는 분리 등을 위한 시설
5. 철도운영에 필요한 정보통신 설비

065 철도사업법에서 규정하고 있는 철도사업자가 공동 이용할 수 있는 철도시설로 옳지 않은 것은?

① 철도운영에 필요한 전기·전력 설비
② 철도역 및 물류시설을 포함한 역 시설
③ 열차의 조성 또는 분리 등을 위한 시설
④ 철도차량의 정비·검사·점검·보관 등 유지관리를 위한 시설
⑤ 사고의 복구 및 구조·피난을 위한 설비

정답 064.① 065.①

066 다음 중 철도사업법에서 규정하고 있는 철도사업자가 협정을 체결하여 공동으로 이용할 수 있는 시설이 아닌 것은?

① 철도역
② 열차의 조성 또는 분리 등을 위한 시설
③ 철도운영에 필요한 정보통신 설비
④ 기관차, 화차 및 화물운송에 필요한 철도차량
⑤ 역 시설(물류시설, 환승시설 및 편의시설 등을 포함)

067 철도사업법 및 시행령에서 정하고 있는 전용철도 등록에 대한 설명으로 옳지 않은 것은?

① 전용철도를 운영하고자 하는 자는 국토교통부령으로 정하는 바에 따라 전용철도의 건설·운전·보안 및 운송에 관한 사항이 포함된 운영계획서를 국토교통부장관에게 등록을 해야 한다.
② 주사무소·철도차량기지를 제외한 운송관련 부대시설을 변경한 경우에도 변경 등록을 하여야 한다.
③ 대통령령으로 정하는 경미한 변경을 제외하고 등록사항을 변경하는 경우에도 국토교통부장관에게 등록을 하여야 한다.
④ 국토교통부장관은 등록기준을 적용할 때에 환경오염, 주변 여건 등 지역적 특성을 고려할 필요가 있는 경우에는 등록을 제한할 수 있다.
⑤ 전용철도의 등록기준과 등록절차 등에 관하여 필요한 사항은 국토교통부령으로 정한다.

해설 전용철도의 등록(법 제34조)
① 전용철도를 운영하려는 자는 국토교통부령으로 정하는 바에 따라 전용철도의 건설·운전·보안 및 운송에 관한 사항이 포함된 운영계획서를 첨부하여 국토교통부장관에게 등록을 하여야 한다. 등록사항을 변경하려는 경우에도 같다. 다만 대통령령으로 정하는 경미한 변경의 경우에는 예외로 한다.
② 전용철도의 등록기준과 등록절차 등에 관하여 필요한 사항은 국토교통부령으로 정한다.
③ 국토교통부장관은 제2항에 따른 등록기준을 적용할 때에 환경오염, 주변 여건 등 지역적 특성을 고려할 필요가 있거나 그 밖에 공익상 필요하다고 인정하는 경우에는 등록을 제한하거나 부담을 붙일 수 있다.

068 다음은 철도사업법 시행령의 전용철도 등록에 관한 내용이다. 내용 중 경미한 변경에 해당하지 않는 것은?

> 전용철도를 운영하려는 자는 전용철도의 건설·운전·보안 및 운송에 관한 사항이 포함된 운영계획서를 첨부하여 국토교통부장관에게 등록(등록 변경 포함)을 하여야 한다. 다만 대통령령으로 정하는 경미한 변경의 경우에는 예외로 한다.

① 운행시간 및 운행구간을 연장 또는 단축한 경우
② 배차간격 또는 운행횟수를 단축 또는 연장한 경우
③ 6월의 범위 안에서 전용철도 건설기간을 조정한 경우
④ 10분의 1의 범위 안에서 철도차량 대수를 변경한 경우
⑤ 주사무소·철도차량기지를 제외한 운송관련 부대시설을 변경한 경우

해설 전용철도 등록사항의 경미한 변경 등(시행령 제12조)
법 제34조 제1항 단서에서 "대통령령이 정하는 경미한 변경의 경우"란 다음 각 호의 어느 하나에 해당하는 경우를 말한다.
1. 운행시간을 연장 또는 단축한 경우
2. 배차간격 또는 운행횟수를 단축 또는 연장한 경우
3. 10분의 1의 범위 안에서 철도차량 대수를 변경한 경우
4. 주사무소·철도차량기지를 제외한 운송관련 부대시설을 변경한 경우
5. 임원을 변경한 경우(법인에 한함)
6. 6월의 범위 안에서 전용철도 건설기간을 조정한 경우

069 철도사업법상 전용철도 등록에 관한 내용 중 대통령령이 정하는 경미한 변경 사항으로 옳지 않은 것은?

① 운행횟수를 연장한 경우
② 운행시간을 단축한 경우
③ 6월의 범위 안에서 전용철도 건설기간을 조정한 경우
④ 10분의 1의 범위 안에서 철도차량 대수를 변경한 경우
⑤ 임원을 변경한 경우

070 철도사업법에서 규정하고 있는 전용철도에 대한 설명으로 옳지 않은 것은?
① 전용철도운영자가 사망한 경우 상속인이 그 전용철도의 운영을 계속하려는 경우에는 피상속인이 사망한 날부터 3개월 이내에 국토교통부장관에게 신고하여야 한다.
② 전용철도의 운영을 양도·양수하고자 하는 자는 국토교통부령으로 정하는 바에 따라 국토교통부장관에게 신고하여야 한다.
③ 전용철도운영자가 그 운영의 전부 또는 일부를 휴업 또는 폐업한 때에는 1개월 이내에 국토교통부장관에게 신고하여야 한다.
④ 전용철도의 등록을 한 법인이 합병하려는 경우에는 국토교통부령으로 정하는 바에 따라 국토교통부장관에게 신고하여야 한다.
⑤ 전용철도를 운영하고자 하는 자는 국토교통부령으로 정하는 바에 따라 전용철도의 건설·운전·보안 및 운송에 관한 사항을 국토교통부장관에게 신고하여야 한다.

071 철도사업법에서 전용철도운영자가 사망한 경우 상속인이 그 전용철도의 운영을 계속하려는 경우에는 피상속인이 사망한 날부터 3개월 이내에 국토교통부장관게 신고하여야 하는데 국토교통부장관은 신고를 받은 날부터 며칠 이내에 신고수리 여부를 신고인에게 통지하여야 하나?
① 3일
② 5일
③ 7일
④ 10일
⑤ 15일

해설 전용철도 운영의 상속(법 제37조)
① 전용철도운영자가 사망한 경우 상속인이 그 전용철도의 운영을 계속하려는 경우에는 피상속인이 사망한 날부터 3개월 이내에 국토교통부장관에게 신고하여야 한다.
② 국토교통부장관은 제1항에 따른 신고를 받은 날부터 10일 이내에 신고수리 여부를 신고인에게 통지하여야 한다.
③ 제1항에 따른 신고가 수리된 경우 상속인은 피상속인의 전용철도운영자로서의 지위를 승계하며, 피상속인이 사망한 날부터 신고가 수리된 날까지의 기간 동안은 피상속인의 전용철도 등록은 상속인의 등록으로 본다.
④ 제1항의 신고에 관하여는 제35조를 준용한다. 다만, 제35조 각 호의 어느 하나에 해당하는 상속인이 피상속인이 사망한 날부터 3개월 이내에 그 전용철도의 운영을 다른 사람에게 양도한 경우 피상속인의 사망일부터 양도일까지의 기간에 있어서 피상속인의 전용철도 등록은 상속인의 등록으로 본다.

정답 070.⑤ 071.④

072 철도사업법에서 규정하고 있는 전용철도에 대한 설명으로 옳지 않은 것은?
① "전용철도"란 다른 사람의 수요에 따른 영업을 목적으로 하지 아니하고 자신의 수요에 따라 특수 목적을 수행하기 위하여 설치 또는 운영하는 철도를 말한다.
② 국토교통부장관은 전용철도 운영의 건전한 발전을 위하여 필요하다고 인정하는 때에는 전용철도운영자에게 시설 또는 운영의 개선을 명할 수 있다.
③ 전용철도운영자가 그 운영의 전부 또는 일부를 휴업 또는 폐업한 경우에는 3개월 이내에 국토교통부장관에게 신고하여야 한다.
④ 국토교통부장관은 전용철도 운영의 건전한 발전을 위하여 필요하다고 인정하는 경우에는 전용철도운영자에게 사업장의 이전, 시설 또는 운영의 개선을 명할 수 있다.
⑤ 「철도사업법」에 따라 전용철도의 등록이 취소된 후 그 취소일부터 1년이 지나지 아니한 자는 전용철도를 등록할 수 없다.

> 해설   전용철도 운영의 휴업·폐업(법 제38조)
> 전용철도운영자가 그 운영의 전부 또는 일부를 휴업 또는 폐업한 경우에는 1개월 이내에 국토교통부장관에게 신고하여야 한다.

073 철도사업법에서 국가가 소유·관리하는 철도시설에 건물이나 그 밖의 시설물을 설치하고자 하는 경우의 점용에 관한 설명으로 옳지 않은 것은?
① 국토교통부장관은 국가가 소유·관리하는 철도시설에 건물이나 그 밖의 시설물을 설치하려는 자에게 대통령령으로 정하는 바에 따라 시설물의 종류 및 기간 등을 정하여 점용허가를 할 수 있다.
② 점용허가는 철도사업자와 철도사업자가 출자·보조 또는 출연한 사업을 경영하는 자에게만 하며, 시설물의 종류와 경영하려는 사업이 철도사업에 지장을 주지 아니하여야 한다.
③ 국토교통부장관은 대통령령으로 정하는 바에 따라 점용허가를 받은 자에게 점용료를 부과한다.
④ 점용허가로 인하여 발생한 권리와 의무를 이전하려는 경우에는 대통령령으로 정하는 바에 따라 국토교통부장관의 인가를 받아야 한다.
⑤ 점용허가를 받은 날부터 6개월 이내에 해당 점용허가의 목적이 된 공사에 착수하지 아니한 경우 점용허가를 취소할 수 있다.

[정답] 072.③ 073.⑤

해설　**점용허가의 취소(법 제42조의2)**
① 국토교통부장관은 제42조 제1항에 따른 점용허가를 받은 자가 다음 각 호의 어느 하나에 해당하면 그 점용허가를 취소할 수 있다.
　1. 점용허가 목적과 다른 목적으로 철도시설을 점용한 경우
　2. 제42조 제2항을 위반하여 시설물의 종류와 경영하는 사업이 철도사업에 지장을 주게 된 경우
　3. 점용허가를 받은 날부터 1년 이내에 해당 점용허가의 목적이 된 공사에 착수하지 아니한 경우. 다만, 정당한 사유가 있는 경우에는 1년의 범위에서 공사의 착수기간을 연장할 수 있다.
　4. 제44조에 따른 점용료를 납부하지 아니하는 경우
　5. 점용허가를 받은 자가 스스로 점용허가의 취소를 신청하는 경우
② 제1항에 따른 점용허가 취소의 절차 및 방법은 국토교통부령으로 정한다.

074 철도사업법 및 시행령상 국유철도시설의 활용·지원 등에 대한 내용으로 옳지 않은 것은?

① 점용료는 점용허가를 할 철도시설의 가액과 점용허가를 받아 행하는 사업의 매출액을 기준으로 하여 산출하되, 구체적인 점용료 산정기준에 대하여는 국토교통부장관이 정한다.
② 점용료는 매년 1월 말까지 당해 연도 해당분을 선납하여야 한다. 다만, 국토교통부장관은 부득이한 사유로 선납이 곤란하다고 인정하는 경우에는 그 납부기한을 따로 정할 수 있다.
③ 철도시설의 점용허가를 받은 자는 점용허가 기간이 만료되거나 점용을 폐지한 날부터 6월 이내에 점용허가받은 철도시설을 원상으로 회복하여야 한다.
④ 국토교통부장관은 점용허가를 받은 자가 점용허가 목적과 다른 목적으로 철도시설을 점용한 경우 점용허가를 취소할 수 있다.
⑤ 점용허가 취소의 절차 및 방법은 국토교통부령으로 정한다.

해설　**원상회복의무(시행령 제16조)**
철도시설의 점용허가를 받은 자는 점용허가기간이 만료되거나 점용을 폐지한 날부터 3월 이내에 점용허가받은 철도시설을 원상으로 회복하여야 한다. 다만, 국토교통부장관은 불가피하다고 인정하는 경우에는 원상회복기간을 연장할 수 있다.

정답　074.③

075 철도사업법에서 점용허가를 받은 자가 대통령령으로 정하는 바에 따라 점용료를 감면할 수 있는 경우로 옳지 않은 것은?

① 국가에 무상으로 양도하거나 제공하기 위한 시설물을 설치하기 위하여 점용허가를 받은 경우
② 「공공주택 특별법」에 따른 공공주택을 건설하기 위하여 점용허가를 받은 경우
③ 재해, 그 밖의 특별한 사정으로 본래의 철도 점용 목적을 달성할 수 없는 경우
④ 국민경제에 중대한 영향을 미치는 공익사업으로서 대통령령으로 정하는 사업을 위하여 점용허가를 받은 경우
⑤ 국가에 무상으로 양도하거나 제공하기 위한 시설물을 설치하기 위한 경우로서 공사 완료 후에 점용허가를 받거나 임시 시설물을 설치하기 위하여 점용허가를 받은 경우

해설 점용료(법 제44조)
① 국토교통부장관은 대통령령으로 정하는 바에 따라 점용허가를 받은 자에게 점용료를 부과한다.
② 제1항에도 불구하고 점용허가를 받은 자가 다음 각 호에 해당하는 경우에는 대통령령으로 정하는 바에 따라 점용료를 감면할 수 있다.
  1. 국가에 무상으로 양도하거나 제공하기 위한 시설물을 설치하기 위하여 점용허가를 받은 경우
  2. 제1호의 시설물을 설치하기 위한 경우로서 공사기간 중에 점용허가를 받거나 임시 시설물을 설치하기 위하여 점용허가를 받은 경우
  3. 「공공주택 특별법」에 따른 공공주택을 건설하기 위하여 점용허가를 받은 경우
  4. 재해, 그 밖의 특별한 사정으로 본래의 철도 점용 목적을 달성할 수 없는 경우
  5. 국민경제에 중대한 영향을 미치는 공익사업으로서 대통령령으로 정하는 사업을 위하여 점용허가를 받은 경우
③ 국토교통부장관이 「철도산업발전기본법」 제19조 제2항에 따라 철도시설의 건설 및 관리 등에 관한 업무의 일부를 「국가철도공단법」에 따른 국가철도공단으로 하여금 대행하게 한 경우 제1항에 따른 점용료 징수에 관한 업무를 위탁할 수 있다.
④ 국토교통부장관은 점용허가를 받은 자가 제1항에 따른 점용료를 내지 아니하면 국세 체납처분의 예에 따라 징수한다.

정답 075.⑤

076 철도사업법상 2년 이하의 징역 또는 2천만원 이하의 벌금에 해당하는 자가 아닌 것은?
① 지정·고시된 사업용철도노선에 국토교통부장관의 면허를 받지 않고 철도사업을 경영한 자
② 면허받은 사항을 정당한 사유 없이 시행하지 아니하여 사업정지처분기간 중에 철도사업을 경영한 자
③ 철도사업자의 공동 활용(공공교통을 목적으로 하는 선로)에 관한 요청을 정당한 사유 없이 거부한 자
④ 국토교통부장관의 인가를 받지 아니하고 공동운수협정을 체결하거나 변경한 자
⑤ 타인에게 자기의 성명 또는 상호를 대여하여 철도사업을 경영하게 한 자

해설 벌칙(법 제49조)
다음 각 호의 어느 하나에 해당하는 자는 2년 이하의 징역 또는 2천만원 이하의 벌금에 처한다.
1. 제5조 제1항에 따른 면허를 받지 아니하고 철도사업을 경영한 자
2. 거짓이나 그 밖의 부정한 방법으로 제5조 제1항에 따른 철도사업의 면허를 받은 자
3. 제16조 제1항에 따른 사업정지처분기간 중에 철도사업을 경영한 자
4. 제16조 제1항에 따른 사업계획의 변경명령을 위반한 자
5. 제23조(제41조에서 준용하는 경우를 포함)를 위반하여 타인에게 자기의 성명 또는 상호를 대여하여 철도사업을 경영하게 한 자
6. 제31조를 위반하여 철도사업자의 공동 활용에 관한 요청을 정당한 사유 없이 거부한 자

077 철도사업법에서 정한 벌칙 중 2년 이하의 징역 또는 2천만원 이하의 벌금에 해당하지 않는 것은?
① 철도사업법 규정에 의하여 면허를 받지 아니하고 철도사업을 경영한 자
② 거짓 또는 부정한 방법으로 철도사업의 면허를 받은 자
③ 규정을 위반하여 타인에게 자신의 상호를 대여하여 철도사업을 경영하게 한 자
④ 우수서비스마크 또는 이와 유사한 표지를 철도차량 등에 붙이거나 인증 사실을 홍보한 자
⑤ 철도사업자의 공동 활용(사고의 복구 및 구조·피난을 위한 설비)에 관한 요청을 정당한 사유 없이 거부한 자

정답 076.④ 077.④

078 다음 중 철도사업을 경영하고자 하는 자가 면허를 받지 아니하고 철도사업을 경영한 경우의 벌칙으로 옳은 것은?

① 2년 이하의 징역
② 2천만원 이상의 벌금
③ 2천만원 이상의 과료
④ 2천만원 이하의 과태료
⑤ 2년 이하의 금고

079 철도사업법에서 정한 벌칙 중 1년 이하의 징역 또는 1천만원 이하의 벌금에 처하는 경우로 옳은 것은?

① 철도사업법 제34조 제1항을 위반하여 등록을 하지 아니하고 전용철도를 운영한 자
② 거짓 그 밖의 부정한 방법으로 전용철도를 운영한 자
③ 타인에게 자신의 상호를 대여하여 철도사업을 운영하게 한 자
④ 철도사업법 제9조 제1항에 따른 운임·요금의 신고를 하지 아니한 자
⑤ 철도사업약관을 신고하지 아니하거나 신고한 철도사업약관을 이행하지 아니한 자

[해설] **벌칙(법 제49조)**
다음 각 호의 어느 하나에 해당하는 자는 1년 이하의 징역 또는 1천만원 이하의 벌금에 처한다.
1. 제34조 제1항을 위반하여 등록을 하지 아니하고 전용철도를 운영한 자
2. 거짓이나 그 밖의 부정한 방법으로 제34조 제1항에 따른 전용철도의 등록을 한 자

080 철도사업법에서 1천만원 이하의 벌금에 처하는 경우로 옳은 것은?

① 국토교통부장관의 인가를 받지 아니하고 공동운수협정을 체결하거나 변경한 자
② 사업계획의 변경명령을 위반한 자
③ 사업정지처분기간 중에 철도사업을 경영한 자
④ 철도사업자의 공동 활용에 관한 요청을 정당한 사유 없이 거부한 자
⑤ 인가를 받지 않거나 신고를 하지 않고 사업계획을 변경한 경우

[해설] **벌칙(법 제49조)**
다음 각 호의 어느 하나에 해당하는 자는 1천만원 이하의 벌금에 처한다.
1. 제13조를 위반하여 국토교통부장관의 인가를 받지 아니하고 공동운수협정을 체결하거나 변경한 자
2. 제28조 제3항을 위반하여 우수서비스마크 또는 이와 유사한 표지를 철도차량 등에 붙이거나 인증 사실을 홍보한 자

정답 078.① 079.① 080.①

081   철도사업법에서 1천만 원 이하의 과태료에 처하는 경우로 옳은 것은?
① 사업용철도차량의 표시를 하지 아니한 철도사업자
② 정당한 사유 없이 여객 또는 화물의 운송을 거부하거나 여객 또는 화물을 중도에서 내리게 하는 행위를 한 철도운수종사자
③ 회계를 구분하여 경리하지 아니한 자
④ 부당한 운임 또는 요금을 요구하거나 받는 행위를 한 철도운수종사자
⑤ 상습 또는 영업으로 승차권 또는 이에 준하는 증서를 자신이 구입한 가격을 초과한 금액으로 다른 사람에게 판매하거나 이를 알선한 자

[해설] **과태료(법 제51조)**
① 다음 각 호의 어느 하나에 해당하는 자에게는 1천만원 이하의 과태료를 부과한다.
  1. 제9조 제1항에 따른 여객 운임·요금의 신고를 하지 아니한 자
  2. 제11조 제1항에 따른 철도사업약관을 신고하지 아니하거나 신고한 철도사업약관을 이행하지 아니한 자
  3. 제12조에 따른 인가를 받지 아니하거나 신고를 하지 아니하고 사업계획을 변경한 자
  4. 제10조의2를 위반하여 상습 또는 영업으로 승차권 또는 이에 준하는 증서를 자신이 구입한 가격을 초과한 금액으로 다른 사람에게 판매하거나 이를 알선한 자
② 다음 각 호의 어느 하나에 해당하는 자에게는 500만원 이하의 과태료를 부과한다.
  1. 제18조에 따른 사업용철도차량의 표시를 하지 아니한 철도사업자
  2. 삭제〈2018. 6. 12.〉
  3. 제32조 제1항 또는 제2항을 위반하여 회계를 구분하여 경리하지 아니한 자
  4. 정당한 사유 없이 제47조 제1항에 따른 명령을 이행하지 아니하거나 제47조 제2항에 따른 검사를 거부·방해 또는 기피한 자
③ 다음 각 호의 어느 하나에 해당하는 자에게는 100만원 이하의 과태료를 부과한다.
  1. 제20조 제2항부터 제4항까지에 따른 준수사항을 위반한 자
  2. 삭제〈2018. 6. 12.〉
④ 제22조를 위반한 철도운수종사자 및 그가 소속된 철도사업자에게는 50만원 이하의 과태료를 부과한다.

[정답] 081.⑤

082 철도사업법에서 정한 벌금 또는 과태료 금액으로 가장 적은 것은?

① 신고하지 않고 운임·요금을 변경하였을 때
② 정당한 사유 없이 여객운송을 거부하였을 때
③ 운임·요금표를 관계 역에 게시하지 않았을 때
④ 철도차량에 철도사업자의 명칭을 표시하지 않았을 때
⑤ 인가를 받지 않거나 신고를 하지 않고 사업계획을 변경한 경우

> [해설] 과태료(법 제51조)
> 정당한 사유 없이 여객운송을 거부하였을 때는 행위를 한 운수종사자 및 및 그가 소속된 철도사업자에게는 50만원 이하의 과태료를 부과한다.

083 철도사업법의 과태료 징수에 관한 사항 중 옳지 않은 것은?

① 철도사업법 규정에 의한 사업용철도차량의 표시를 하지 아니한 철도사업자는 500만원 이하의 과태료를 부과한다.
② 철도사업약관을 신고하지 아니하거나 신고한 철도사업약관을 이행하지 아니한 자는 1,000만원 이하의 과태료를 부과한다.
③ 상습 또는 영업으로 승차권 또는 이에 준하는 증서를 자신이 구입한 가격을 초과한 금액으로 다른 사람에게 판매하거나 이를 알선한 자에게는 1,000만원 이하의 과태료를 부과한다.
④ 정당한 사유 없이 여객 또는 화물의 운송을 거부하거나 여객 또는 화물을 중도에서 내리게 하는 행위를 한 운수종사자 및 그가 소속된 철도사업자에게는 50만원 이하의 과태료를 부과한다.
⑤ 여객 운임·요금의 신고를 하지 아니한 자에게는 500만원 이하의 과태료를 부과한다.

> [해설] 과태료(법 제51조)
> 여객 운임·요금의 신고를 하지 아니한 자에게는 1,000만원 이하의 과태료를 부과한다.

084 철도사업법상 상습 또는 영업으로 승차권 또는 이에 준하는 증서를 자신이 구입한 가격을 초과한 금액으로 다른 사람에게 판매하는 행위를 알선한 경우 부과되는 과태료는? (단위 : 만원)

① 50
② 100
③ 200
④ 300
⑤ 500

085 철도사업법상 철도사업약관을 신고하지 않거나 신고한 철도사업약관을 이행하지 않은 경우 부과되는 과태료는? (단위 : 만원)
① 50　　　　　　　　　　② 100
③ 200　　　　　　　　　　④ 300
⑤ 500

086 철도사업법상 철도운수종사자의 준수사항을 위반한 경우 부과되는 과태료는? (단위 : 만원)
① 50　　　　　　　　　　② 100
③ 200　　　　　　　　　　④ 300
⑤ 500

087 철도사업법에서 정한 내용의 설명으로 옳지 않은 것은?
① 철도운송과 관련하여 승무 및 역무서비스를 제공하는 직원을 철도운수종사자라 한다.
② 철도사업자는 여객 운임·요금을 국토교통부장관에게 신고하지 아니하였을 때 2천만원 이하의 벌금에 처한다.
③ 열차를 이용하는 여객이 정당한 운임·요금을 지급하지 아니하고 열차를 이용한 경우에는 승차 구간에 상당하는 운임 외에 그의 30배의 범위 안에서 부가 운임을 징수할 수 있다.
④ 철도사업자가 해당 철도사업을 양도·양수하고자 하는 때에는 국토교통부장관의 인가를 받아야 한다.
⑤ 철도사업이란 다른 사람의 수요에 응하여 철도차량을 사용하여 유상(有償)으로 여객이나 화물을 운송하는 사업을 말한다.

[해설] 과태료(법 제51조)
제9조 제1항에 따른 여객 운임·요금의 신고를 하지 아니한 자에게는 1,000만원 이하의 과태료를 부과한다.

[정답] 085.⑤　086.①　087.②

088 철도사업법에서 정한 내용의 설명으로 옳지 않은 것은?
① 사업용철도란 철도사업을 목적으로 설치하거나 운영하는 철도를 말한다.
② 국토교통부장관은 사업용철도노선의 노선번호, 노선명, 기점(起點), 종점(終點), 중요 경과지(정차역을 제외)와 그 밖에 필요한 사항을 국토교통부령으로 정하는 바에 따라 지정·고시하여야 한다.
③ 철도사업자는 국토교통부장관이 지정하는 날 또는 기간에 운송을 시작하여야 한다.
④ 철도사업자는 송하인(送荷人)이 운송장에 적은 화물의 품명·중량·용적 또는 개수에 따라 계산한 운임이 적당한 사유 없이 정상 운임보다 적은 경우에는 송하인에게 그 부족 운임 외에 그 부족 운임의 5배의 범위에서 부가 운임을 징수할 수 있다.
⑤ 철도사업을 경영하려는 자는 지정·고시된 사업용철도노선을 정하여 국토교통부장관의 면허를 받아야 한다.

> 해설 사업용철도노선의 고시 등(법 제4조)
> 국토교통부장관은 사업용철도노선의 노선번호, 노선명, 기점(起點), 종점(終點), 중요 경과지(정차역을 포함)와 그 밖에 필요한 사항을 국토교통부령으로 정하는 바에 따라 지정·고시하여야 한다.

089 철도사업법에 대한 설명으로 가장 옳지 않은 것은?
① 철도서비스의 기준, 품질평가의 항목·절차 등에 필요한 사항은 국토교통부령으로 정한다.
② 우수 철도서비스 인증의 절차, 인증기준, 우수서비스마크, 인증의 사후관리에 관한 사항과 그 밖에 인증에 필요한 사항은 국토교통부령으로 정한다.
③ 국토교통부장관은 효율적인 철도서비스 품질평가 체제를 구축하기 위하여 필요한 경우에는 관계 전문기관 등에 철도서비스 품질에 대한 조사·평가·연구 등의 업무와 우수 철도서비스 인증에 필요한 심사업무를 위탁할 수 있다.
④ 전용철도의 등록기준과 등록절차 등에 관하여 필요한 사항은 대통령령으로 정한다.
⑤ 국토교통부장관은 전용철도의 등록기준을 적용할 때에 환경오염, 주변 여건 등 지역적 특성을 고려할 필요가 있거나 그 밖에 공익상 필요하다고 인정하는 경우에는 등록을 제한하거나 부담을 붙일 수 있다.

> 해설 등록(법 제34조)
> 전용철도의 등록기준과 등록절차 등에 관하여 필요한 사항은 국토교통부령으로 정한다.

090 철도사업법에서 국토교통부령으로 정하는 사항으로 옳지 않은 것은?
① 철도서비스의 기준, 품질평가의 항목, 절차 등에 필요한 사항
② 전용철도운영자의 장부, 서류, 시설 또는 그 밖의 물건을 검사하는 공무원의 증표에 관한 사항
③ 운송의 안전과 여객 및 화주의 편의를 위하여 철도사업자가 준수하여야 할 사항
④ 철도사업자에게 과징금을 부과하는 위반행위의 종류, 부과기준, 징수방법 등 필요한 사항
⑤ 우수 철도서비스 인증의 절차, 인증기준, 우수서비스마크, 인증의 사후관리에 관한 사항과 그 밖에 인증에 필요한 사항

[해설] 과징금 처분(법 제17조)
과징금을 부과하는 위반행위의 종류, 과징금의 부과기준·징수방법 등 필요한 사항은 대통령령으로 정한다.

091 철도사업법에서 국토교통부장관에게 신고해야 하는 사항으로 옳지 않은 것은?
① 여객 운임·요금
② 공동운수협정의 변경
③ 철도사업약관
④ 전용철도운영의 양도·양수
⑤ 전용철도운영의 휴업·폐업

[해설] 공동운수협정(법 제13조)
철도사업자는 다른 철도사업자와 공동경영에 관한 계약이나 그 밖의 운수에 관한 협정(이하 "공동운수협정"이라 함)을 체결하거나 변경하려는 경우에는 국토교통부령으로 정하는 바에 따라 국토교통부장관의 인가를 받아야 한다.

092 다음 중 철도사업법에서 국토교통부장관에게 인가를 받아야 하는 사항으로 옳지 않은 것은?
① 철도사업의 양도·양수
② 공동운수협정의 체결
③ 전용철도운영의 상속
④ 철도사업 외의 사업을 경영하는 자와 합병
⑤ 점용허가로 인하여 발생한 권리와 의무를 이전하려는 경우

[해설] 전용철도 운영의 상속(법 제37조)
전용철도운영자가 사망한 경우 상속인이 그 전용철도의 운영을 계속하려는 경우에는 피상속인이 사망한 날부터 3개월 이내에 국토교통부장관에게 신고하여야 한다.

[정답] 090.④ 091.② 092.③

093 철도사업법에서 정한 내용으로 옳지 않은 것은?
① 국토교통부장관은 여객 운임의 상한을 지정하려면 미리 기획재정부장관과 협의하여야 한다.
② 국토교통부장관은 철도서비스의 품질을 평가한 경우에는 그 평가 결과를 대통령령으로 정하는 바에 따라 신문 등 대중매체를 통하여 공표하여야 한다.
③ 철도사업자는 열차를 이용하는 여객이 정당한 운임·요금을 지급하지 아니하고 열차를 이용한 경우에는 승차 구간에 해당하는 운임 외에 그의 30배의 범위에서 부가 운임을 징수할 수 있다.
④ 전용철도를 운영하려는 자는 국토교통부령으로 정하는 바에 따라 전용철도의 건설·운전·보안 및 운송에 관한 사항이 포함된 운영계획서를 첨부하여 국토교통부장관에게 인가를 받아야 한다.
⑤ 철도사업자는 철도사업 외의 사업을 경영하는 경우에는 철도사업에 관한 회계와 철도사업 외의 사업에 관한 회계를 구분하여 경리하여야 한다.

[해설] 등록(법 제34조)
전용철도를 운영하려는 자는 국토교통부령으로 정하는 바에 따라 전용철도의 건설·운전·보안 및 운송에 관한 사항이 포함된 운영계획서를 첨부하여 국토교통부장관에게 등록을 하여야 한다.

[정답] 093.④

094 철도사업법에 대한 설명으로 옳지 않은 것은?

① 국토교통부장관은 공공복리의 증진과 철도서비스 이용자의 권익보호를 위하여 철도사업자가 제공하는 철도서비스에 대하여 적정한 철도서비스 기준을 정하고, 그에 따라 철도사업자가 제공하는 철도서비스의 품질을 평가하여야 한다.
② 국토교통부장관은 공정거래위원회와 협의하여 철도사업자 간 경쟁을 제한하지 아니하는 범위에서 철도서비스의 질적 향상을 촉진하기 위하여 우수 철도서비스에 대한 인증을 할 수 있다.
③ 우수 철도서비스 인증의 절차, 인증기준, 우수서비스 마크, 인증의 사후관리에 관한 사항과 그 밖에 인증에 필요한 사항은 국토교통부령으로 정한다.
④ 전용철도의 운영을 양도·양수하려는 자는 국토교통부령으로 정하는 바에 따라 국토교통부장관에게 신고하여야 한다.
⑤ 국토교통부장관은 철도사업자에게 사업정지처분을 하여야 하는 경우로서 그 사업정지처분이 그 철도사업자가 제공하는 철도서비스의 이용자에게 심한 불편을 주거나 그 밖에 공익을 해칠 우려가 있을 때에는 그 사업정지처분을 갈음하여 10억원 이하의 과징금을 부과·징수할 수 있다.

[해설] **과징금 처분(법 제17조)**
국토교통부장관은 철도사업자에게 사업정지처분을 하여야 하는 경우로서 그 사업정지처분이 그 철도사업자가 제공하는 철도서비스의 이용자에게 심한 불편을 주거나 그 밖에 공익을 해칠 우려가 있을 때에는 그 사업정지처분을 갈음하여 1억원 이하의 과징금을 부과·징수할 수 있다.

[정답] 094.⑤

095 철도사업법에서 철도사업의 관리에 대한 설명으로 옳지 않은 것은?

① 국토교통부장관은 공공복리의 증진과 철도서비스 이용자의 권익보호를 위하여 철도사업자가 제공하는 철도서비스에 대하여 적정한 철도서비스 기준을 정하고, 그에 따라 철도사업자가 제공하는 철도서비스의 품질을 평가하여야 한다.

② 철도사업자는 송하인(送荷人)이 운송장에 적은 화물의 품명·중량·용적 또는 개수에 따라 계산한 운임이 정당한 사유 없이 정상 운임보다 적은 경우에는 송하인에게 그 부족 운임 외에 그 부족 운임의 5배의 범위에서 부가 운임을 징수할 수 있다.

③ 철도사업자는 다른 철도사업자와 공동경영에 관한 계약이나 그 밖의 운수에 관한 협정(공동운수협정)을 체결하거나 변경하려는 경우에는 국토교통부령으로 정하는 바에 따라 국토교통부장관의 인가를 받아야 한다.

④ 철도사업자가 그 사업의 전부 또는 일부를 휴업 또는 폐업하려는 경우에는 국토교통부령으로 정하는 바에 따라 국토교통부장관의 허가를 받아야 한다. 다만, 선로 또는 교량의 파괴, 철도시설의 개량, 그 밖의 정당한 사유로 휴업하는 경우에는 국토교통부령으로 정하는 바에 따라 국토교통부장관에게 인가를 받아야 한다.

⑤ 철도사업자는 재해복구를 위한 긴급지원, 여객 유치를 위한 기념행사, 그 밖에 철도사업의 경영상 필요하다고 인정되는 경우에는 일정한 기간과 대상을 정하여 신고한 여객 운임·요금을 감면할 수 있다.

[해설] **사업의 휴업·폐업(법 제15조)**
철도사업자가 그 사업의 전부 또는 일부를 휴업 또는 폐업하려는 경우에는 국토교통부령으로 정하는 바에 따라 국토교통부장관의 허가를 받아야 한다. 다만, 선로 또는 교량의 파괴, 철도시설의 개량, 그 밖의 정당한 사유로 휴업하는 경우에는 국토교통부령으로 정하는 바에 따라 국토교통부장관에게 신고하여야 한다.

096 다음 중 철도사업법에 대한 설명으로 옳지 않은 것은?
① 철도사업자는 부가 운임을 징수하려는 경우에는 사전에 부가 운임의 징수 대상 행위, 열차의 종류 및 운행구간 등에 따른 부가 운임 산정기준을 정하고 철도사업약관에 포함하여 국토교통부장관에게 신고하여야 한다.
② 철도사업자는 여객 운임·요금을 국토교통부장관에게 신고 또는 변경신고를 한 때에는 그 시행 1주일 이전에 인터넷 홈페이지, 관계 역·영업소 및 사업소 등 일반인이 잘 볼 수 있는 곳에 게시하여야 한다.
③ 철도사업자는 긴급한 경우를 제외하고는 운임·요금을 감면하는 경우에는 그 시행 3일 이전에 감면 사항을 인터넷 홈페이지, 관계 역·영업소 및 사업소 등 일반인이 잘 볼 수 있는 곳에 게시하여야 한다.
④ 국토교통부장관은 여객 운임의 상한을 지정하려면 미리 기획재정부장관과 협의하여야 한다.
⑤ 국토교통부장관은 철도 운임의 산정, 철도차량의 효율적인 관리 등을 위하여 철도차량을 국토교통부령으로 정하는 운행지역 및 거리에 따라 고속철도차량, 준고속철도차량, 일반철도차량으로 분류할 수 있다.

해설 **철도차량의 유형 분류(법 제4조의2)**
국토교통부장관은 철도 운임 상한의 산정, 철도차량의 효율적인 관리 등을 위하여 철도차량을 국토교통부령으로 정하는 운행속도에 따라 다음 각 호의 구분에 따른 유형으로 분류할 수 있다.
1. 고속철도차량
2. 준고속철도차량
3. 일반철도차량

097 철도사업법에 대한 설명으로 옳지 않은 것은?
① 철도운수종사자란 철도운송과 관련하여 승무 및 역무서비스를 제공하는 직원을 말한다.
② 국토교통부장관은 사업용철도노선을 지정·고시하는 경우 사업용철도노선 분류의 기준이 되는 운행지역, 운행거리 및 운행속도는 대통령령으로 정한다.
③ 철도사업을 경영하려는 자는 지정·고시된 사업용철도노선을 정하여 국토교통부장관의 면허를 받아야 한다.
④ 철도사업자는 철도사업약관을 정하여 국토교통부장관에게 신고하여야 한다. 이를 변경하려는 경우에도 같다. 국토교통부장관은 신고 또는 변경신고를 받은 날부터 3일 이내에 신고수리 여부를 신고인에게 통지하여야 한다.
⑤ 국토교통부장관은 민자철도에 대한 감독 업무를 효율적으로 수행하기 위하여 「공공기관의 운영에 관한 법률」에 따른 공공기관을 민자철도에 대한 전문성을 고려하여 민자철도 관리지원센터로 지정할 수 있다.

[해설] 사업용철도노선의 고시 등(법 제4조)
국토교통부장관은 사업용철도노선을 지정·고시하는 경우 사업용철도노선 분류의 기준이 되는 운행지역, 운행거리 및 운행속도는 국토교통부령으로 정한다.

098 다음 중 철도사업법에 대한 설명으로 옳지 않은 것은?
① 우수 철도서비스 인증의 절차, 인증기준, 우수서비스마크, 인증의 사후관리에 관한 사항과 그 밖에 인증에 필요한 사항은 국토교통부령으로 정한다.
② 공공교통을 목적으로 하는 선로는 철도사업자가 그 시설의 공동 활용에 관한 요청을 하는 경우 협정을 체결하여 이용할 수 있게 하여야 한다.
③ 국토교통부장관은 대통령령으로 정하는 바에 따라 국가가 소유·관리하는 철도시설에 건물이나 그 밖의 시설물의 점용허가를 받은 자에게 점용료를 부과한다.
④ 전용철도운영자가 사망한 경우 상속인이 그 전용철도의 운영을 계속하려는 경우에는 피상속인이 사망한 날부터 3개월 이내에 국토교통부장관에게 신고하여야 한다. 신고를 받은 날부터 7일 이내에 국토교통부장관은 신고수리 여부를 신고인에게 통지하여야 한다.
⑤ 국가귀속된 시설물을 「국유재산법」에 따라 사용허가하려는 경우 그 허가의 기간은 10년 이내로 한다.

[해설] 전용철도 운영의 상속(법 제37조)
전용철도운영자가 사망한 경우 상속인이 그 전용철도의 운영을 계속하려는 경우에는 피상속인이 사망한 날부터 3개월 이내에 국토교통부장관에게 신고하여야 한다. 국토교통부장관은 신고를 받은 날부터 10일 이내에 신고수리 여부를 신고인에게 통지하여야 한다.

099 다음 중 철도사업법 및 시행령에 대한 설명으로 옳지 않은 것은?

① 철도사업자는 사업용철도를 「도시철도법」에 의한 도시철도운영자가 운영하는 도시철도와 연결하여 운행하려는 때에는 여객 운임·요금의 신고 또는 변경신고를 하기 전에 여객 운임·요금 및 그 변경시기에 관하여 미리 당해 도시철도운영자와 협의하여야 한다.
② 점용료는 점용허가를 할 철도시설의 가액과 점용허가를 받아 행하는 사업의 매출액을 기준으로 하여 산출하되, 구체적인 점용료 산정기준에 대하여는 국토교통부장관이 정한다
③ 국토교통부장관은 여객에 대한 운임의 상한을 지정하는 때에는 물가상승률, 원가수준, 다른 교통수단과의 형평성, 사업용철도노선의 분류와 철도차량의 유형 등을 고려하여야 하며, 여객 운임의 상한을 지정한 경우에는 이를 인터넷 홈페이지, 관계 역·영업소 및 사업소 등 일반인이 잘 볼 수 있는 곳에 게시하여야 한다.
④ 과태료는 대통령령으로 정하는 바에 따라 국토교통부장관이 부과·징수한다.
⑤ 국토교통부장관의 인가를 받지 아니하고 공동운수협정을 체결하거나 변경한 자는 1천만원 이하의 벌금에 처한다.

해설 여객 운임의 상한지정 등(시행령 제4조)
국토교통부장관은 여객에 대한 운임의 상한을 지정하는 때에는 물가상승률, 원가수준, 다른 교통수단과의 형평성, 사업용철도노선의 분류와 철도차량의 유형 등을 고려하여야 하며, 여객 운임의 상한을 지정한 경우에는 이를 관보에 고시하여야 한다.

정답 099.③

100 다음 중 철도사업법 및 시행령에 대한 설명으로 옳지 않은 것은?

① 전용철도란 다른 사람의 수요에 따른 영업을 목적으로 하지 아니하고 자신의 수요에 따라 특수 목적을 수행하기 위하여 설치하거나 운영하는 철도를 말한다.
② 철도사업자는 국토교통부장관이 지정하는 날 또는 기간에 운송을 시작하여야 한다. 다만, 천재지변이나 그 밖의 불가피한 사유로 철도사업자가 국토교통부장관이 지정하는 날 또는 기간에 운송을 시작할 수 없는 경우에는 국토교통부장관의 승인을 받아 날짜를 연기하거나 기간을 연장할 수 있다.
③ 국토교통부장관은 철도사업자가 고의 또는 중대한 과실에 의한 철도사고로 대통령령으로 정하는 다수의 사상자(1회 철도사고로 사망자 10명 이상이 발생하게 된 경우)가 발생한 경우 면허를 취소하거나, 1년 이내의 기간을 정하여 사업의 전부 또는 일부의 정지를 명하거나, 노선 운행중지·운행제한·감차 등을 수반하는 사업계획의 변경을 명할 수 있다.
④ 철도사업자의 화물의 멸실·훼손 또는 인도(引導)의 지연에 대한 손해배상책임에 관하여 「상법」 제135조를 준용한다.
⑤ 국토교통부장관은 정책의 변경 또는 법령의 개정 등으로 인하여 민자철도사업자가 부담하여야 하는 비용이 추가로 발생하는 경우 그 비용의 전부 또는 일부를 지원할 수 있다.

[해설] 면허취소 등(법 제16조)
국토교통부장관은 철도사업자가 고의 또는 중대한 과실에 의한 철도사고로 대통령령으로 정하는 다수의 사상자(1회 철도사고로 사망자 5명 이상이 발생하게 된 경우)가 발생한 경우 면허를 취소하거나, 6개월 이내의 기간을 정하여 사업의 전부 또는 일부의 정지를 명하거나, 노선 운행중지·운행제한·감차 등을 수반하는 사업계획의 변경을 명할 수 있다.

정답 100.③

PART 3
한국 철도공사법

Chapter 01 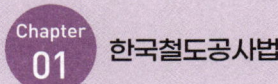 한국철도공사법

Chapter 02  예상문제

한국철도공사
채용시험대비
철도관련법령

CHAPTER 01 한국철도공사법

제1조(목적)
이 법은 한국철도공사를 설립하여 철도운영의 전문성과 효율성을 높임으로써 철도산업과 국민경제의 발전에 이바지함을 목적으로 한다.

> **시행령 제1조(목적)**
> 이 영은 한국철도공사법에서 위임된 사항과 그 시행에 관하여 필요한 사항을 규정함을 목적으로 한다.

제2조(법인격)
한국철도공사(이하 "공사"라 함)는 법인으로 한다.

제3조(사무소)
① 공사의 주된 사무소의 소재지는 정관으로 정한다.
② 공사는 업무수행을 위하여 필요하면 이사회의 의결을 거쳐 필요한 곳에 하부조직을 둘 수 있다.

제4조(자본금 및 출자)
① 공사의 자본금은 22조원으로 하고, 그 전부를 정부가 출자한다.
② 제1항에 따른 자본금의 납입 시기와 방법은 기획재정부장관이 정하는 바에 따른다.
③ 국가는 「국유재산법」에도 불구하고 「철도산업발전기본법」 제22조 제1항 제1호에 따른 운영자산을 공사에 현물로 출자한다.
④ 제3항에 따라 국가가 공사에 출자를 할 때에는 「국유재산의 현물출자에 관한 법률」에 따른다.

> **제5조(등기)**
> ① 공사는 주된 사무소의 소재지에서 설립등기를 함으로써 성립한다.
> ② 제1항에 따른 공사의 설립등기와 하부조직의 설치·이전 및 변경 등기, 그 밖에 공사의 등기에 필요한 사항은 대통령령으로 정한다.
> ③ 공사는 등기가 필요한 사항에 관하여는 등기하기 전에는 제3자에게 대항하지 못한다.

◆ **시행령 제2조(설립등기)**
한국철도공사법(이하 "법"이라 함) 제5조 제2항의 규정에 의한 한국철도공사(이하 "공사"라 함)의 설립등기사항은 다음 각 호와 같다.
1. 설립목적
2. 명칭
3. 주된 사무소 및 하부조직의 소재지
4. 자본금
5. 임원의 성명 및 주소
6. 공고의 방법

◆ **시행령 제3조(하부조직의 설치등기)**
공사는 하부조직을 설치한 경우에는 설치 후 2주일 이내에 주된 사무소의 소재지에서 설치된 하부조직의 명칭, 소재지 및 설치 연월일을 등기해야 한다.

◆ **시행령 제4조(이전등기)**
① 공사는 주된 사무소를 이전한 경우에는 이전 후 2주일 이내에 종전 소재지 또는 새 소재지에서 새 소재지와 이전 연월일을 등기해야 한다.
② 공사는 하부조직을 이전한 경우에는 이전 후 2주일 이내에 주된 사무소의 소재지에서 새 소재지와 이전 연월일을 등기해야 한다.

시행령 제5조(변경등기)

공사는 제2조 각 호 또는 제3조의 등기사항이 변경된 경우(제4조에 따른 이전등기에 해당하는 경우는 제외함)에는 변경 후 2주일 이내에 주된 사무소의 소재지에서 변경사항을 등기해야 한다.

시행령 제6조(대리·대행인의 선임등기)

① 공사는 사장이 법 제7조에 따라 사장을 대신해 공사의 업무에 관한 재판상 또는 재판 외의 행위를 할 수 있는 직원(이하 "대리·대행인"이라 함)을 선임한 경우에는 선임 후 2주일 이내에 주된 사무소의 소재지에서 다음 각 호의 사항을 등기해야 한다. 등기한 사항이 변경된 경우에도 또한 같다.
1. 대리·대행인의 성명 및 주소
2. 대리·대행인을 둔 주된 사무소 또는 하부조직의 명칭 및 소재지
3. 대리·대행인의 권한을 제한한 때에는 그 제한의 내용

② 공사는 사장이 법 제7조에 따라 선임한 대리·대행인을 해임한 경우에는 해임 후 2주일 이내에 주된 사무소의 소재지에서 그 해임한 뜻을 등기해야 한다.

시행령 제7조(등기신청서의 첨부서류)

제2조 내지 제6조의 규정에 의한 각 등기의 신청서에는 다음 각 호의 구분에 따른 서류를 첨부하여야 한다.
1. 제2조의 규정에 의한 공사의 설립등기의 경우에는 공사의 정관, 자본금의 납입액 및 임원의 자격을 증명하는 서류
2. 제3조의 규정에 의한 하부조직의 설치등기의 경우에는 하부조직의 설치를 증명하는 서류
3. 제4조의 규정에 의한 이전등기의 경우에는 주된 사무소 또는 하부조직의 이전을 증명하는 서류
4. 제5조의 규정에 의한 변경등기의 경우에는 그 변경된 사항을 증명하는 서류
5. 제6조의 규정에 의한 대리·대행인의 선임·변경 또는 해임의 등기의 경우에는 그 선임·변경 또는 해임이 법 제7조의 규정에 의한 것임을 증명하는 서류와 대리·대행인이 제6조 제1항 제3호의 규정에 의하여 그 권한이 제한된 때에는 그 제한을 증명하는 서류

제6조 삭제 〈2009. 3. 25.〉

제7조(대리ㆍ대행)
정관으로 정하는 바에 따라 사장이 지정한 공사의 직원은 사장을 대신하여 공사의 업무에 관한 재판상 또는 재판 외의 모든 행위를 할 수 있다.

제8조(비밀 누설ㆍ도용의 금지)
공사의 임직원이거나 임직원이었던 사람은 그 직무상 알게 된 비밀을 누설하거나 도용하여서는 아니 된다.

제8조의2(유사명칭의 사용금지)
이 법에 따른 공사가 아닌 자는 한국철도공사 또는 이와 유사한 명칭을 사용하지 못한다.

제9조(사업)
① 공사는 다음 각 호의 사업을 한다.
  1. 철도여객사업, 화물운송사업, 철도와 다른 교통수단의 연계운송사업
  2. 철도장비와 철도용품의 제작ㆍ판매ㆍ정비 및 임대사업
  3. 철도차량의 정비 및 임대사업
  4. 철도시설의 유지ㆍ보수 등 국가ㆍ지방자치단체 또는 공공법인 등으로부터 위탁받은 사업
  5. 역세권 및 공사의 자산을 활용한 개발ㆍ운영 사업으로서 대통령령으로 정하는 사업
  6. 「철도의 건설 및 철도시설 유지관리에 관한 법률」 제2조 제6호 가목의 역 시설 개발 및 운영 사업으로서 대통령령으로 정하는 사업
  7. 「물류정책기본법」에 따른 물류사업으로서 대통령령으로 정하는 사업
  8. 「관광진흥법」에 따른 관광사업으로서 대통령령으로 정하는 사업
  9. 제1호부터 제8호까지의 사업과 관련한 조사ㆍ연구, 정보화, 기술 개발 및 인력 양성에 관한 사업
  10. 제1호부터 제9호까지의 사업에 딸린 사업으로서 대통령령으로 정하는 사업
② 공사는 국외에서 제1항 각 호의 사업을 할 수 있다.
③ 공사는 이사회의 의결을 거쳐 예산의 범위에서 공사의 업무와 관련된 사업에 투자ㆍ융자ㆍ보조 또는 출연할 수 있다.

◆ **시행령 제7조의2(역세권 개발·운영 사업 등)**
① 법 제9조 제1항 제5호에서 "대통령령으로 정하는 사업"이란 다음 각 호에 따른 사업을 말한다.
   1. 역세권 개발·운영 사업 : 「역세권의 개발 및 이용에 관한 법률」 제2조 제2호에 따른 역세권개발사업 및 운영 사업
   2. 공사의 자산을 활용한 개발·운영 사업 : 철도이용객의 편의를 증진하기 위한 시설의 개발·운영 사업
② 법 제9조 제1항 제6호에서 "대통령령으로 정하는 사업"이란 다음 각 호의 시설을 개발·운영하는 사업을 말한다.
   1. 「물류정책기본법」 제2조 제1항 제4호의 물류시설 중 철도운영이나 철도와 다른 교통수단과의 연계운송을 위한 시설
   2. 「도시교통정비 촉진법」 제2조 제3호에 따른 환승시설
   3. 역사와 같은 건물 안에 있는 시설로서 「건축법 시행령」 제3조의5에 따른 건축물 중 제1종 근린생활시설, 제2종 근린생활시설, 문화 및 집회시설, 판매시설, 운수시설, 의료시설, 운동시설, 업무시설, 숙박시설, 창고시설, 자동차관련시설, 관광휴게시설과 그 밖에 철도이용객의 편의를 증진하기 위한 시설
③ 법 제9조 제1항 제7호에서 "대통령령으로 정하는 사업"이란 「물류정책기본법」 제2조 제1항 제2호의 물류사업 중 다음 각 호의 사업을 말한다.
   1. 철도운영을 위한 사업
   2. 철도와 다른 교통수단과의 연계운송을 위한 사업
   3. 다음 각 목의 자산을 이용하는 사업으로서 「물류정책기본법 시행령」 별표 1의 물류시설운영업 및 물류서비스업
      가. 「철도산업발전기본법」 제3조 제2호의 철도시설(이하 "철도시설"이라 함) 또는 철도부지
      나. 그 밖에 공사가 소유하고 있는 시설, 장비 또는 부지
④ 법 제9조 제1항 제8호에서 "대통령령으로 정하는 사업"이란 「관광진흥법」 제3조에서 정한 관광사업(카지노업은 제외)으로서 철도운영과 관련된 사업을 말한다.
⑤ 법 제9조 제1항 제10호에서 "대통령령으로 정하는 사업"이란 다음 각 호의 사업을 말한다.
   1. 철도시설 또는 철도부지나 같은 조 제4호의 철도차량 등을 이용하는 광고사업
   2. 철도시설을 이용한 정보통신 기반시설 구축 및 활용 사업
   3. 철도운영과 관련한 엔지니어링 활동
   4. 철도운영과 관련한 정기간행물 사업, 정보매체 사업
   5. 다른 법령의 규정에 따라 공사가 시행할 수 있는 사업
   6. 그 밖에 철도운영의 전문성과 효율성을 높이기 위하여 필요한 사업

제10조(손익금의 처리)
① 공사는 매 사업연도 결산 결과 이익금이 생기면 다음 각 호의 순서로 처리하여야 한다.
  1. 이월결손금의 보전(補塡)
  2. 자본금의 2분의 1이 될 때까지 이익금의 10분의 2 이상을 이익준비금으로 적립
  3. 자본금과 같은 액수가 될 때까지 이익금의 10분의 2 이상을 사업확장적립금으로 적립
  4. 국고에 납입
② 공사는 매 사업연도 결산 결과 손실금이 생기면 제1항 제3호에 따른 사업확장적립금으로 보전하고 그 적립금으로도 부족하면 같은 항 제2호에 따른 이익준비금으로 보전하되, 보전미달액은 다음 사업연도로 이월(移越)한다.
③ 제1항 제2호 및 제3호에 따른 이익준비금과 사업확장적립금은 대통령령으로 정하는 바에 따라 자본금으로 전입할 수 있다.

◆ **시행령 제8조(이익준비금 등의 자본금전입)**
① 법 제10조 제3항의 규정에 의하여 이익준비금 또는 사업확장적립금을 자본금으로 전입하고자 하는 때에는 이사회의 의결을 거쳐 기획재정부장관의 승인을 얻어야 한다.
② 제1항의 규정에 의하여 이익준비금 또는 사업확장적립금을 자본금에 전입한 때에는 공사는 그 사실을 국토교통부장관에게 보고하여야 한다.

제11조(사채의 발행 등)
① 공사는 이사회의 의결을 거쳐 사채를 발행할 수 있다.
② 사채의 발행액은 공사의 자본금과 적립금을 합한 금액의 5배를 초과하지 못한다.
③ 국가는 공사가 발행하는 사채의 원리금 상환을 보증할 수 있다.
④ 사채의 소멸시효는 원금은 5년, 이자는 2년이 지나면 완성한다.
⑤ 공사는 「공공기관의 운영에 관한 법률」 제40조 제3항에 따라 예산이 확정되면 2개월 이내에 해당 연도에 발행할 사채의 목적·규모·용도 등이 포함된 사채발행 운용계획을 수립하여 이사회의 의결을 거쳐 국토교통부장관의 승인을 받아야 한다. 운용계획을 변경하려는 경우에도 또한 같다.

◉ **시행령 제9조(사채의 발행방법)**
공사가 법 제11조 제1항의 규정에 의하여 사채를 발행하고자 하는 때에는 모집·총액인수 또는 매출의 방법에 의한다.

◉ **시행령 제10조(사채의 응모 등)**
① 사채의 모집에 응하고자 하는 자는 사채청약서 2통에 그 인수하고자 하는 사채의 수·인수가액과 청약자의 주소를 기재하고 기명날인하여야 한다. 다만, 사채의 최저가액을 정하여 발행하는 경우에는 그 응모가액을 기재하여야 한다.
② 사채청약서는 사장이 이를 작성하고 다음 각 호의 사항을 기재해야 한다.
  1. 공사의 명칭
  2. 사채의 발행총액
  3. 사채의 종류별 액면금액
  4. 사채의 이율
  5. 사채상환의 방법 및 시기
  6. 이자지급의 방법 및 시기
  7. 사채의 발행가액 또는 그 최저가액
  8. 이미 발행한 사채 중 상환되지 아니한 사채가 있는 때에는 그 총액
  9. 사채모집의 위탁을 받은 회사가 있을 때에는 그 상호 및 주소

◉ **시행령 제11조(사채의 발행총액)**
공사가 법 제11조 제1항의 규정에 의하여 사채를 발행함에 있어서 실제로 응모된 총액이 사채청약서에 기재한 사채발행총액에 미달하는 때에도 사채를 발행한다는 뜻을 사채청약서에 표시할 수 있다. 이 경우 그 응모총액을 사채의 발행총액으로 한다.

◉ **시행령 제12조(총액인수의 방법 등)**
공사가 계약에 의하여 특정인에게 사채의 총액을 인수시키는 경우에는 제10조의 규정을 적용하지 아니한다. 사채모집의 위탁을 받은 회사가 사채의 일부를 인수하는 경우에는 그 인수분에 대하여도 또한 같다.

🔽 시행령 제13조(매출의 방법)

공사가 매출의 방법으로 사채를 발행하는 경우에는 매출기간과 제10조 제2항 제1호·제3호 내지 제7호의 사항을 미리 공고하여야 한다.

🔽 시행령 제14조(사채인수가액의 납입 등)

① 공사는 사채의 응모가 완료된 때에는 지체 없이 응모자가 인수한 사채의 전액을 납입시켜야 한다.
② 사채모집의 위탁을 받은 회사는 자기명의로 공사를 위하여 제1항 및 제10조 제2항의 규정에 의한 행위를 할 수 있다.

🔽 시행령 제15조(채권의 발행 및 기재사항)

① 채권은 사채의 인수가액 전액이 납입된 후가 아니면 이를 발행하지 못한다.
② 채권에는 다음 각 호의 사항을 기재하고, 사장이 기명날인하여야 한다. 다만, 매출의 방법에 의하여 사채를 발행하는 경우에는 제10조 제2항 제2호의 사항은 이를 기재하지 아니한다.
  1. 제10조 제2항 제1호 내지 제6호의 사항
  2. 채권번호
  3. 채권의 발행연월일

🔽 시행령 제16조(채권의 형식)

채권은 무기명식으로 한다. 다만, 응모자 또는 소지인의 청구에 의하여 기명식으로 할 수 있다.

◆ 시행령 제17조(사채원부)
① 공사는 주된 사무소에 사채원부를 비치하고, 다음 각 호의 사항을 기재해야 한다.
　1. 채권의 종류별 수와 번호
　2. 채권의 발행연월일
　3. 제10조 제2항 제2호 내지 제6호 및 제9호의 사항
② 채권이 기명식인 때에는 사채원부에 제1항 각 호의 사항 외에 다음 각 호의 사항을 기재해야 한다.
　1. 채권소유자의 성명과 주소
　2. 채권의 취득연월일
③ 채권의 소유자 또는 소지인은 공사의 근무시간 중 언제든지 사채원부의 열람을 요구할 수 있다.

◆ 시행령 제18조(이권흠결의 경우의 공제)
① 이권(利券)이 있는 무기명식의 사채를 상환하는 경우에 이권이 흠결된 때에는 그 이권에 상당한 금액을 상환액으로부터 공제한다.
② 제1항의 규정에 의한 이권소지인은 그 이권과 상환으로 공제된 금액의 지급을 청구할 수 있다.

◆ 시행령 제19조(사채권자 등에 대한 통지 등)
① 사채를 발행하기 전의 그 응모자 또는 사채를 교부받을 권리를 가진 자에 대한 통지 또는 최고는 사채청약서에 기재된 주소로 하여야 한다. 다만, 따로 주소를 공사에 통지한 경우에는 그 주소로 하여야 한다.
② 기명식채권의 소유자에 대한 통지 또는 최고는 사채원부에 기재된 주소로 하여야 한다. 다만, 따로 주소를 공사에 통지한 경우에는 그 주소로 하여야 한다.
③ 무기명식채권의 소지자에 대한 통지 또는 최고는 공고의 방법에 의한다. 다만, 그 소재를 알 수 있는 경우에는 이에 의하지 아니할 수 있다.

제12조(보조금 등)
국가는 공사의 경영 안정 및 철도차량·장비의 현대화 등을 위하여 재정 지원이 필요하다고 인정하면 예산의 범위에서 사업에 필요한 비용의 일부를 보조하거나 재정자금의 융자 또는 사채 인수를 할 수 있다.

제13조(역세권 개발사업)
공사는 철도사업과 관련하여 일반업무시설, 판매시설, 주차장, 여객자동차터미널 및 화물터미널 등 철도이용자에게 편의를 제공하기 위한 역세권 개발사업을 할 수 있고, 정부는 필요한 경우에 행정적·재정적 지원을 할 수 있다.

제14조(국유재산의 무상대부 등)
① 국가는 다음 각 호의 어느 하나에 해당하는 공사의 사업을 효율적으로 수행하기 위하여 국토교통부장관이 필요하다고 인정하면 「국유재산법」에도 불구하고 공사에 국유재산(물품을 포함. 이하 같다)을 무상으로 대부(貸付)하거나 사용·수익하게 할 수 있다.
  1. 제9조 제1항 제1호부터 제4호까지의 규정에 따른 사업
  2. 「철도산업발전기본법」 제3조 제2호 가목의 역시설의 개발 및 운영 사업
② 국가는 「국유재산법」에도 불구하고 제1항에 따라 대부하거나 사용·수익을 허가한 국유재산에 건물이나 그 밖의 영구시설물을 축조하게 할 수 있다.
③ 제1항에 따른 대부 또는 사용·수익 허가의 조건 및 절차에 관하여 필요한 사항은 대통령령으로 정한다.

◆ 시행령 제20조(국유재산의 무상대부 등)
① 법 제14조 제1항의 규정에 의한 국유재산의 무상사용·수익은 당해 국유재산관리청의 허가에 의하며, 무상대부의 조건 및 절차 등에 관하여는 당해 국유재산관리청과 공사 간의 계약에 의한다.
② 국유재산의 무상대부 또는 무상사용·수익에 관하여 법 및 이 영에 규정된 것 외에는 국유재산법의 규정에 의한다.

제15조(국유재산의 전대 등)
① 공사는 제9조에 따른 사업을 효율적으로 수행하기 위하여 필요하면 제14조에 따라 대부받거나 사용·수익을 허가받은 국유재산을 전대(轉貸)할 수 있다.
② 공사는 제1항에 따른 전대를 하려면 미리 국토교통부장관의 승인을 받아야 한다. 이를 변경하려는 경우에도 또한 같다.
③ 제1항에 따라 전대를 받은 자는 재산을 다른 사람에게 대부하거나 사용·수익하게 하지 못한다.
④ 제1항에 따라 전대를 받은 자는 해당 재산에 건물이나 그 밖의 영구시설물을 축조하지 못한다. 다만, 국토교통부장관이 행정 목적 또는 공사의 사업 수행에 필요하다고 인정하는 시설물의 축조는 그러하지 아니하다.

◆ **시행령 제21조(국유재산의 전대의 절차 등)**
공사는 법 제14조 제1항의 규정에 의하여 대부받거나 사용·수익의 허가를 받은 국유재산을 법 제15조 제1항의 규정에 의하여 전대(轉貸)하고자 하는 경우에는 다음 각 호의 사항이 기재된 승인신청서를 국토교통부장관에게 제출하여야 한다.
1. 전대재산의 표시(도면을 포함)
2. 전대를 받을 자의 전대재산 사용목적
3. 전대기간
4. 사용료 및 그 산출근거
5. 전대를 받을 자의 사업계획서

제16조(지도·감독)
국토교통부장관은 공사의 업무 중 다음 각 호의 사항과 그와 관련되는 업무에 대하여 지도·감독한다.
1. 연도별 사업계획 및 예산에 관한 사항
2. 철도서비스 품질개선에 관한 사항
3. 철도사업계획의 이행에 관한 사항
4. 철도시설·철도차량·열차운행 등 철도의 안전을 확보하기 위한 사항
5. 그 밖에 다른 법령에서 정하는 사항

제17조(자료제공의 요청)
① 공사는 업무상 필요하다고 인정하면 관계 행정기관이나 철도사업과 관련되는 기관·단체 등에 자료의 제공을 요청할 수 있다.
② 제1항에 따라 자료의 제공을 요청받은 자는 특별한 사유가 없으면 그 요청에 따라야 한다.

제18조(등기 촉탁의 대위)
공사가 제9조 제1항 제4호에 따라 국가 또는 지방자치단체로부터 위탁받은 사업과 관련하여 국가 또는 지방자치단체가 취득한 부동산에 관한 권리를「부동산등기법」제98조에 따라 등기하여야 하는 경우 공사는 국가 또는 지방자치단체를 대위(代位)하여 등기를 촉탁할 수 있다.

제19조(벌칙)
제8조를 위반한 자는 2년 이하의 징역 또는 2천만원 이하의 벌금에 처한다.

제20조(과태료)
① 제8조의2를 위반한 자에게는 500만원 이하의 과태료를 부과한다.
② 제1항에 따른 과태료는 국토교통부장관이 부과·징수한다.

부칙〈법률 제15460호, 2018. 3. 13.〉
이 법은 공포 후 1년이 경과한 날부터 시행한다.

예상문제

001 철도운영의 전문성과 효율성을 높임으로써 철도산업과 국민경제의 발전에 이바지함을 목적으로 제정한 법은?

① 철도사업법
② 철도안전법
③ 도시철도법
④ 철도산업발전기본법
⑤ 한국철도공사법

해설 목적(법 제1조)
이 법은 한국철도공사를 설립하여 철도운영의 전문성과 효율성을 높임으로써 철도산업과 국민경제의 발전에 이바지함을 목적으로 한다.

002 한국철도공사법에 대한 설명으로 옳지 않은 것은?

① 한국철도공사는 법인으로 한다.
② 공사의 주된 사무소의 소재지는 정관으로 정한다.
③ 공사는 업무수행을 위하여 필요하면 이사회의 의결을 거쳐 필요한 곳에 하부조직을 둘 수 있다.
④ 공사의 자본금은 22조원으로 하고, 그 전부를 정부가 출자한다.
⑤ 자본금의 납입 시기와 방법은 국토교통부장관이 정하는 바에 따른다.

해설 자본금 및 출자(법 제4조)
자본금의 납입 시기와 방법은 기획재정부장관이 정하는 바에 따른다.

003 다음 중 한국철도공사법 시행령에서 규정한 설립등기사항으로 옳지 않은 것은?

① 설립목적
② 주된 사무소 및 상부조직의 소재지
③ 공고의 방법
④ 자본금
⑤ 임원의 성명 및 주소

해설 설립등기(시행령 제2조)
한국철도공사법 제5조 제2항의 규정에 의한 한국철도공사의 설립등기사항은 다음 각 호와 같다.
1. 설립목적
2. 명칭
3. 주된 사무소 및 하부조직의 소재지
4. 자본금
5. 임원의 성명 및 주소
6. 공고의 방법

004 한국철도공사법 시행령에서 주된 사무소를 이전한 때는 종전 소재지에 있어서는 몇 주 이내에 그 이전한 뜻을 등기해야 하나?

① 1주
② 2주
③ 3주
④ 4주
⑤ 8주

해설 이전등기(시행령 제4조)
① 공사는 주된 사무소를 이전한 경우에는 이전 후 2주일 이내에 종전 소재지 또는 새 소재지에서 새 소재지와 이전 연월일을 등기해야 한다.
② 공사는 하부조직을 이전한 경우에는 이전 후 2주일 이내에 주된 사무소의 소재지에서 새 소재지와 이전 연월일을 등기해야 한다.

정답 003.② 004.②

005 다음 중 한국철도공사법에 대한 설명으로 옳지 않은 것은?
① 공사는 주된 사무소의 소재지에서 설립등기를 함으로써 성립한다.
② 공사의 설립등기와 하부조직의 설치·이전 및 변경 등기, 그 밖에 공사의 등기에 필요한 사항은 대통령령으로 정한다.
③ 정관으로 정하는 바에 따라 사장이 지정한 공사의 직원은 사장을 대신하여 공사의 업무에 관한 재판상 또는 재판 외의 행위를 할 수 없다.
④ 한국철도공사법에 따른 공사가 아닌 자는 한국철도공사 또는 이와 유사한 명칭을 사용하지 못한다.
⑤ 공사의 임직원이거나 임직원이었던 사람은 그 직무상 알게 된 비밀을 누설하거나 도용하여서는 아니 된다.

해설 **대리·대행(법 제7조)**
정관으로 정하는 바에 따라 사장이 지정한 공사의 직원은 사장을 대신하여 공사의 업무에 관한 재판상 또는 재판 외의 모든 행위를 할 수 있다.

006 다음 중 한국철도공사법에 의한 공사의 사업으로 옳지 않은 것은?
① 철도여객사업
② 화물운송사업
③ 철도와 다른 교통수단의 연계운송사업
④ 철도차량의 정비 및 판매사업
⑤ 철도장비와 철도용품의 제작·판매·정비 및 임대사업

해설 **사업(법 제9조)**
공사는 다음 각 호의 사업을 한다.
1. 철도여객사업, 화물운송사업, 철도와 다른 교통수단의 연계운송사업
2. 철도장비와 철도용품의 제작·판매·정비 및 임대사업
3. 철도차량의 정비 및 임대사업
4. 철도시설의 유지·보수 등 국가·지방자치단체 또는 공공법인 등으로부터 위탁받은 사업
5. 역세권 및 공사의 자산을 활용한 개발·운영 사업으로서 대통령령으로 정하는 사업
6. 「철도의 건설 및 철도시설 유지관리에 관한 법률」 제2조 제6호 가목의 역 시설 개발 및 운영 사업으로서 대통령령으로 정하는 사업
7. 「물류정책기본법」에 따른 물류사업으로서 대통령령으로 정하는 사업
8. 「관광진흥법」에 따른 관광사업으로서 대통령령으로 정하는 사업
9. 제1호부터 제8호까지의 사업과 관련한 조사·연구, 정보화, 기술 개발 및 인력 양성에 관한 사업
10. 제1호부터 제9호까지의 사업에 딸린 사업으로서 대통령령으로 정하는 사업

정답 005.③ 006.④

007 한국철도공사법에 의한 공사의 사업으로 옳지 않은 것은?
① 「관광진흥법」에 따른 관광사업으로서 대통령령으로 정하는 사업
② 철도차량의 정비 및 임대사업
③ 철도와 다른 교통수단과의 공동운수사업
④ 철도용품의 제작·판매·정비 및 임대사업
⑤ 철도시설의 유지·보수 등 국가·지방자치단체 또는 공공법인 등으로부터 위탁받은 사업

008 한국철도공사법상 손익금의 처리에서 매 사업연도 결산 결과 이익금이 생기면 순서대로 처리해야 하는데 그 순서 중 가장 먼저 처리해야 하는 것은?
① 이월결손금의 보전(補塡)
② 자본금의 2분의 1이 될 때까지 이익금의 10분의 2 이상을 이익준비금으로 적립
③ 자본금과 같은 액수가 될 때까지 이익금의 10분의 2 이상을 사업확장적립금으로 적립
④ 국고에 납입
⑤ 직원의 성과급 지급

해설 손익금의 처리(법 제10조)
공사는 매 사업연도 결산 결과 이익금이 생기면 다음 각 호의 순서로 처리하여야 한다.
1. 이월결손금의 보전(補塡)
2. 자본금의 2분의 1이 될 때까지 이익금의 10분의 2 이상을 이익준비금으로 적립
3. 자본금과 같은 액수가 될 때까지 이익금의 10분의 2 이상을 사업확장적립금으로 적립
4. 국고에 납입

정답 007.③ 008.①

009 한국철도공사법 및 시행령의 사채의 발행 등에 대한 설명으로 옳지 않은 것은?

① 공사는 이사회의 의결을 거쳐 사채를 발행할 수 있다.
② 사채의 발행액은 공사의 자본금과 적립금을 합한 금액의 10배를 초과하지 못한다.
③ 국가는 공사가 발행하는 사채의 원리금 상환을 보증할 수 있다.
④ 사채의 소멸시효는 원금은 5년, 이자는 2년이 지나면 완성한다.
⑤ 공사가 사채를 발행하고자 하는 때에는 모집·총액인수 또는 매출의 방법에 의한다.

해설 **사채의 발행 등(법 제11조)**
① 공사는 이사회의 의결을 거쳐 사채를 발행할 수 있다.
② 사채의 발행액은 공사의 자본금과 적립금을 합한 금액의 5배를 초과하지 못한다.
③ 국가는 공사가 발행하는 사채의 원리금 상환을 보증할 수 있다.
④ 사채의 소멸시효는 원금은 5년, 이자는 2년이 지나면 완성한다.
⑤ 공사는 「공공기관의 운영에 관한 법률」 제40조 제3항에 따라 예산이 확정되면 2개월 이내에 해당 연도에 발행할 사채의 목적·규모·용도 등이 포함된 사채발행 운용계획을 수립하여 이사회의 의결을 거쳐 국토교통부장관의 승인을 받아야 한다. 운용계획을 변경하려는 경우에도 또한 같다.

010 한국철도공사법에 의해 발행한 사채의 원금의 소멸시효로 옳은 것은?

① 1년 ② 2년
③ 3년 ④ 5년
⑤ 10년

해설 **사채의 발행 등(법 제11조)**
사채의 소멸시효는 원금은 5년, 이자는 2년이 지나면 완성한다.

정답 009.② 010.④

011 한국철도공사법 및 시행령의 사채의 발행 등에 대한 설명으로 옳지 않은 것은?
① 한국철도공사의 사채의 발행액은 공사의 자본금과 적립금을 합한 금액의 5배를 초과하지 못한다.
② 국가는 공사의 경영 안정 및 철도차량·장비의 현대화 등을 위하여 재정 지원이 필요하다고 인정하면 예산의 범위에서 사업에 필요한 비용의 일부를 보조하거나 재정자금의 융자 또는 사채 인수를 할 수 있다.
③ 공사는 사채의 응모가 완료된 때에는 지체 없이 응모자가 인수한 사채의 전액을 납입시켜야 한다.
④ 사채의 모집에 응하고자 하는 자는 사채청약서 2통에 그 인수하고자 하는 사채의 수·인수가액과 청약자의 주소를 기재하고 기명날인하여야 한다. 다만, 사채의 최고가액을 정하여 발행하는 경우에는 그 응모가액을 기재하여야 한다.
⑤ 사채를 발행함에 있어서 실제로 응모된 총액이 사채청약서에 기재한 사채발행총액에 미달하는 때에도 사채를 발행한다는 뜻을 사채청약서에 표시할 수 있다. 이 경우 그 응모총액을 사채의 발행총액으로 한다.

해설 사채의 응모 등(시행령 제10조)
사채의 모집에 응하고자 하는 자는 사채청약서 2통에 그 인수하고자 하는 사채의 수·인수가액과 청약자의 주소를 기재하고 기명날인하여야 한다. 다만, 사채의 최저가액을 정하여 발행하는 경우에는 그 응모가액을 기재하여야 한다.

012 한국철도공사법 시행령에서 사장이 작성하는 사채청약서의 기재사항으로 옳지 않은 것은?
① 공사의 명칭
② 사채의 발행방법
③ 사채의 종류별 액면금액
④ 사채의 이율
⑤ 사채상환의 방법 및 시기

해설 사채의 응모 등(시행령 제10조)
사채청약서는 사장이 이를 작성하고 다음 각 호의 사항을 기재해야 한다.
1. 공사의 명칭
2. 사채의 발행총액
3. 사채의 종류별 액면금액
4. 사채의 이율
5. 사채상환의 방법 및 시기
6. 이자지급의 방법 및 시기
7. 사채의 발행가액 또는 그 최저가액
8. 이미 발행한 사채 중 상환되지 아니한 사처가 있는 때에는 그 총액
9. 사채모집의 위탁을 받은 회사가 있을 때에는 그 상호 및 주소

013 다음 중 한국철도공사법 시행령에서 사장이 작성하는 사채청약서의 기재사항으로 옳지 않은 것은?
① 이자지급의 방법 및 시기
② 사채의 발행가액 또는 그 최고가액
③ 이미 발행한 사채 중 상환되지 아니한 사채가 있는 때에는 그 총액
④ 사채의 발행총액
⑤ 사채모집의 위탁을 받은 회사가 있을 때에는 그 상호 및 주소

014 한국철도공사법 및 시행령의 사채의 발행 등에 대한 설명으로 옳지 않은 것은?
① 채권은 사채의 인수가액 전액이 납입된 후가 아니면 이를 발행하지 못한다.
② 채권은 기명식으로 한다. 다만, 응모자 또는 소지인의 청구에 의하여 무기명식으로 할 수 있다.
③ 이권(利券)이 있는 무기명식의 사채를 상환하는 경우에 이권이 흠결된 때에는 그 이권에 상당한 금액을 상환액으로부터 공제한다.
④ 사채를 발행하기 전의 그 응모자 또는 사채를 교부받을 권리를 가진 자에 대한 통지 또는 최고는 사채청약서에 기재된 주소로 하여야 한다.
⑤ 무기명식채권의 소지자에 대한 통지 또는 최고는 공고의 방법에 의한다.

해설 **채권의 형식(시행령 제16조)**
채권은 무기명식으로 한다. 다만, 응모자 또는 소지인의 청구에 의하여 기명식으로 할 수 있다.

015 한국철도공사법 및 시행령에 대한 설명으로 옳지 않은 것은?

① 국가는 철도차량의 정비 및 임대사업을 효율적으로 수행하기 위하여 국토교통부장관이 필요하다고 인정하면 「국유재산법」에도 불구하고 공사에 국유재산을 무상으로 대부(貸付)하거나 사용·수익하게 할 수 있다
② 국가는 철도여객사업, 화물운송사업, 철도와 다른 교통수단의 연계운송사업을 효율적으로 수행하기 위하여 국토교통부장관이 필요하다고 인정하면 「국유재산법」에도 불구하고 공사에 국유재산을 무상으로 대부(貸付)하거나 사용·수익하게 할 수 있다.
③ 국가는 철도 장비와 철도용품의 제작·판매·정비 및 임대사업을 효율적으로 수행하기 위하여 국토교통부장관이 필요하다고 인정하면 「국유재산법」에도 불구하고 공사에 국유재산을 무상으로 대부(貸付)하거나 사용·수익하게 할 수 있다
④ 국가는 철도시설의 유지·보수 등 국가·지방자치단체 또는 공공법인 등으로부터 위탁받은 사업을 효율적으로 수행하기 위하여 국토교통부장관이 필요하다고 인정하면 「국유재산법」에도 불구하고 공사에 국유재산을 무상으로 대부(貸付)하거나 사용·수익하게 할 수 있다
⑤ 국가는 역세권 및 공사의 자산을 활용한 개발·운영 사업을 효율적으로 수행하기 위하여 국토교통부장관이 필요하다고 인정하면 「국유재산법」에도 불구하고 공사에 국유재산을 무상으로 대부(貸付)하거나 사용·수익하게 할 수 있다

[해설] 국유재산의 무상대부 등(법 제14조)
① 국가는 다음 각 호의 어느 하나에 해당하는 공사의 사업을 효율적으로 수행하기 위하여 국토교통부장관이 필요하다고 인정하면 「국유재산법」에도 불구하고 공사에 국유재산(물품을 포함. 이하 같다)을 무상으로 대부(貸付)하거나 사용·수익하게 할 수 있다.
 1. 제9조 제1항 제1호부터 제4호까지의 규정에 따른 사업
 2. 「철도산업발전기본법」 제3조 제2호 가목의 역시설의 개발 및 운영 사업
② 국가는 「국유재산법」에도 불구하고 제1항에 따라 대부하거나 사용·수익을 허가한 국유재산에 건물이나 그 밖의 영구시설물을 축조하게 할 수 있다.
③ 제1항에 따른 대부 또는 사용·수익 허가의 조건 및 절차에 관하여 필요한 사항은 대통령령으로 정한다.

016 한국철도공사법에서 공사의 업무 중 국토교통부장관이 지도·감독하는 업무로 옳지 않은 것은?

① 연도별 사업계획 및 예산에 관한 사항
② 철도서비스 품질개선에 관한 사항
③ 철도사업계획의 이행에 관한 사항
④ 철도시설·철도차량·열차운행 등 철도의 안전을 확보하기 위한 사항
⑤ 철도시설의 공동 활용에 관한 사항

해설) 지도·감독(법 제16조)
국토교통부장관은 공사의 업무 중 다음 각 호의 사항과 그와 관련되는 업무에 대하여 지도·감독한다.
1. 연도별 사업계획 및 예산에 관한 사항
2. 철도서비스 품질개선에 관한 사항
3. 철도사업계획의 이행에 관한 사항
4. 철도시설·철도차량·열차운행 등 철도의 안전을 확보하기 위한 사항
5. 그 밖에 다른 법령에서 정하는 사항

017 한국철도공사법상 공사의 임직원이거나 임직원이었던 사람은 그 직무상 알게 된 비밀을 누설하거나 도용하여서는 아니 되는데 이것을 위반한 사람에 대한 벌칙은?

① 5년 이하의 징역 또는 5,000만원 이하의 벌금
② 4년 이하의 징역 또는 4,000만원 이하의 벌금
③ 3년 이하의 징역 또는 3,000만원 이하의 벌금
④ 2년 이하의 징역 또는 2,000만원 이하의 벌금
⑤ 1년 이하의 징역 또는 1,000만원 이하의 벌금

018 한국철도공사법에 따른 공사가 아닌 자는 한국철도공사 또는 이와 유사한 명칭을 사용하지 못하게 되어있는데 이를 위반하면 부여되는 과태료는?

① 100만원 이하
② 200만원 이하
③ 300만원 이하
④ 500만원 이하
⑤ 1,000만원 이하

해설) 과태료(법 제20조)
한국철도공사법 제8조의2를 위반한 자에게는 500만원 이하의 과태료를 부과한다.

정답 016.⑤ 017.④ 018.④

019 한국철도공사법 및 시행령에 대한 설명으로 옳지 않은 것은?
① 공사의 자본금은 22조원으로 하고, 그 전부를 정부가 출자한다.
② 정관으로 정하는 바에 따라 사장이 지정한 공사의 직원은 사장을 대신하여 공사의 업무에 관한 재판상 또는 재판 외의 모든 행위를 할 수 있다.
③ 공사는 이사회의 의결을 거쳐 예산의 범위에서 공사의 업무와 관련된 사업에 투자·융자·보조 또는 출연할 수 있다.
④ 국유재산의 무상대부 또는 무상사용·수익에 관하여 한국철도공사법 및 시행령에 규정된 것 외에는 철도산업발전기본법의 규정에 의한다.
⑤ 무기명식채권의 소지자에 대한 통지 또는 최고는 공고의 방법에 의한다. 다만, 그 소재를 알 수 있는 경우에는 이에 의하지 아니할 수 있다.

[해설] 국유재산의 무상대부 등(시행령 제20조)
국유재산의 무상대부 또는 무상사용·수익에 관하여 법 및 이 영에 규정된 것 외에는 「국유재산법」의 규정에 의한다.

020 한국철도공사법 및 시행령에 대한 설명으로 옳지 않은 것은?
① 공사의 임직원이거나 임직원이었던 사람은 그 직무상 알게 된 비밀을 누설하거나 도용하여서는 아니 된다.
② 지방자치단체는 공사가 발행하는 사채의 원리금 상환을 보증할 수 있다.
③ 공사는 철도사업과 관련하여 일반업무시설, 판매시설, 주차장, 여객자동차터미널 및 화물터미널 등 철도 이용자에게 편의를 제공하기 위한 역세권 개발사업을 할 수 있고, 정부는 필요한 경우에 행정적·재정적 지원을 할 수 있다.
④ 공사는 업무상 필요하다고 인정하면 관계 행정기관이나 철도사업과 관련되는 기관·단체 등에 자료의 제공을 요청할 수 있다.
⑤ 과태료는 국토교통부장관이 부과·징수한다.

[해설] 사채의 발행 등(법 제11조)
국가는 공사가 발행하는 사채의 원리금 상환을 보증할 수 있다.

부록 1

최종 모의고사

- 제1회 최종 모의고사
- 제2회 최종 모의고사
- 제3회 최종 모의고사

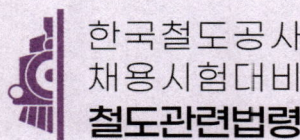

제1회 최종 모의고사

정답 및 해설 p.228

01 다음 중 철도산업발전기본법에 대한 설명으로 옳은 것은?

① 국토교통부장관은 철도산업의 육성과 발전을 촉진하기 위하여 10년 단위로 철도산업발전 기본계획을 수립하여 시행하여야 한다.
② 철도산업에 관한 기본계획 및 중요정책 등을 심의·조정하기 위하여 국토교통부에 철도산업발전위원회를 둔다.
③ 철도산업발전 기본계획에는 각종 철도 간의 연락수송 및 사업발전에 관한 사항이 포함되어야 한다.
④ 용어의 정의에서 "철도차량"이라 함은 본선을 운행할 목적으로 제작된 동력차·객차·화차 및 특수차를 말한다.
⑤ 용어의 정의에서 "철도산업"이라 함은 철도운송·철도시설·철도차량 관련 산업과 철도기술개발 관련 산업 그 밖에 철도의 개발·이용·관리와 관련된 산업을 말한다.

02 국토교통부장관은 철도산업의 육성과 발전을 촉진하기 위하여 5년 단위로 철도산업발전 기본계획을 수립하여 시행하여야 하는데 다음 중 기본계획에 포함되어야 하는 사항으로 옳은 것은?

① 철도산업의 여건 및 해외철도 진출에 관한 사항
② 각종 철도 간의 연락수송 및 사업 우선순위에 관한 사항
③ 철도시설의 투자·건설·유지보수 및 이를 위한 재원확보에 관한 사항
④ 철도안전관리체계의 개선에 관한 사항
⑤ 철도산업의 육성 및 발전에 관한 사항으로서 국토교통부령으로 정하는 사항

03 다음 중 철도산업발전기본법에 대한 설명으로 옳지 않은 것은?
① 철도산업발전기본법에서 사용되는 용어의 정의에서 "철도산업"이라 함은 철도운송·철도시설·철도차량 관련 산업과 철도기술개발 관련 산업 그 밖에 철도의 개발·이용·관리와 관련된 산업을 말한다.
② 국가는 각종 국가계획에 철도시설 투자의 목표치와 투자계획을 반영하여야 하며, 매년 교통시설 투자예산에서 철도시설 투자예산의 비율이 지속적으로 유지되도록 노력하여야 한다.
③ 국토교통부장관은 철도산업에 관한 국제적 동향을 파악하고 국제협력을 촉진하여야 한다.
④ 철도협회의 정관은 국토교통부장관의 인가를 받아야 하며, 정관의 기재사항과 협회의 운영 등에 필요한 사항은 대통령령으로 정한다.
⑤ 국가는 철도산업의 경쟁력을 강화하고 발전기반을 조성하기 위하여 철도시설 부문과 철도운영 부문을 분리하는 철도산업의 구조개혁을 추진하여야 한다.

04 다음 중 철도산업발전기본법에 대한 설명으로 옳은 것은?
① 국가는 철도시설 부문과 철도운영 부문 간의 상호 보완적 기능이 발휘될 수 있도록 국토교통부령으로 정하는 바에 의하여 상호협력체계 구축 등 필요한 조치를 마련하여야 한다.
② 철도산업의 구조개혁을 추진하는 경우 철도시설은 국가철도공단이 소유하는 것을 원칙으로 한다.
③ 국토교통부장관은 대통령령으로 정하는 바에 의하여 철도산업의 구조개혁을 추진하기 위한 철도자산의 처리계획을 위원회의 승인을 거쳐 수립하여야 한다.
④ 철도시설관리자와 철도운영자는 승인신청자가 철도서비스를 제공하고 있는 노선 또는 역에 대하여 철도의 경영개선을 위한 적절한 조치를 취하였음에도 불구하고 수지균형의 확보가 극히 곤란하여 경영상 어려움이 발생한 경우 국토교통부장관의 허가를 얻어 특정 노선 및 역의 폐지와 관련 철도서비스의 제한 또는 중지 등 필요한 조치를 취할 수 있다.
⑤ 국토교통부장관은 특정 노선 및 역의 폐지와 이와 관련된 철도서비스의 제한 또는 중지에 대한 승인을 하고자 하는 때에는 청문을 실시하여야 한다.

05 다음 중 철도산업발전기본법 및 시행령에 대한 설명으로 옳지 않은 것은?
① 철도산업에 관한 기본계획 및 중요정책 등을 심의·조정하기 위하여 국토교통부에 철도산업위원회를 둔다.
② 철도시설관리자는 그 시설을 설치 또는 관리할 때에 법령에서 정하는 바에 따라 해당 시설의 안전한 상태를 유지하고, 해당 시설과 이를 이용하려는 철도차량 간의 종합적인 성능검증 및 안전상태 점검 등 안전확보에 필요한 조치를 하여야 한다.
③ 철도서비스 품질평가의 절차 및 활용 등에 관하여 필요한 사항은 국트교통부령으로 정한다.
④ 국가는 철도시설 부문과 철도운영 부문 간의 상호 보완적 기능이 발휘될 수 있도록 국토교통부령으로 정하는 바에 의하여 상호협력체계 구축 등 필요한 조치를 마련하여야 한다.
⑤ 국토교통부장관은 철도시설관리자와 철도운영자가 안전하고 효율적으로 선로를 사용할 수 있도록 하기 위하여 선로용량의 배분에 관한 지침을 수립·고시하여야 한다.

06 다음 중 철도사업법에 대한 설명으로 옳은 것은?
① 국토교통부장관은 사업용철도노선의 노선번호, 노선명, 기점(起點), 종점(終點), 중요 경과지(정차역을 제외)와 그 밖에 필요한 사항을 국토교통부령으로 정하는 바에 따라 지정·고시하여야 한다.
② 철도사업법에서 사용하는 용어의 뜻에서 "전용철도"란 자신의 수요에 따른 영업을 목적으로 하지 아니하고 다른 사람의 수요에 따라 특수 목적을 수행하기 위하여 설치하거나 운영하는 철도를 말한다.
③ 철도사업자는 국토교통부장관이 지정하는 날 또는 기간에 운송을 시작하여야 한다. 다만, 천재지변이나 그 밖의 불가피한 사유로 철도사업자가 국토교통부장관이 지정하는 날 또는 기간에 운송을 시작할 수 없는 경우에는 국토교통부장관의 인가를 받아 날짜를 연기하거나 기간을 연장할 수 있다.
④ 철도사업자는 여객에 대한 운임(여객운송에 대한 직접적인 대가를 말하며, 여객운송과 관련된 설비·용역에 대한 대가도 포함)·요금을 국토교통부장관에게 신고하여야 한다.
⑤ 철도사업자는 여객 운임·요금을 감면하는 경우에는 그 시행 3일 이전어 감면 사항을 인터넷 홈페이지, 관계 역·영업소 및 사업소 등 일반인이 잘 볼 수 있는 곳에 게시하여야 한다.

07 다음 중 철도사업법에 대한 설명으로 옳지 않은 것은?

① 전용철도운영자가 그 운영의 전부 또는 일부를 휴업 또는 폐업한 경우에는 1개월 이내에 국토교통부장관에게 신고하여야 한다.
② 국토교통부장관은 전용철도운영자가 휴업신고나 폐업신고를 하지 아니하고 3개월 이상 전용철도를 운영하지 아니한 경우 그 등록을 취소하거나 1년 이내의 기간을 정하여 그 운영의 전부 또는 일부의 정지를 명할 수 있다.
③ 국토교통부장관은 정책의 변경 또는 법령의 개정 등으로 인하여 민자철도사업자가 부담하여야 하는 비용이 추가로 발생하는 경우 그 비용의 전부 또는 일부를 지원할 수 있다.
④ 철도사업자는 철도운영의 효율화와 회계처리의 투명성을 제고하기 위하여 국토교통부령으로 정하는 바에 따라 운행지역·속도별로 회계를 구분하여 경리하여야 한다.
⑤ 철도사업자의 공동 활용에 관한 요청을 정당한 사유 없이 거부한 자는 2년 이하의 징역 또는 2천만원 이하의 벌금에 처한다.

08 다음 중 철도사업법에 대한 설명으로 옳지 않은 것은?

① 철도사업에 종사하는 철도운수종사자는 안전운행과 여객 및 화주의 편의를 위하여 철도운수종사자가 준수하여야 할 사항으로서 국토교통부령으로 정하는 사항을 위반하는 행위를 하여서는 아니 된다.
② 국토교통부장관은 공공복리의 증진과 철도서비스 이용자의 권익보호를 위하여 철도사업자가 제공하는 철도서비스에 대하여 적정한 철도서비스 기준을 정하고, 그에 따라 철도사업자가 제공하는 철도서비스의 품질을 평가하여야 한다.
③ 전용철도의 등록기준과 등록절차 등에 관하여 필요한 사항은 국토교통부령으로 정한다.
④ 국토교통부장관의 인가를 받지 아니하고 공동운수협정을 체결하거나 변경한 자는 1천만원 이하의 벌금에 처한다.
⑤ 사업용철도차량의 표시를 하지 아니한 철도사업자에게는 1,000만원 이하의 과태료를 부과한다.

09 철도사업법에서 정한 내용의 설명으로 옳지 않은 것은?

① 철도사업법에서 사용하는 용어의 뜻에서 "철도사업"이란 다른 사람의 수요에 응하여 철도차량을 사용하여 유상으로 여객이나 화물을 운송하는 사업을 말한다.
② 사업용철도노선 분류의 기준이 되는 운행지역, 운행거리 및 운행속도는 국토교통부령으로 정한다.
③ 철도사업자는 재해복구를 위한 긴급지원, 여객 유치를 위한 기념행사, 그 밖에 철도사업의 경영상 필요하다고 인정되는 경우에는 일정한 기간과 대상을 정하여 신고한 여객 운임·요금을 감면할 수 있다.
④ 철도사업자는 부가 운임을 징수하려는 경우에는 사전에 부가 운임의 징수 대상 행위, 열차의 운행속도 및 운행지역 등에 따른 부가 운임 산정기준을 정하고 철도사업약관에 포함하여 국토교통부장관에게 신고하여야 한다.
⑤ 철도사업자는 사업계획을 변경하려는 경우에는 국토교통부장관에게 신고하여야 한다. 다만, 대통령령으로 정하는 중요 사항을 변경하려는 경우에는 국토교통부장관의 인가를 받아야 한다.

10 다음 중 한국철도공사법 및 시행령에 대한 설명으로 옳지 않은 것은?

① 공사의 자본금의 납입 시기와 방법은 기획재정부장관이 정하는 바에 따른다.
② 국가는 공사의 경영 안정 및 철도 차량·장비의 현대화 등을 위하여 재정 지원이 필요하다고 인정하면 예산의 범위에서 사업에 필요한 비용의 일부를 보조하거나 재정자금의 융자 또는 사채 인수를 할 수 있다.
③ 공사는 업무상 필요하다고 인정하면 관계 행정기관이나 철도사업과 관련되는 기관·단체 등에 자료의 제공을 요청할 수 있다.
④ 채권은 기명식으로 한다. 다만, 응모자 또는 소지인의 청구에 의하여 무기명식으로 할 수 있다.
⑤ 사채를 발행하기 전의 그 응모자 또는 사채를 교부받을 권리를 가진 자에 대한 통지 또는 최고는 사채청약서에 기재된 주소로 하여야 한다.

제2회 최종 모의고사

정답 및 해설 p.231

01 철도산업발전기본법상 용어의 정의에서 철도시설로 옳은 것은?
① 철도의 선로(선로에 부대되는 시설을 제외함)
② 철도의 전철전력설비, 전기통신설비, 신호 및 열차제동설비
③ 철도노선 간 또는 다른 교통수단과의 연락운송에 필요한 시설
④ 철도경영연수 및 철도전문인력의 교육훈련을 위한 시설
⑤ 철도의 건설·유지 보수 및 운영을 위한 시설로서 국토교통부령으로 정하는 시설

02 다음은 철도산업발전기본법상의 철도산업 육성에 대한 내용이다. 옳은 것은?
① 국가는 철도시설 투자를 추진하는 경우 사회적·재정적 편익을 고려하여야 한다.
② 국토교통부장관은 대통령령으로 정하는 바에 의하여 철도산업전문 연수기관과 협약을 체결하여 철도산업에 종사하는 자의 교육·훈련프로그램에 대한 행정적·재정적 지원 등을 할 수 있다.
③ 국토교통부장관은 철도산업에 관한 정보를 효율적으로 처리하고 원활하게 유통하기 위하여 대통령령으로 정하는 바에 의하여 철도산업정보화 기본계획을 수립·시행하여야 한다.
④ 국토교통부장관은 철도산업전문인력의 수급의 변화에 따라 철도산업교육과정의 확대 등 필요한 조치를 철도운영기관에 요청할 수 있다.
⑤ 철도산업에 관련된 기업, 기관 및 단체와 이에 관한 업무에 종사하는 자는 철도산업의 건전한 발전과 기술개발을 도모하기 위하여 철도협회를 설립할 수 있다.

03 다음 중 철도산업발전기본법에 대한 설명으로 옳은 것은?
① 국토교통부장관은 철도산업전문인력의 수급의 변화에 따라 철도산업교육과정의 확대 등 필요한 조치를 철도운영자에게 요청할 수 있다.
② 국토교통부장관은 철도산업에 관한 정보를 효율적으로 처리하고 원활하게 유통하기 위하여 국토교통부으로 정하는 바에 의하여 철도산업정보화 기본계획을 수립·시행하여야 한다.
③ 국민권익위원장은 철도서비스의 품질을 개선하고 이용자의 편익을 높이기 위하여 철도서비스의 품질을 평가하여 시책에 반영하여야 한다.
④ 철도시설을 사용하고자 하는 자는 대통령령으로 정하는 바에 따라 관리청의 허가를 받거나 철도시설관리자와 시설사용계약을 체결하거나 그 시설사용계약을 체결한 자의 승낙을 얻어 사용할 수 있다.
⑤ 철도시설관리자는 지방자치단체·특정한 기관 또는 단체가 철도시설건설사업으로 인하여 현저한 이익을 받는 경우에는 국토교통부장관의 허가를 얻어 그 이익을 받는 자로 하여금 그 비용의 일부를 부담하게 할 수 있다.

04 다음 중 철도산업발전기본법에 대한 설명으로 옳지 않은 것은?
① 철도시설관리자는 지방자치단체·특정한 기관 또는 단체가 철도시설건설사업으로 인하여 현저한 이익을 받는 경우에는 국토교통부장관의 승인을 얻어 그 이익을 받는 자로 하여금 그 비용의 일부를 부담하게 할 수 있다.
② 국토교통부장관은 이 법에 따른 권한의 일부를 대통령령으로 정하는 바에 따라 특별시장·광역시장·도지사·특별자치도지사 또는 지방교통관서의 장에 위임하거나 관계 행정기관·국가철도공단·철도공사·정부출연연구기관에게 위탁할 수 있다. 다만, 철도시설유지보수 시행업무는 국가철도공단에 위탁한다.
③ 국토교통부장관은 특정 노선 및 역의 폐지와 이와 관련된 철도서비스의 제한 또는 중지에 대한 승인을 하고자 하는 때에는 청문을 실시하여야 한다.
④ 국토교통부장관의 승인을 얻지 아니하고 특정 노선 및 역을 폐지하거나 철도서비스를 제한 또는 중지한 자는 3년 이하의 징역 또는 5천만원 이하의 벌금에 처한다.
⑤ 과태료는 대통령령으로 정하는 바에 따라 국토교통부장관이 부과·징수한다.

05 다음 중 철도사업법에 대한 설명으로 옳은 것은?
① 철도사업자는 열차를 이용하는 여객이 정당한 운임·요금을 지급하지 아니하고 열차를 이용한 경우에는 승차 구간에 해당하는 운임의 30배의 범위에서 부가 운임을 징수할 수 있다.
② 철도사업자는 철도사업약관을 정하여 국토교통부장관에게 등록하여야 한다. 이를 변경하려는 경우에도 같다.
③ 국토교통부장관은 공동운수협정을 승인하려면 미리 공정거래위원회와 협의하여야 한다.
④ 철도사업자는 다른 철도사업자 또는 철도사업 외의 사업을 경영하는 자와 합병하려는 경우에는 국토교통부장관의 인가를 받아야 한다.
⑤ 철도사업자는 철도사업의 전부 또는 일부를 휴업 또는 폐업하려는 경우에는 국토교통부령으로 정하는 바에 따라 휴업 또는 폐업하는 사업의 내용과 그 기간 등을 인터넷 홈페이지, 관계 역·영업소 및 사업소 등 일반인이 잘 볼 수 있는 곳에 게시하여야 한다.

06 철도사업법 및 시행령에서 정한 내용의 설명으로 옳지 않은 것은?
① 국토교통부장관은 여객 운임의 상한을 지정하기 위하여 「철도산업발전기본법」에 따른 철도산업위원회 또는 철도나 교통 관련 전문기관 및 전문가의 의견을 들을 수 있다.
② 전용철도운영자가 사망한 경우 상속인이 그 전용철도의 운영을 계속하려는 경우에는 피상속인이 사망한 날부터 1개월 이내에 극토교통부장관에게 신고하여야 한다.
③ 철도시설의 점용허가를 받은 자는 점용허가기간이 만료되거나 점용을 폐지한 날부터 3월 이내에 점용허가받은 철도시설을 원상으로 회복하여야 한다.
④ 철도서비스의 기준, 품질평가의 항목·절차 등에 필요한 사항은 국토교통부령으로 정한다.
⑤ 전용철도의 운영을 양도·양수하려는 자는 국토교통부령으로 정하는 바에 따라 국토교통부장관에게 신고하여야 한다.

07 다음 중 철도사업법에 대한 설명으로 옳지 않은 것은?
① 국토교통부장관은 철도사업자가 거짓이나 그 밖의 부정한 방법으로 철도사업의 면허를 받은 경우 면허를 취소하여야 한다.
② 국토교통부장관은 철도사업자에게 사업정지처분을 하여야 하는 경우로서 그 사업정지처분이 그 철도사업자가 제공하는 철도서비스의 이용자에게 심한 불편을 주거나 그 밖에 공익을 해칠 우려가 있을 때에는 그 사업정지처분을 갈음하여 1억원 이하의 과징금을 부과·징수할 수 있다.
③ 국토교통부장관은 철도서비스의 품질을 평가한 경우에는 그 평가 결과를 국토교통부령으로 정하는 바에 따라 신문 등 대중매체를 통하여 공표하여야 한다.
④ 화물이 인도 기한을 지난 후 3개월 이내에 인도되지 아니한 경우에는 그 화물은 멸실된 것으로 본다.
⑤ 국토교통부장관은 민자철도사업자가 민자철도의 유지·관리 및 운영에 관한 기준을 준수하지 아니한 경우에는 1억원 이하의 과징금을 부과·징수할 수 있다.

08 철도사업법에서 정한 내용의 설명으로 옳은 것은?
① 국토교통부장관은 소비자보호원과 협의하여 철도사업자 간 경쟁을 제한하지 아니하는 범위에서 철도서비스의 질적 향상을 촉진하기 위하여 우수 철도서비스에 대한 인증을 할 수 있다.
② 우수 철도서비스 인증의 절차, 인증기준, 우수서비스마크, 인증의 사후관리에 관한 사항과 그 밖에 인증에 필요한 사항은 국토교통부령으로 정한다.
③ 공공교통을 목적으로 하는 선로 및 열차의 조성 또는 분리 등을 위한 시설 등의 공동 사용시설을 관리하는 자는 철도사업자가 그 시설의 공동 활용에 관한 요청을 하는 경우 국토교통부장관의 승인을 얻어 이용할 수 있게 하여야 한다.
④ 철도사업자는 철도사업 외의 사업을 경영하는 경우에는 철도사업에 관한 회계와 철도사업 외의 사업에 관한 회계를 통합하여 경리하여야 한다.
⑤ 철도사업자의 화물의 멸실·훼손 또는 인도(引導)의 지연에 대한 손해배상책임에 관하여는 「민법」 제135조를 준용한다.

09 철도사업법에서 정한 내용의 설명으로 옳지 않은 것은?

① 전용철도를 운영하려는 자는 국토교통부령으로 정하는 바에 따라 전용철도의 건설·운전·보안 및 운송에 관한 사항이 포함된 운영계획서를 첨부하여 국토교통부장관에게 등록을 하여야 한다.
② 국토교통부장관은 전용철도 운영의 건전한 발전을 위하여 필요하다고 인정하는 경우에는 전용철도 운영자에게 시설 또는 운영의 개선을 명할 수 있다.
③ 국토교통부장관은 점용허가를 받지 아니하고 철도시설을 점용한 자에 대하여 점용료의 100분의 150에 해당하는 금액을 변상금으로 징수할 수 있다.
④ 국토교통부장관의 인가를 받지 아니하고 공동운수협정을 체결하거나 변경한 자는 1천만원 이하의 벌금에 처한다.
⑤ 철도사업약관을 신고하지 아니하거나 신고한 철도사업약관을 이행하지 아니한 자에게는 1천만원 이하의 과태료를 부과한다.

10 다음 중 한국철도공사법에 대한 설명으로 옳은 것은?

① 공사의 자본금은 22조원으로 하고, 그 일부를 정부가 출자한다.
② 사채의 소멸시효는 원금은 2년, 이자는 5년이 지나면 완성한다.
③ 공사의 설립등기와 하부조직의 설치·이전 및 변경 등기, 그 밖에 공사의 등기에 필요한 사항은 국토교통부령으로 정한다.
④ 공사는 철도산업위원회의 의결을 거쳐 예산의 범위에서 공사의 업무와 관련된 사업에 투자·융자·보조 또는 출연할 수 있다.
⑤ 공사의 임직원이거나 임직원이었던 사람은 그 직무상 알게 된 비밀을 누설하거나 도용하여서는 아니 된다. 이를 위반한 자는 2년 이하의 징역 또는 2천만원 이하의 벌금에 처한다.

제3회 최종 모의고사

정답 및 해설 p.234

01 다음 중 철도산업발전기본법상 용어의 정의에 대한 설명으로 옳지 않은 것은?
① "철도"라 함은 여객 또는 화물을 운송하는 데 필요한 철도시설과 철도차량 및 이와 관련된 운영·지원체계가 유기적으로 구성된 운송체계를 말한다.
② "철도차량"이라 함은 선로를 운행할 목적으로 제작된 동력차·객차·화차 및 특수차를 말한다.
③ "선로"라 함은 철도차량을 운행하기 위한 궤도와 이를 받치는 노반 또는 공작물로 구성된 시설을 말한다.
④ "철도시설의 유지보수"라 함은 기존 철도시설의 현상유지 및 성능향상을 위한 점검·보수·교체·개량 등 일상적인 활동을 말한다.
⑤ "공익서비스"라 함은 철도운영자가 영리목적의 영업활동으로 국가 또는 지방자치단체의 정책이나 공공목적 등을 위하여 제공하는 철도서비스를 말한다.

02 다음 중 철도산업발전기본법에 대한 설명으로 옳은 것은?
① 철도협회는 국토교통부장관의 승인을 받아 주된 사무소의 소재지에 설립등기를 함으로써 성립한다.
② 철도산업의 구조개혁을 추진하는 경우 철도운영 관련사업은 시장경제원리에 따라 국가가 영위하는 것을 원칙으로 한다.
③ 철도시설관리자는 그가 제공하는 철도서비스의 품질을 개선하기 위하여 노력하여야 한다.
④ 철도서비스 품질평가의 절차 및 활용 등에 관하여 필요한 사항은 국토교통부령으로 정한다.
⑤ 용어의 정의에서 "선로"라 함은 철도차량을 운행하기 위한 레일과 이를 받치는 궤도 또는 공작물로 구성된 시설을 말한다.

03 철도산업발전기본법 및 시행령에 대한 설명으로 옳지 않은 것은?

① 선로등사용계약을 체결하여 선로등을 사용하고 있는 자는 그 선로등을 계속하여 사용하고자 하는 경우에는 사용기간이 만료되기 10월 전까지 선로등사용계약의 갱신을 신청하여야 한다.
② 철도운영자는 매년 10월 말까지 국가가 다음 연도에 부담하여야 하는 공익서비스비용의 추정액, 당해 공익서비스의 내용 그 밖의 필요한 사항을 기재한 국가부담비용추정서를 국토교통부장관에게 제출하여야 한다.
③ 국가부담비용을 지급받는 철도운영자의 회계연도는 정부의 회계연도에 따른다.
④ 철도시설관리권 또는 철도시설관리권을 목적으로 하는 저당권의 설정·변경·소멸 및 처분의 제한은 국토교통부에 비치하는 철도시설관리권등록부에 등록함으로써 그 효력이 발생한다.
⑤ 국토교통부장관 또는 관계행정기관의 장은 승인신청자가 특정 노선 및 역을 폐지하거나 철도서비스의 제한·중지 등의 조치를 취하고자 하는 때에는 대통령령으로 정하는 바에 의하여 대체수송수단의 마련 등 필요한 조치를 하여야 한다.

04 철도산업발전기본법 시행령에서 선로등의 사용료를 정하는 경우에 고려할 수 있는 사항으로 옳지 않은 것은?

① 철도서비스의 수준
② 운행하는 철도차량의 종류 및 중량
③ 철도차량의 운행시간대 및 운행횟수
④ 철도사고의 발생빈도 및 정도
⑤ 철도관리의 효율성 및 영업성

05 다음 중 철도사업법에 대한 설명으로 옳은 것은?
① 철도사업을 경영하려는 자는 지정·고시된 사업용철도노선을 정하여 국토교통부장관의 허가를 받아야 한다.
② 철도사업자는 화주가 운송장에 적은 화물의 품명·중량·용적 또는 개수에 따라 계산한 운임이 정당한 사유 없이 정상 운임보다 적은 경우에는 화주에게 그 부족 운임 외에 그 부족 운임의 5배의 범위에서 부가 운임을 징수할 수 있다.
③ 철도사업자가 그 사업의 전부 또는 일부를 휴업 또는 폐업하려는 경우에는 국토교통부령으로 정하는 바에 따라 국토교통부장관의 허가를 받아야 한다. 다만, 선로 또는 교량의 파괴, 철도시설의 개량, 그 밖의 정당한 사유로 휴업하는 경우에는 국토교통부령으로 정하는 바에 따라 국토교통부장관에게 신고하여야 한다.
④ 철도사업법에서 사용하는 용어의 뜻에서 "철도운수종사자"란 철도운송과 관련하여 승무 및 수송업무에 종사하는 직원을 말한다.
⑤ 철도사업자는 다른 철도사업자 또는 철도사업 외의 사업을 경영하는 자와 합병하려는 경우에는 국토교통부장관의 승인을 받아야 한다.

06 다음 중 철도사업법에서 정한 내용의 설명으로 옳지 않은 것은?
① 사업용철도노선 분류의 기준이 되는 운행지역, 운행거리 및 운행속도는 국토교통부령으로 정한다.
② 국토교통부장관은 철도 운임 상한의 산정, 철도차량의 효율적인 관리 등을 위하여 철도차량을 국토교통부령으로 정하는 운행속도에 따라 고속철도차량, 준고속철도차량, 일반철도차량 유형으로 구분할 수 있다.
③ 철도사업의 면허를 받을 수 있는 자는 법인으로 한다.
④ 법인의 임원 중 파산선고를 받고 복권되지 아니한 사람이 있는 법인은 철도사업의 면허를 받을 수 없다.
⑤ 철도사업자 또는 철도사업자로부터 승차권 판매위탁을 받은 자가 아닌 자는 철도사업자가 발행한 승차권 또는 할인권·교환권 등 승차권에 준하는 증서를 자신이 구입한 가격으로 다른 사람에게 판매하거나 이를 알선하여서는 아니 된다.

07 다음 중 철도사업법에서 정한 내용의 설명으로 옳지 않은 것은?
① 과징금을 부과하는 위반행위의 종류, 과징금의 부과기준·징수방법 등 필요한 사항은 대통령령으로 정한다.
② 국토교통부장관은 공공복리의 증진과 철도서비스 이용자의 권익보호를 위하여 철도사업자가 제공하는 철도서비스에 대하여 적정한 철도서비스 기준을 정하고, 그에 따라 철도사업자가 제공하는 철도서비스의 품질을 평가하여야 한다.
③ 우수 철도서비스 인증의 절차, 인증기준, 우수서비스마크, 인증의 사후관리에 관한 사항과 그 밖에 인증에 필요한 사항은 국토교통부령으로 정한다.
④ 거짓이나 그 밖의 부정한 방법으로 철도사업의 면허를 받은 경우 면허를 취소해야 한다.
⑤ 공공교통을 목적으로 하는 선로 및 철도 운영에 필요한 정보통신 설비 등의 공동사용시설을 관리하는 자는 철도사업자가 그 시설의 공동 활용에 관한 요청을 하는 경우 국토교통부장관에게 신고하고 이용할 수 있게 하여야 한다.

08 철도사업법 및 시행령에서 정한 내용의 설명으로 옳지 않은 것은?
① 철도사업자는 사업용철도를 「도시철도법」에 의한 도시철도와 연결하여 운행하려는 때에는 여객 운임·요금의 신고 또는 변경신고를 하기 전에 여객 운임·요금 및 그 변경시기에 관하여 미리 당해 도시철도 허가권자와 협의하여야 한다.
② 국토교통부장관이 여객 운임의 상한을 지정하려는 때에는 철도사업자로 하여금 원가계산 그 밖에 여객 운임의 산출기초를 기재한 서류를 제출하게 할 수 있다.
③ 국토교통부장관은 과징금을 부과하고자 하는 때에는 그 위반행위의 종별과 해당 과징금의 금액 등을 명시하여 이를 납부할 것을 서면으로 통지하여야 한다.
④ 사업용철도차량의 표시를 하지 아니한 철도사업자는 500만원 이하의 과태료를 부과한다.
⑤ 국토교통부장관은 전용철도 운영의 건전한 발전을 위하여 필요하다고 인정하는 경우에는 전용철도운영자에게 사업장의 이전, 시설 또는 운영의 개선을 명할 수 있다.

09 철도사업법 및 시행령에서 정한 내용의 설명으로 옳지 않은 것은?
① 전용철도를 운영하려는 자는 국토교통부령으로 정하는 바에 따라 전용철도의 건설·운전·보안 및 운송에 관한 사항이 포함된 운영계획서를 첨부하여 국토교통부장관에게 등록을 하여야 한다.
② 국토교통부장관은 전용철도운영자가 거짓이나 그 밖의 부정한 방법으로 등록을 한 경우 그 등록을 취소하거나 1년 이내의 기간을 정하여 그 운영의 전부 또는 일부의 정지를 명할 수 있다.
③ 국토교통부장관은 효율적인 철도 서비스 품질평가 체제를 구축하기 위하여 필요한 경우에는 관계 전문기관 등에 철도서비스 품질에 대한 조사·평가·연구 등의 업무와 우수 철도서비스 인증에 필요한 심사업무를 위탁할 수 있다.
④ 국토교통부장관은 민자철도사업자가 민자철도의 유지·관리 및 운영에 관한 기준을 준수하지 아니한 경우 1억원 이하의 과징금을 부과·징수할 수 있다.
⑤ 철도사업자는 타인에게 자기의 성명 또는 상호를 사용하여 철도사업을 경영하게 하여서는 아니 된다.

10 다음 중 한국철도공사의 사업으로 옳지 않은 것은?
① 철도 차량의 정비 및 임대사업
② 철도여객사업, 화물운송사업, 철도와 다른 교통수단의 연계운송사업
③ 철도장비와 철도용품의 제작·판매·정비 및 임대사업
④ 철도시설의 유지·보수 등 국가·지방자치단체 또는 공공법인 등으로부터 입찰받은 사업
⑤ 역세권 및 공사의 자산을 활용한 개발·운영 사업으로서 대통령령으로 정하는 사업

제1회 정답 및 해설

본문 p.213

빠른 정답									
01	02	03	04	05	06	07	08	09	10
⑤	③	②	⑤	④	⑤	④	⑤	④	④

01

정답 ⑤

① 국토교통부장관은 철도산업의 육성과 발전을 촉진하기 위하여 5년 단위로 철도산업발전 기본계획을 수립하여 시행하여야 한다.
② 철도산업에 관한 기본계획 및 중요정책 등을 심의·조정하기 위하여 국토교통부에 철도산업위원회를 둔다.
③ 철도산업발전 기본계획에는 각종 철도 간의 연계수송 및 사업조정에 관한 사항이 포함되어야 한다.
④ 용어의 정의에서 "철도차량"이라 함은 선로를 운행할 목적으로 제작된 동력차·객차·화차 및 특수차를 말한다.

02

정답 ③

철도산업발전 기본계획의 수립 등(철도산업발전기본법 제5조)
① 국토교통부장관은 철도산업의 육성과 발전을 촉진하기 위하여 5년 단위로 철도산업발전 기본계획을 수립하여 시행하여야 한다.
② 기본계획에는 다음 각 호의 사항이 포함되어야 한다.
   1. 철도산업 육성시책의 기본방향에 관한 사항
   2. 철도산업의 여건 및 동향전망에 관한 사항
   3. 철도시설의 투자·건설·유지보수 및 이를 위한 재원확보에 관한 사항
   4. 각종 철도 간의 연계수송 및 사업조정에 관한 사항
   5. 철도운영체계의 개선에 관한 사항
   6. 철도산업 전문인력의 양성에 관한 사항
   7. 철도기술의 개발 및 활용에 관한 사항
   8. 그 밖에 철도산업의 육성 및 발전에 관한 사항으로서 대통령령으로 정하는 사항

03
정답 ②

국가는 각종 국가계획에 철도시설 투자의 목표치와 투자계획을 반영하여야 하며, 매년 교통시설 투자예산에서 철도시설 투자예산의 비율이 지속적으로 높아지도록 노력하여야 한다.

04
정답 ⑤

① 국가는 철도시설 부문과 철도운영 부문 간의 상호 보완적 기능이 발휘될 수 있도록 대통령령으로 정하는 바에 의하여 상호협력체계 구축 등 필요한 조치를 마련하여야 한다.
② 철도산업의 구조개혁을 추진하는 경우 철도시설은 국가가 소유하는 것을 원칙으로 한다.
③ 국토교통부장관은 대통령령으로 정하는 바에 의하여 철도산업의 구조개혁을 추진하기 위한 철도자산의 처리계획을 위원회의 심의를 거쳐 수립하여야 한다.
④ 철도시설관리자와 철도운영자는 승인신청자가 철도서비스를 제공하고 있는 노선 또는 역에 대하여 철도의 경영개선을 위한 적절한 조치를 취하였음에도 불구하고 수지균형의 확보가 극히 곤란하여 경영상 어려움이 발생한 경우 국토교통부장관의 승인을 얻어 특정 노선 및 역의 폐지와 관련 철도서비스의 제한 또는 중지 등 필요한 조치를 취할 수 있다.

05
정답 ④

철도산업구조개혁의 기본방향(철도산업발전기본법 제17조)
국가는 철도시설 부문과 철도운영 부문 간의 상호 보완적 기능이 발휘될 수 있도록 대통령령으로 정하는 바에 의하여 상호협력체계 구축 등 필요한 조치를 마련하여야 한다.

06
정답 ⑤

① 국토교통부장관은 사업용철도노선의 노선번호, 노선명, 기점(起點), 종점(終點), 중요 경과지(정차역을 포함)와 그 밖에 필요한 사항을 국토교통부령으로 정하는 바에 따라 지정·고시하여야 한다.
② "전용철도"란 다른 사람의 수요에 따른 영업을 목적으로 하지 아니하고 자신의 수요에 따라 특수 목적을 수행하기 위하여 설치하거나 운영하는 철도를 말한다.
③ 철도사업자는 국토교통부장관이 지정하는 날 또는 기간에 운송을 시작하여야 한다. 다만, 천재지변이나 그 밖의 불가피한 사유로 철도사업자가 국토교통부장관이 지정하는 날 또는 기간에 운송을 시작할 수 없는 경우에는 국토교통부장관의 승인을 받아 날짜를 연기하거나 기간을 연장할 수 있다.
④ 철도사업자는 여객에 대한 운임(여객운송에 대한 직접적인 대가를 말하며, 여객운송과 관련된 설비·용역에 대한 대가는 제외)·요금을 국토교통부장관에게 신고하여야 한다. 0 를 변경하려는 경우에도 같다.

07
정답 ④
철도사업자는 철도운영의 효율화와 회계처리의 투명성을 제그하기 위하여 국토교통부령으로 정하는 바에 따라 철도사업의 종류별·노선별로 회계를 구분하여 경리하여야 한다.

08
정답 ⑤
사업용철도차량의 표시를 하지 아니한 철도사업자에게는 500만원 이하의 과태료를 부과한다.

09
정답 ④
철도사업자는 부가 운임을 징수하려는 경우에는 사전에 부가 운임의 징수 대상 행위, 열차의 종류 및 운행 구간 등에 따른 부가 운임 산정기준을 정하고 철도사업약관에 포함하여 국토교통부장관에게 신고하여야 한다.

10
정답 ④
채권은 무기명식으로 한다. 다만, 응모자 또는 소지인의 청구에 의하여 기명식으로 할 수 있다.

제2회 정답 및 해설

본문 p.218

빠른 정답									
01	02	03	04	05	06	07	08	09	10
④	③	④	②	④	②	③	②	③	⑤

01

정답 ④

① 철도의 선로(선로에 부대되는 시설을 포함함)
② 철도의 전철전력설비, 정보통신설비, 신호 및 열차제어설비
③ 철도노선 간 또는 다른 교통수단과의 연계운영에 필요한 시설
⑤ 철도의 건설·유지보수 및 운영을 위한 시설로서 대통령령으로 정하는 시설

02

정답 ③

① 국가는 철도시설 투자를 추진하는 경우 사회적·환경적 편익을 고려하여야 한다.
② 국토교통부장관은 국토교통부령으로 정하는 바에 의하여 철도산업전문 연수기관과 협약을 체결하여 철도산업에 종사하는 자의 교육·훈련프로그램에 대한 행정적·재정적 지원 등을 할 수 있다.
④ 국토교통부장관은 철도산업전문인력의 수급의 변화에 따라 철도산업교육과정의 확대 등 필요한 조치를 관계중앙행정기관의 장에게 요청할 수 있다.
⑤ 철도산업에 관련된 기업, 기관 및 단체와 이에 관한 업무에 종사하는 자는 철도산업의 건전한 발전과 해외진출을 도모하기 위하여 철도협회를 설립할 수 있다.

03
정답 ④
① 국토교통부장관은 철도산업전문인력의 수급의 변화에 따라 철도산업교육과정의 확대 등 필요한 조치를 관계중앙행정기관의 장에게 요청할 수 있다.
② 국토교통부장관은 철도산업에 관한 정보를 효율적으로 처리하고 원활하게 유통하기 위하여 대통령령으로 정하는 바에 의하여 철도산업정보화 기본계획을 수립·시행하여야 한다.
③ 국토교통부장관은 철도서비스의 품질을 개선하고 이용자의 편익을 높이기 위하여 철도서비스의 품질을 평가하여 시책에 반영하여야 한다.
⑤ 철도시설관리자는 지방자치단체·특정한 기관 또는 단체가 철도시설건설사업으로 인하여 현저한 이익을 받는 경우에는 국토교통부장관의 승인을 얻어 그 이익을 받는 자로 하여금 그 비용의 일부를 부담하게 할 수 있다.

04
정답 ②
권한의 위임 및 위탁(철도산업발전기본법 제38조)
국토교통부장관은 이 법에 따른 권한의 일부를 대통령령으로 정하는 바에 따라 특별시장·광역시장·도지사·특별자치도지사 또는 지방교통관서의 장에 위임하거나 관계 행정기관·국가철도공단·철도공사·정부출연연구기관에게 위탁할 수 있다. 다만, 철도시설유지보수 시행업무는 철도공사에 위탁한다.

05
정답 ④
① 철도사업자는 열차를 이용하는 여객이 정당한 운임·요금을 지급하지 아니하고 열차를 이용한 경우에는 승차 구간에 해당하는 운임 외에 그의 30배의 범위에서 부가 운임을 징수할 수 있다.
② 철도사업자는 철도사업약관을 정하여 국토교통부장관에게 신고하여야 한다. 이를 변경하려는 경우에도 같다.
③ 국토교통부장관은 공동운수협정을 인가하려면 미리 공정거래위원회와 협의하여야 한다.
⑤ 철도사업자는 철도사업의 전부 또는 일부를 휴업 또는 폐업하려는 경우에는 대통령령으로 정하는 바에 따라 휴업 또는 폐업하는 사업의 내용과 그 기간 등을 인터넷 홈페이지, 관계 역·영업소 및 사업소 등 일반인이 잘 볼 수 있는 곳에 게시하여야 한다.

06
정답 ②
전용철도운영자가 사망한 경우 상속인이 그 전용철도의 운영을 계속하려는 경우에는 피상속인이 사망한 날부터 3개월 이내에 국토교통부장관에게 신고하여야 한다.

07

정답 ③

국토교통부장관은 철도서비스의 품질을 평가한 경우에는 그 평가 결과를 대통령령으로 정하는 바에 따라 신문 등 대중매체를 통하여 공표하여야 한다.

08

정답 ②

① 국토교통부장관은 공정거래위원회와 협의하여 철도사업자 간 경쟁을 제한하지 아니하는 범위에서 철도서비스의 질적 향상을 촉진하기 위하여 우수 철도서비스에 대한 인증을 할 수 있다.
③ 공공교통을 목적으로 하는 선로 및 열차의 조성 또는 분리 등을 위한 시설 등의 공동 사용시설을 관리하는 자는 철도사업자가 그 시설의 공동 활용에 관한 요청을 하는 경우 협정을 체결하여 이용할 수 있게 하여야 한다.
④ 철도사업자는 철도사업 외의 사업을 경영하는 경우에는 철도사업에 관한 회계와 철도사업 외의 사업에 관한 회계를 구분하여 경리하여야 한다.
⑤ 철도사업자의 화물의 멸실·훼손 또는 인도(引導)의 지연에 대한 손해배상책임에 관하여는 「상법」 제135조를 준용한다.

09

정답 ③

국토교통부장관은 점용허가를 받지 아니하고 철도시설을 점용한 자에 대하여 점용료의 100분의 120에 해당하는 금액을 변상금으로 징수할 수 있다.

10

정답 ⑤

① 공사의 자본금은 22조원으로 하고, 그 전부를 정부가 출자한다.
② 사채의 소멸시효는 원금은 5년, 이자는 2년이 지나면 완성한다.
③ 공사의 설립등기와 하부조직의 설치·이전 및 변경 등기, 그 밖에 공사의 등기에 필요한 사항은 대통령령으로 정한다.
④ 공사는 이사회의 의결을 거쳐 예산의 범위에서 공사의 업무와 관련된 사업에 투자·융자·보조 또는 출연할 수 있다.

제3회 정답 및 해설

본문 p.223

빠른 정답									
01	02	03	04	05	06	07	08	09	10
⑤	④	②	⑤	③	⑤	⑤	①	②	④

01
정답 ⑤

정의(철도산업발전기본법 제3조)
"공익서비스"라 함은 철도운영자가 영리목적의 영업활동과 관계없이 국가 또는 지방자치단체의 정책이나 공공목적 등을 위하여 제공하는 철도서비스를 말한다.

02
정답 ④

① 철도협회는 국토교통부장관의 인가를 받아 주된 사무소의 소재지에 설립등기를 함으로써 성립한다.
② 철도산업의 구조개혁을 추진하는 경우 철도운영 관련사업은 시장경제원리에 따라 국가 외의 자가 영위하는 것을 원칙으로 한다.
③ 철도운영자는 그가 제공하는 철도서비스의 품질을 개선하기 위하여 노력하여야 한다.
⑤ 용어의 정의에서 "선로"라 함은 철도차량을 운행하기 위한 궤도와 이를 받치는 노반 또는 공작물로 구성된 시설을 말한다.

03
정답 ②

철도운영자는 매년 3월 말까지 국가가 다음 연도에 부담하여야 하는 공익서비스비용의 추정액, 당해 공익서비스의 내용 그 밖의 필요한 사항을 기재한 국가부담비용추정서를 국토교통부장관에게 제출하여야 한다.

04

정답 ⑤

사용계약에 따른 선로등의 사용료 등(철도산업발전기본법 시행령 제36조)
철도시설관리자는 선로등의 사용료를 정하는 경우에는 다음 각 호의 사항을 고려할 수 있다.
1. 선로등급·선로용량 등 선로등의 상태
2. 운행하는 철도차량의 종류 및 중량
3. 철도차량의 운행시간대 및 운행횟수
4. 철도사고의 발생빈도 및 정도
5. 철도서비스의 수준
6. 철도관리의 효율성 및 공익성

05

정답 ③

① 철도사업을 경영하려는 자는 지정·고시된 사업용철도노선을 정하여 국토교통부장관의 면허를 받아야 한다.
② 철도사업자는 송하인(送荷人)이 운송장에 적은 화물의 품명·중량·용적 또는 개수에 따라 계산한 운임이 정당한 사유 없이 정상 운임보다 적은 경우에는 송하인에게 그 부족 운임 외에 그 부족 운임의 5배의 범위에서 부가 운임을 징수할 수 있다.
④ "철도운수종사자"란 철도운송과 관련하여 승무(乘務, 동력차 운전과 열차 내 승무를 말함) 및 역무 서비스를 제공하는 직원을 말한다.
⑤ 철도사업자는 다른 철도사업자 또는 철도사업 외의 사업을 경영하는 자와 합병하려는 경우에는 국토교통부장관의 인가를 받아야 한다.

06

정답 ⑤

승차권 등 부정판매의 금지(철도사업법 제10조의2)
철도사업자 또는 철도사업자로부터 승차권 판매위탁을 받은 자가 아닌 자는 철도사업자가 발행한 승차권 또는 할인권·교환권 등 승차권에 준하는 증서를 상습 또는 영업으로 자신이 구입한 가격을 초과한 금액으로 다른 사람에게 판매하거나 이를 알선하여서는 아니 된다.

07

정답 ⑤

철도시설의 공동 활용(철도사업법 제31조)
공공교통을 목적으로 하는 선로 및 철도 운영에 필요한 정보통신 설비 등의 공동 사용시설을 관리하는 자는 철도사업자가 그 시설의 공동 활용에 관한 요청을 하는 경우 협정을 체결하여 이용할 수 있게 하여야 한다.

08
정답 ①

철도사업자는 사업용철도를 「도시철도법」에 의한 도시철도운영자가 운영하는 도시철도와 연결하여 운행하려는 때에는 여객 운임·요금의 신고 또는 변경신고를 하기 전에 여객 운임·요금 및 그 변경시기에 관하여 미리 당해 도시철도운영자와 협의하여야 한다.

09
정답 ②

국토교통부장관은 전용철도운영자가 거짓이나 그 밖의 부정한 방법으로 등록을 한 경우 그 등록을 취소하여야 한다.

10
정답 ④

철도시설의 유지·보수 등 국가·지방자치단체 또는 공공법인 등으로부터 위탁받은 사업이 해당한다.

부록 2

최신 기출복원문제

수록된 문제들은 2024년 한국철도공사 하반기 공개채용(24.10.19.) 기출복원문제입니다.
수험생들의 기억에 의해 복원된 문제이기 때문에 실제 출제문제와 다를 수 있습니다.

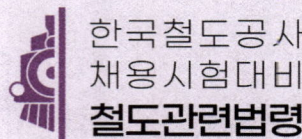

최신 기출복원문제

정답 및 해설 p.244

01 다음 중 철도산업발전기본법상 용어의 정의로 옳지 않은 것은?
① "선로"라 함은 철도차량을 운행하기 위한 궤도와 이를 받치는 노반 또는 공작물로 구성된 시설을 말한다.
② "철도차량"이라 함은 선로를 운행할 목적으로 제작된 동력차·객차·화차를 말하며 특수차는 제외된다.
③ "철도산업"이라 함은 철도운송·철도시설·철도차량 관련산업과 철도기술개발 관련산업 그 밖에 철도의 개발·이용·관리와 관련된 산업을 말한다.
④ "공익서비스"라 함은 철도운영자가 영리목적의 영업활동과 관계없이 국가 또는 지방자치단체의 정책이나 공공목적 등을 위하여 제공하는 철도서비스를 말한다.
⑤ "철도시설의 건설"이라 함은 철도시설의 신설과 기존 철도시설의 직선화·전철화·복선화 및 현대화 등 철도시설의 성능 및 기능향상을 위한 철도시설의 개량을 포함한 활동을 말한다.

02 철도산업발전기본법에서 국토교통부장관은 수립된 철도산업발전기본계획을 변경(대통령령으로 정하는 경미한 변경은 제외)하고자 하는 때에는 철도산업위원회의 심의를 거쳐야 한다. 아래의 〈보기〉에 있는 대통령령으로 정하는 경미한 변경에서 빈칸 안에 들어갈 기간은?

보기
철도시설투자사업 기간의 ☐ 기간 내에서의 변경

① 1개월　　　　② 3개월
③ 6개월　　　　④ 1년
⑤ 2년

03 다음 중 철도산업발전기본법에서 규정한 내용 중 옳지 않은 것은?

① 국토교통부장관은 철도산업의 육성과 발전을 촉진하기 위하여 5년 단위로 철도산업발전기본계획을 수립하여 시행하여야 한다.
② 국토교통부장관은 특정 노선 및 역의 폐지 또는 철도서비스의 제한 또는 중지에 대한 승인을 하고자 하는 때에는 위원회의 심의를 거쳐 승인여부를 결정한다.
③ 국토교통부장관은 공익서비스비용의 객관성과 공정성을 확보하기 위하여 필요한 때에는 국토교통부령으로 정하는 바에 의하여 전문기관을 지정하여 그 기관으로 하여금 공익서비스비용의 산정 및 평가 등의 업무를 담당하게 할 수 있다.
④ 국토교통부장관 또는 관계행정기관의 장은 승인신청자가 특정 노선 및 역을 폐지하거나 철도서비스의 제한·중지 등의 조치를 취하고자 하는 때에는 국토교통부령으로 정하는 바에 의하여 대체수송수단의 마련 등 필요한 조치를 하여야 한다
⑤ 철도산업의 구조개혁을 추진하는 경우 철도운영 관련사업은 시장경제원리에 따라 국가 외의 자가 영위하는 것을 원칙으로 한다.

04 철도산업발전기본법상 다음 〈보기〉에서 주어진 철도자산에 대한 내용에서 괄호 안에 들어갈 내용을 순서대로 나열한 것은?

보기
㉠ (   ) : 철도청과 고속철도건설공단이 철도운영 등을 주된 목적으로 취득하였거나 관련 법령 및 계약 등에 의하여 취득하기로 한 재산·시설 및 그에 관한 권리
㉡ (   ) : 철도청과 고속철도건설공단이 철도의 기반이 되는 시설의 건설 및 관리를 주된 목적으로 취득하였거나 관련 법령 및 계약 등에 의하여 취득하기로 한 재산·시설 및 그에 관한 권리

① ㉠ : 시설자산, ㉡ : 운영자산
② ㉠ : 운영자산, ㉡ : 시설자산
③ ㉠ : 운영자산, ㉡ : 기타자산
④ ㉠ : 시설자산, ㉡ : 건설자산
⑤ ㉠ : 시설자산, ㉡ : 기타자산

05. 철도사업법에서 정한 용어의 뜻에서 "철도사업을 목적으로 설치하거나 운영하는 철도"는?

① 사업용철도　　　② 전용철도
③ 영업철도　　　　④ 민자철도
⑤ 특수철도

06. 철도사업법에서 철도사업의 면허를 받을 수 있는 자는 법인으로 한다. 법인의 임원 중 면허를 받을 수 없는 결격사유에 해당하지 않는 것은?

① 피성년후견인
② 피한정후견인
③ 철도사업법 또는 철도사업법에서 대통령령으로 정하는 철도 관계 법령을 위반하여 금고 이상의 형의 집행유예를 선고받고 그 유예 기간 중에 있는 사람 또는 자연인
④ 파산선고를 받고 복권되지 아니한 사람
⑤ 철도사업의 면허가 취소된 후 그 취소일부터 2년이 지나지 아니한 법인

07 다음 〈보기〉는 철도사업법상 면허취소 등의 내용이다. 빈칸에 들어갈 기간으로 옳은 것은?

> 보기
>
> 국토교통부장관은 철도사업자가 다음 각 호의 어느 하나에 해당하는 경우에는 면허를 취소하거나, ☐ 이내의 기간을 정하여 사업의 전부 또는 일부의 정지를 명하거나, 노선 운행중지·운행제한·감차 등을 수반하는 사업계획의 변경을 명할 수 있다.
> 1. 면허받은 사항을 정당한 사유 없이 시행하지 아니한 경우
> 2. 사업 경영의 불확실 또는 자산상태의 현저한 불량이나 그 밖의 사유로 사업을 계속하는 것이 적합하지 아니할 경우
> 3. 고의 또는 중대한 과실에 의한 철도사고로 대통령령으로 정하는 다수의 사상자가 발생한 경우
> 4. 이후 조항 생략

① 1개월 ② 3개월
③ 6개월 ④ 1년
⑤ 2년

08 다음 중 철도사업법상 벌칙(형벌)에 해당하는 위반사항으로 옳은 것은?
① 철도사업약관을 신고하지 아니하거나 신고한 철도사업약관을 이행하지 아니한 자
② 사업용철도차량의 표시를 하지 아니한 철도사업자
③ 인가를 받지 아니하거나 신고를 하지 아니하고 사업계획을 변경한 자
④ 국토교통부장관으로부터 인증받은 자가 아니면서 우수서비스마크 또는 이와 유사한 표지를 철도차량 등에 붙이거나 인증 사실을 홍보한 자
⑤ 여객 운임·요금의 신고를 하지 아니한 자

09 한국철도공사법 및 시행령에 대한 설명으로 옳지 않은 것은?

① 한국철도공사는 법인으로 한다.
② 사채의 발행액은 공사의 자본금과 적립금을 합한 금액의 10배를 초과하지 못한다.
③ 공사의 자본금은 22조원으로 하고, 그 전부를 정부가 출자한다.
④ 사채의 소멸시효는 원금은 5년, 이자는 2년이 지나면 완성한다.
⑤ 공사가 사채를 발행하고자 하는 때에는 모집·총액인수 또는 매출의 방법에 의한다.

10 아래의 〈보기〉는 한국철도공사법에서 공사가 매 사업연도 결산 결과 이익금이 생기면 처리하는 내용이다. 처리 순서로 옳은 것은?

보기
㉠ 국고에 납입
㉡ 자본금의 2분의 1이 될 때까지 이익금의 10분의 2 이상을 이익준비금으로 적립
㉢ 이월결손금의 보전
㉣ 자본금과 같은 액수가 될 때까지 이익금의 10분의 2 이상을 사업확장적립금으로 적립

① ㉠ → ㉡ → ㉢ → ㉣
② ㉢ → ㉡ → ㉣ → ㉠
③ ㉢ → ㉡ → ㉠ → ㉣
④ ㉡ → ㉠ → ㉣ → ㉢
⑤ ㉣ → ㉡ → ㉢ → ㉠

정답 및 해설

본문 p.239

빠른 정답

01	02	03	04	05	06	07	08	09	10
②	⑤	④	②	①	③	③	④	②	②

01

정답 ②

정의(철도산업발전기본법 제3조)
"철도차량"이라 함은 선로를 운행할 목적으로 제작된 동력차·객차·화차 및 특수차를 말한다.

02

정답 ⑤

철도산업발전기본계획의 경미한 변경(철도산업발전기본법 시행령 제4조)
"대통령령이 정하는 경미한 변경"이라 함은 다음 각 호의 변경을 말한다.
1. 철도시설투자사업 규모의 100분의 1의 범위 안에서의 변경
2. 철도시설투자사업 총투자비용의 100분의 1의 범위 안에서의 변경
3. 철도시설투자사업 기간의 2년의 기간 내에서의 변경

03

정답 ④

특정 노선 폐지 등의 승인(철도산업발전기본법 제34조)
국토교통부장관 또는 관계행정기관의 장은 승인신청자가 특정 노선 및 역을 폐지하거나 철도서비스의 제한·중지 등의 조치를 취하고자 하는 때에는 대통령령으로 정하는 바에 의하여 대체수송수단의 마련 등 필요한 조치를 하여야 한다.

04

정답 ②

철도자산의 구분 등(철도산업발전기본법 제22조)
국토교통부장관은 철도산업의 구조개혁을 추진하는 경우 철도청과 고속철도건설공단의 철도자산을 다음 각 호와 같이 구분하여야 한다.
1. 운영자산 : 철도청과 고속철도건설공단이 철도운영 등을 주된 목적으로 취득하였거나 관련 법령 및 계약 등에 의하여 취득하기로 한 재산·시설 및 그에 관한 권리
2. 시설자산 : 철도청과 고속철도건설공단이 철도의 기반이 되는 시설의 건설 및 관리를 주된 목적으로 취득하였거나 관련 법령 및 계약 등에 의하여 취득하기로 한 재산·시설 및 그에 관한 권리
3. 기타자산 : 제1호 및 제2호의 철도자산을 제외한 자산

05

정답 ①

정의(철도사업법 제2조)
"사업용철도"란 철도사업을 목적으로 설치하거나 운영하는 철도를 말한다.

06

정답 ③

결격사유(철도사업법 제7조)
다음 각 호의 어느 하나에 해당하는 법인은 철도사업의 면허를 받을 수 없다.
1. 법인의 임원 중 다음 각 목의 어느 하나에 해당하는 사람이 있는 법인
   가. 피성년후견인 또는 피한정후견인
   나. 파산선고를 받고 복권되지 아니한 사람
   다. 이 법(철도사업법) 또는 대통령령으로 정하는 철도 관계 법령을 위반하여 금고 이상의 실형을 선고받고 그 집행이 끝나거나(끝난 것으로 보는 경우를 포함) 면제된 날부터 2년이 지나지 아니한 사람
   라. 이 법 또는 대통령령으로 정하는 철도 관계 법령을 위반하여 금고 이상의 형의 집행유예를 선고받고 그 유예 기간 중에 있는 사람
2. 철도사업의 면허가 취소된 후 그 취소일부터 2년이 지나지 아니한 법인. 다만, 제1호 가목 또는 나목에 해당하여 철도사업의 면허가 취소된 경우는 제외한다.

07

정답 ③

면허취소 등(철도사업법 제16조)
국토교통부장관은 철도사업자가 다음 각 호의 어느 하나에 해당하는 경우에는 면허를 취소하거나, 6개월 이내의 기간을 정하여 사업의 전부 또는 일부의 정지를 명하거나, 노선 운행중지·운행제한·감차 등을 수반하는 사업계획의 변경을 명할 수 있다.

08
정답 ④

벌칙 및 과태료(철도사업법 제49조, 제51조)
철도사업법상 벌칙 및 과태료 내용은 다음과 같다.
1. 철도사업약관을 신고하지 아니하거나 신고한 철도사업약관을 이행하지 아니한 자 : 1천만원 이하의 과태료(500만원)
2. 사업용철도차량의 표시를 하지 아니한 철도사업자 : 500만원 이하의 과태료(200만원)
3. 인가를 받지 아니하거나 신고하지 아니하고 사업계획을 변경한 자 : 1천만원 이하의 과태료(500만원)
4. 국토교통부장관으로부터 인증받은 자가 아니면서 우수서비스마크 또는 이와 유사한 표지를 철도차량 등에 붙이거나 인증 사실을 홍보한 자 : 1천만원 이하의 벌금
5. 여객 운임·요금의 신고를 아니한 자 : 1천만원 이하의 과태료(500만원)

09
정답 ②

사채의 발행 등(한국철도공사법 제11조)
사채의 발행액은 공사의 자본금과 적립금을 합한 금액의 5배를 초과하지 못한다.

10
정답 ②

손익금의 처리(한국철도공사법 제10조)
공사는 매 사업 연도 결산 결과 이익금이 생기면 다음 각 호의 순서로 처리하여야 한다.
1. 이월결손금의 보전(補塡)
2. 자본금의 2분의 1이 될 때까지 이익금의 10분의 2 이상을 이익준비금으로 적립
3. 자본금과 같은 액수가 될 때까지 이익금의 10분의 2 이상을 사업확장적립금으로 적립
4. 국고에 납입

서울고시각

공편자 약력

선우영호
- 한국교통대학원 공학석사
- 영주철도전문학원장(37년)
- 경북전문대학 겸임교수(20년)
- 공기업 출제위원(기계공학)
- 고등학교 검인정교과서 집필위원

양운학
- 우송대학교 경영대학원 석사
- 전) 코레일 상임이사(여객사업 본부장)
  코레일 경영혁신 실장
  코레일 서울본부장
  코레일 부산역장
  코레일로지스 대표이사

최기찬
- 한국교통대학원 공학석사
- 우송정보대학교 철도학부 교수
- 고등학교 검인정교과서 대표 집필위원
- 산업인력공단 출제위원
- 전) 한국철도운전기술협회 교육원장
  코레일 철도운전아카데미 센터장

감수자 박정수
- 한양대학교 도시공학박사
- 동양대학교 철도대학 학장
- 국토교통부 철도건설심의위원
- 국가철도공단 기술심의위원
- 코레일 기술심의위원
- 대전교통공사 사외이사

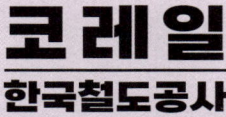

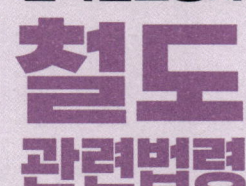

인쇄일 2025년 2월 15일
발행일 2025년 2월 20일

공편자 선우영호·최기찬·양운학
감수자 박정수
발행인 김용관
발행처 ㈜서울고시각
주 소 서울시 마포구 양화로7길 83 2층(데이비드 빌딩)
대표전화 02.706.2261
상담전화 02.706.2262~6 | FAX 02.711.9921
인터넷서점·동영상강의 www.edu-market.co.kr
E-mail gosigak@gosigak.co.kr
표지디자인 이세정
편집디자인 김수진, 황인숙
편집·교정 김소정

ISBN 978-89-526-4999-7
정 가 21,000원

• 이 책에 실린 내용에 대한 저작권은 ㈜서울고시각에 있으므로 무단으로 전재하거나 복제, 배포할 수 없습니다.